알리바바

알리바바

영국인 투자금융가가 만난 마윈, 중국, 그리고 미래

초판 1쇄 펴낸날 | 2018년 6월 5일

지은이 | 던컨 클라크
옮긴이 | 이영래
펴낸이 | 류수노
펴낸곳 | (사)한국방송통신대학교출판문화원
　　　　03088 서울시 종로구 이화장길 54
　　　　전화　02-3668-4764
　　　　팩스　02-741-4570
　　　　홈페이지　http://press.knou.ac.kr
　　　　출판등록　1982년 6월 7일 제1-491호

출판위원장 | 장종수
편집 | 박혜원 · 이강용
본문 디자인 | 티디디자인
표지 디자인 | 크레카

ISBN 978-89-20-03047-5　03320

값 18,000원

• 잘못 만들어진 책은 바꾸어 드립니다.

이 도서의 국립중앙도서관 출판예정도서목록(CIP)은 서지정보유통지원시스템 홈페이지(http://seoji.nl.go.kr)와 국가자료공동목록시스템(http://www.nl.go.kr/kolisnet)에서 이용하실 수 있습니다. (CIP제어번호: CIP2018015347)

영국인 투자금융가가 만난 마윈, 중국, 그리고 미래

Alibaba
알리바바

던컨 클라크 지음　이영래 옮김

지식의날개

차례

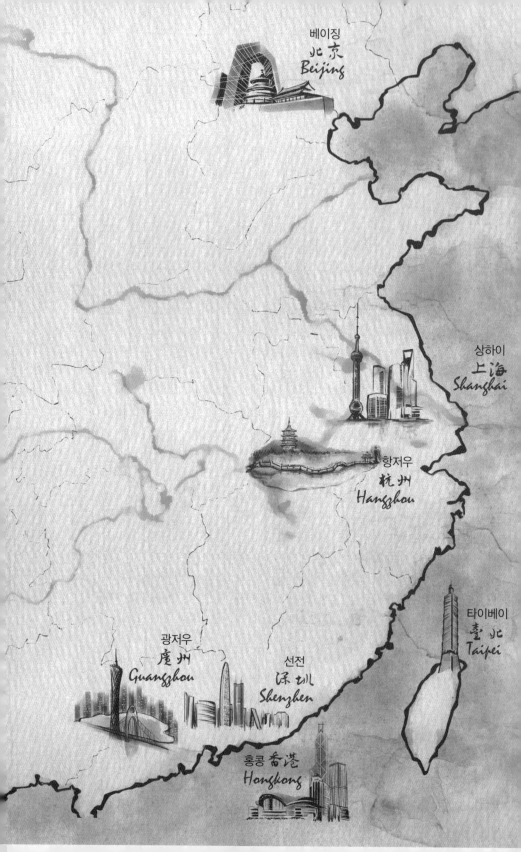

베이징
北京
Beijing

상하이
上海
Shanghai

항저우
杭州
Hangzhou

타이베이
臺北
Taipei

광저우
廣州
Guangzhou

선전
深圳
Shenzhen

홍콩 香港
Hongkong

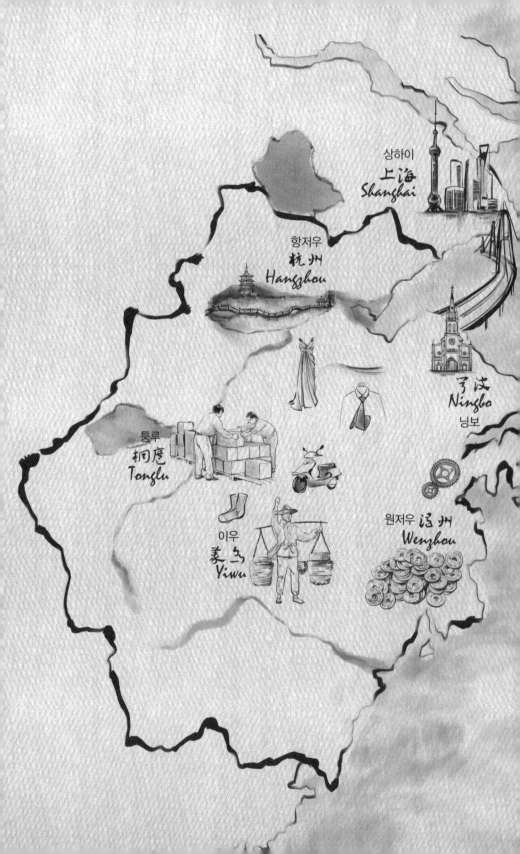

상하이
上海
Shanghai

항저우
杭州
Hangzhou

닝보
寧波
Ningbo
닝보

퉁루
桐庐
Tonglu

이우
义乌
Yiwu

원저우 温州
Wenzhou

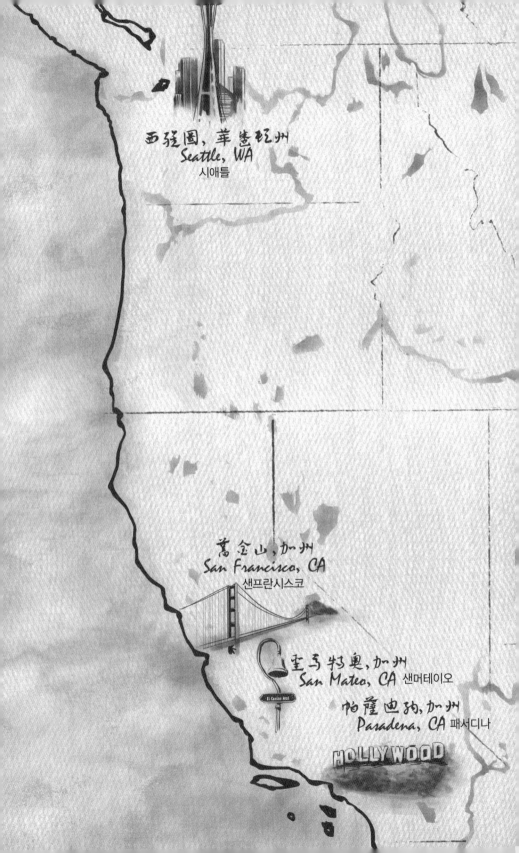

시작하며

알리바바는 그 이름부터 중국의 여느 기업과는 매우 다른 분위기를 자아낸다. 창립자 마윈(馬雲, Jack Ma)은 한때 평범한 영어 교사였으나 지금은 거물 기업인이 되었다.

마윈이 만든 회사는 세계에서 가장 큰 온라인 쇼핑몰을 탄생시켰고, 매출은 월마트를 추월하였다. 2014년 이 회사는 뉴욕 증권거래소에 상장되었다. 이 기업공개(IPO)로 조성된 자금은 250억 달러로 미국 IPO 역사상 최대 규모였다. 이후 몇 달간 알리바바의 주가는 급등했고 결국 3,000억 달러 규모의 이 회사는 세계에서 가장 가치가 높은 10대 기업에 등극했다. IT 기업으로서는 구글에 이어 2위 자리를 차지했으며 알리바바의 시가총액은 아마존과 이베이의 시가총액을 합친 것보다 높았다. 기업공개 9일 전, 50세 생일을 맞은 마윈은 지분가치의 상승으로 아시아 최고의 갑부가 되었다.

하지만 그렇게 정점을 찍은 이후로, 상장사인 이 회사의 앞날은 도무지 계획대로 펼쳐지지 않았다. 주가는 IPO 이후의 최고점에서 반 토막이 났고, 심지어는 상장 시의 공모가보다도 약간 하락했다.

갑작스레 지식재산권 문제에 연루되면서 투자자들의 우려감이 커진 데다 중국의 경제성장 둔화와 변덕스러운 주식시장이 기름을 부었고 이에 알리바바의 주가도 맥없이 무너졌다.

주가에 기복이 있기는 하지만 중국 전자상거래 시장의 대부분을 장악하고 있는 알리바바는 한창 부상 중인 중국 소비 계층의 혜택을 볼 수 있는 아주 유리한 입장에 있다. 매년 알리바바의 웹사이트에서 물건을 구매하는 사람들은 4억 명이 넘는다. 이는 미국 인구보다도 많은 숫자이다. 알리바바에서 매일 쏟아지는 수천 만 개의 택배는 중국에서 배송되는 택배의 2/3를 차지한다.

알리바바는 쇼핑의 방식을 완전히 바꾸어 중국인들이 이전 세대에 꿈꾸어 보기도 힘들었던 품질 좋고 다양한 제품에 접근할 수 있게 만들었다. 미국의 아마존과 같이, 알리바바는 수백만의 소비자에게 주문 배달의 편리함을 누리게 해 주고 있다. 하지만 이 정도의 비교로는 알리바바의 영향력이 어느 정도인지 다 보여 줄 수 없다. 알리바바의 온라인 쇼핑 웹사이트, 타오바오(Taobao)는 중국인들이 고객으로서 소중하게 대접받는다는 것이 무엇인지 처음으로 느끼게 해 주었다. 알리바바는 중국이 과거의 '메이드 인 차이나(Made in China, 중국에서 생산된)'에서 현재의 '보우트 인 차이나(Bought in China, 중국에서 구매한)'로 전환하게 도움으로써 중국 경제의 구조 개혁에 중추적인 역할을 하고 있다.

30년간 이어져 온 중국의 성장 모델은 이제 시대에 뒤떨어졌다. 물론 제조, 건설, 수출을 기반으로 한 과거의 성장 모델은 수억의 인구가 가난에서 빠져나오는 데 큰 힘이 되었다. 하지만 이 과정을 거치면서 중국은 과잉 생산, 과잉 건축, 오염이라는 쓰디쓴 유산을 물려받았다. 현재는 10년 내에 3억에서 5억 명으로 증가할 것이 예측되는 중산층의 니즈를 충족시키는 데 중점을 둔 새로운 모델이 부상하고 있다.

마윈은 그 어떤 사람보다 새로운 중국을 대표하는 얼굴로 적격이다. 이미 중국에서 민족의 영웅으로 대접받고 있는 그는 새롭게 발견된 소비지상주의와 기업가정신의 교차점에 있다.

그의 명성은 중국 국경 훨씬 너머까지 뻗어나가고 있다. 대통령, 수상, 왕자, CEO, 기업가, 투자자, 영화배우들이 마윈과 만남을 가지기를(그리고 셀카를 찍기를) 고대하고 있다. 마윈은 자주 세계 정·재계의 엘리트들과 한 무대에 선다. 그들보다 능란한 연설가인 마윈에게 더 많은 관심이 쏟아지는 경우가 흔하다. 마윈에 이어 무대에 오르는

2015년 9월 6일 알리바바 픽처스(Alibaba Pictures)가 제작에 참여했던 〈미션 임파서블: 로그네이션〉 중국 개봉 당시 상하이에서 톰 크루즈와 마윈. (알리바바 제공)

것은 연설을 시작하기도 전에 손해를 보는 일이다. 2015년 11월 마닐라에서 열린 APEC(아시아태평양경제협력체) 회의에서는 외교 의례를 뒤집고 오바마 대통령이 마윈의 질의응답 시간에 사회를 자청하기도 했다. 2016년 1월 다보스에서 열린 세계경제포럼에서는 코카콜라, DHL, JP모건의 CEO들, 레오나르도 디카프리오, 케빈 스페이시, 보노(Bono)와 함께 만찬을 했다.

페이스북의 창립자 마크 저커버그는 2014년 베이징 칭화대학교에서 북경어로 연설을 선보인 이래 중국어에 대한 열정을 피력 중이다. 그러나 영어 교사였던 마윈은 이미 17년 전부터 전 세계의 컨퍼런스에서 영어와 중국어로 청중들을 열광시켰다.

마윈을 처음 만난 것은 1999년 여름이었다. 그가 상하이에서 남서쪽으로 수백 킬로미터 떨어진 항저우의 작은 아파트에서 알리바바를 설립하고 몇 달이 흐른 때였다. 처음 그 아파트를 방문한 날 나는 욕실 선반 위에 칫솔이 가득 꽂힌 머그컵을 보고 공동 창립자의 숫자를 알 수 있었다. 공동 창립자는 마윈과 그의 아내 장잉(Cathy Zhang) 외에 16명이었다. 마윈과 장잉은 집을 비롯해 그들이 가지고 있는 모든 것을 회사에 투자했다. 당시 마윈의 포부는 지금도 여전하지만 사람들이 어이없어 할 정도였다. 그는 보통 인간의 수명에 해당하는 80년 동안 지속되는 인터넷 기업을 만들겠다고 호언장담했다. 몇 년 후 그는 알리바바의 기대수명을 102세로 연장했다. 회사가 1999년부터 3세기에 걸쳐 이어지도록 말이다. 처음부터 그는 실리콘밸리의 거물들과 맞서서 그들을 넘어뜨리겠다고 단언했다. 그것이 한낱 작은 아파트에서 꾼 꿈이라면 망상으로 치부할 일이다. 하지만 회사에 대한 그의 열정 속에는 그 말을 단단히 믿게 만드는 무언가가 있었다.

나는 알리바바 초창기에 마윈과 그의 오른팔 조차이(Joe Tsai, 차이충신)가 국제 확장 전략을 세우는 것을 돕고 외국인 직원 몇 명을 추천해 주면서 고문 역할을 했다. 알리바바는 고위 경영진과의 인터뷰를 주선하고 여러 지역에 있는 회사에 접근할 수 있게 해 주는 식으로 이 책의 사전 연구를 지원해 주었다. 하지만 여기에 담긴 모든 내용은 내 개인적인 생각이다. 나는 이 회사의 직원이었던 적도 없고 현재는 그들과 계약 관계를 맺고 있지도 않다. 나의 식견은 닷컴 붐이 불 무렵 알리바바의 자문 역할을 한 짧은 경험과 이런 초기의 관계로 인해 이후로도 친근감을 느끼며 가져 온 관심에서 비롯되었다. 물론 인터넷이 중국에 처음 상륙했던 1994년부터 그곳에서 쌓은 개인적인 경험과 내 직업적 경력도 이 책을 쓰는 데 좋은 길잡이가 되어 주었다. 그리고 나는 이전에 근무했던 모건 스탠리의 지원으로 베이징을 기반으로 하는 투자자문사 'BDA 차이나'를 설립했다.[1] 현재 이 회사에서는 100명 이상의 전문가가, 중국의 기술 부문과 소매 부문에 투자하거나 참여하고 있는 기업과 개인에게 컨설팅 서비스를 제공하고 있다.

마윈과 조는 2000년 초 내 자문 서비스에 대한 보상의 일부로 알리바바의 주식 수십만 주를 주당 30센트에 구입할 수 있는 주식 매입 선택권을 주었다. 선택권의 행사 시한인 2003년 초에는 이 회사의 상황이 그다지 좋아 보이지 않았다. 닷컴 거품이 꺼졌고 알리바바의 사업은 고전을 면치 못하고 있었다. 나는 주식 매입을 포기했다. 일생일대의 실수였다. 2014년 9월 회사의 기업공개 몇 주 후, 내 판단 착오가 3,000만 달러짜리였다는 것이 드러났다.[2] 덕분에 이 책을 구입해 주신 여러분께 더 큰 감사의 마음을 가질 수 있게 되었다. 이 책을 쓰는 동안 나는 마윈의 끈기를 과소평가하고 지분을 지나치게 빨리 매각한 골드만삭스나, 마윈의 회사를 라이벌이라고 생각지 않았지만 몇 년 만에 중국 시장에서 손을 뗄 수밖에 없었던 이베이 같은 다른 이들의 이야기를 찾아내면서 얼마간 마음의 위안을 삼을 수 있었다.

마윈은 대부분의 IT 백만장자들과 다르다. 그는 학생 때 수학을 못해서 고생했고 기술에 대한 무지를 명예 훈장처럼 달고 다닌다. 그가 품은 놀라운 포부와 인습에 얽매이지 않는 전략 덕분에 마윈은 '크레이지 잭(Crazy Jack)'이란 별명이 붙었다. 이 책에서 우리는 그의 과거와 별난 성격을 살피면서 그가 어떻게 그런 광기에 가까운 열정을 품게 되었는지 알아볼 것이다.

중국의 전자상거래 시장은 미국을 비롯한 서구의 그것과는 여러 면에서 다르다. 수십 년간의 계획경제 체제가 남긴 유산이 있고 국영기업이 중요한 역할을 담당한다. 알리바바는 전자상거래를 시작으로 이제는 미디어와 금융 분야에서 이런 배경이 낳은 비효율을 찾아내 활용하고 있다. 회사와 자선활동에 대한 비전은 의료, 교육 그리고 환경에 대한 접근법의 개혁 등 중국이 안고 있는 가장 큰 문제들로까지 확장되고 있다.

하지만 알리바바의 주된 사업은 여전히 전자상거래이다. 전자상거래는 아직도 성장의 여지가 남아 있을까? 경쟁사들이 알리바바의 자리를 차지하려고 호시탐탐 기회를 엿보고 있다. 중국 정부도 주시하고 있다. 알리바바가 어떤 민간기업도 가져 본 적 없는 막강한 시장 지배력을 다져 가는 상황에서 마윈이 정부를 계속 그의 편에 둘 수 있을까?

현재는 대부분의 사업이 중국에서 이루어지고 있지만, 알리바바는 야심 찬 해외 확장 계획을 추진하고 있다. 2015년부터 알리바바의 사장을 맡고 있는 마이클 에반스(Michael Evans)는 이렇게 말했다. "알리바바는 중국에서 태어났지만 세계를 위해 창조되었다고 말하고 싶습니다."

알리바바가 어떻게 지금의 자리에 오게 되었는지, 그들은 어떤 미래를 준비하고 있는지 그 놀라운 이야기를 듣기 전에, 우선 마윈이 '철의 삼각'이라고 부른 것에 대해 알아보기로 하자. 회사가 오늘날의 패권을 차지하기까지 그 토대가 된 전자상거래, 물류, 금융 면에서 알리바바가 가진 강점에 대해서 말이다.

제1장

철의 삼각

지난 15년, 중국의 변화는 우리에게서 비롯되었다.

우리는 바란다.

앞으로 15년, 세계의 변화가 우리에게서 비롯되기를.

– 마윈

2015년 11월 11일, 푸른빛에 휩싸인 거품을 연상시키는 곳, 7년 전 베이징 올림픽 수상 경기가 치러진 일명 워터큐브(Water Cube, 水立方)를 장악한 것은 물이 아닌 데이터의 흐름이었다. 거대한 디지털 스크린에는 24시간 내내 단 한 번도 멈추지 않고 지도, 도표, 속보를 전하는 자막이 점멸하면서 알리바바 웹사이트를 통해 중국 전역에서 수백만의 소비자들이 물건을 사들이고 있는 상황이 실시간으로 전해졌다. 수백 명의 기자들이 이 행사를 중국을 비롯한 전 세계에 방영하는 가운데 워터큐브는 중국 중산층과 그들에게 상품을 내놓는 상인들의 관제 센터로 변신했다. 4시간에 걸쳐 특별 생방송되는 11/11 세계 쇼핑 페스티벌 축하행사(Global Festival Shopping Gala)에 쇼핑객들은 자정까지 TV에서 눈을 떼지 못했다. 미국의 인기 드라마 〈하우스 오브 카드(*House of Cards*)〉의 주연을 맡았던 배우는 드라마에서 연기했던 대통령의 모습 그대로 화면에 나타나 '일회용 대포폰'을 살 수 있는 곳으로 알리바바를 추천했다. 쇼는 새로운 본드걸의 모습에 마윈의 얼굴을 우스꽝스럽게 합성한 이미지를 보여 주면서 절정에 이르렀다. 턱시도를 입은 마윈이 '007시리즈'에서 본드 역을 맡았던 다니엘 크레이그에 이어 자정 카운트다운 무대에 올랐고 둘의 장난스러운 연출로 방송은 마무리되었다.

2015년 11월 11일이 시작되고 8분 만에 알리바바 사이트에서 쇼핑객들이 구매한 금액은 10억 달러가 넘었다. 그들은 쉬지 않고 쇼핑을 하며 매출액을 갱신해 나갔다. 세계에서 가장 큰 금전등록기가 매출을 집계하는 동안, 배우이자 무술가 이연걸(Jet Li) 옆에 앉은 마윈은 휴대전화를 들어 거대한 화면을 카메라에 담았다. 24시간이 지나자 3,000만 구매자가 기록한 매출은 140억 달러에 달했다.[1] 중국의

자정이 지난 직후 알리바바가 2015년 11월 11일 광군절 동안 기록한 매출액을 보도하고 있는 중국 언론.

11월 11일 광군절(光棍節, Single's Day, '1'자의 모습이 외롭게 서 있는 사람 모습과 비슷하다고 해서 광군절 혹은 독신절이라고 한다. 2009년 알리바바 그룹이 자회사인 타오바오몰을 통해 독신자를 위한 대대적 할인행사를 시작하면서 광군절은 중국 최대의 '쇼핑하는 날'로 탈바꿈했다. –옮긴이)은 미국의 블랙프라이데이에 이어 돌아오는 미국의 사이버 먼데이(Cyber Monday, 추수감사절 연휴 후 첫 월요일. 연휴 후 일상으로 돌아온 소비자들이 컴퓨터 앞에서 온라인 쇼핑을 즐김에 따라 온라인 매출액이 급등한 데서 유래했다. –옮긴이)에 비견되는데 이날의 매출은 몇 주 후 사이버 먼데이의 매출액보다 4배나 많았다.

중국에서는 11월 11일을 광군절이라고 하며[2] 특별한 연례 판촉행사를 펼친다.[3] 서양에서는 이날이 지난 전쟁의 참전용사를 기리는 날이지만 중국의 경우 상인들이 최근 생겨난 이 나라 중류층의 지갑을 열기 위해 발을 벗고 나서는 연중 가장 중요한 날이다.

더블 일레븐(双11)이라[4] 불리기도 하는 이날이 오면 중국 사람들은 쇼핑의 도락에 한껏 빠져든다. 마윈은 이 행사를 이렇게 요약했다. "이날은 특별한 날입니다. 모든 제조업자들과 매장 주인들이 소비자들에게 감사하는 마음을 가졌으면 합니다. 소비자들 역시 신나고 즐거운 하루를 보내기 바랍니다."[5]

2009년 27명의 상인으로 시작한 광군절 판촉행사에 현재는 4만여 상인과 3만 개의 브랜드가 참여하고 있다. 2015년의 총 매출액은 이전 해의 90억 달러에서 60퍼센트 증가한 140억 달러였다. (2017년 광군절 총 매출액은 253억 달러로 집계되었다. –옮긴이)

최고경영전략책임자 정밍이 알리바바의 항저우 웻랜드(Wetlands) 캠퍼스에서 이 순간을 지켜보고 남긴 말은 자신이 만든 것이 죽음에서 깨어나는 광경을 본 프랑켄슈타인 박사를 연상시킨다. "이 생태계는 독자적인 성장 의지를 가지고 있습니다!" 감회로 벅찼던 것은 정밍만이 아니었다. 알리바바의 부회장 조차이는 이렇게 말했다. "여러분은 중국인들의 소비력이 폭발하는 현장을 보고 계십니다."

이들의 소비력은 오랫동안 억눌려 있었다. 미국의 가계 지출은 전체 경제의 2/3를 차지한다. 하지만 중국은 겨우 1/3에 그친다. 이렇게 선진국과 비교하면 중국인들이 경제력에 비해 마음껏 소비를 하지 못하고 있다는 것을 알 수 있다. 이유는 무엇일까? 중국은 지출에 비해 저축이 지나치게 많다. 대부분의 가정이 미래를 대비해 교육, 의료, 은퇴 자금을 마련하려고 상당한 돈을 '예비적 저축'으로 돌린다. 더구나 제품의 다양성과 질이 서양에 못 미치기 때문에 비교적 최근까지도 중국의 소비자들은 돈을 쓰는 일에 그리 흥미를 느끼지 못했다.

2015년 9월 스탠퍼드 대학에서 행한 강연에서 마윈은 자신의 관찰에 농담을 곁들여 이렇게 이야기했다. "미국의 경우, 경제가 둔화되고 있다는 것은 사람들에게 지출할 돈이 없다는 의미입니다. 여러분들은 지금 내 주머니에 있는 돈 외에도 미래에 들어올 돈이나 장래에 생길 돈, 다른 사람의 돈을 쓰는 방법까지 잘 알고 있습니다. 하지만 중국은 오랫동안 가난했습니다. 우리는 돈을 은행에 넣어두는 것밖에 모릅니다."

오랜 습관은 여간해서 사라지지 않는다. 하지만 온라인 구매라는 새로운 습관이 중국 소비자들의 행동방식을 변화시키고 있다. 알리바바는 이러한 변화의 선봉에 있다. 알리바바에서 가장 인기가 높은 웹사이트는 방문객 수로 중국에서 세 번째, 세계에서는 12번째 자리에 있는 다오바오닷컴(Taobao.com)이다. 중국에서는 '왕녕 더 타오바오(불가능이 없는 타오바오)'라는[6] 말이 자주 사용되고 있다. 타오바오에서는 어떤 것이든 찾을 수 있다는 뜻이다. 아마존은 '에브리싱 스토어(Everything Store)'라고 불려 왔다. 타오바오 역시 모든 것을 모든 곳에 판다. '구글링'이 온라인 검색의 동의어이듯이, 중국에서는 '타오'가[7] 제품을 온라인에서 찾는다는 뜻을 간단하게 전달하는 말이다.

알리바바가 중국의 소매 부문에 끼친 영향은 아마존이 미국 소매 부문에 끼친 영향보다 훨씬 크다. 타오바오와 자매 사이트 티몰(Tmall) 덕분에 알리바바는 실질적으로 중국 최대의 소매업체가 되었다. 반면 아마존은 2016년 현재 미국 10대 소매업체 가운데 하나일 뿐이다.

알리바바는 2003년 타오바오를 시작해 단 5년 만에 인정을 받았다. 그때까지 중국의 수없이 많은 공장들은 주로 해외에 있는 구매자들을 위해 제품을 찍어 냈고, 이 제품들은 월마트나 타깃(Target)과 같은 외국 대형 소매업체의 선반을 채웠다. 하지만 2008년의 세계 금융위기가 모든 것을 바꾸어 놓았다. 중국의 전통적인 수출시장들이 무너졌다. 타오바오는 공장의 문을 중국 소비자 쪽으로 열었다. 2008년 금융위기에 대한 중국 정부의 대응은 낡은 중국식 모델에 여전히 집착함으로써 엄청난 부동산 거품, 과잉 생산, 오염을 가중시킬 뿐이었다. 이런 잘못된 정책의 대가를 치르면서 소비에 대한 균형 회복이 더 이상 미룰 수 없는 중국 경제의 과제라는 것이 확실해졌다. 알리바바는 그 가장 큰 수혜자이다.

마윈은 회사의 성공이 그저 우연이었다면서 "알리바바는 '1,001개의 실수'라고 하는 것이 적절할 것"이라고 말하곤 한다. 초기에 그는 회사가 살아남은 이유를 세 가지로 설명했다. "우리는 돈도, 기술도,

계획도 없었습니다."

하지만 알리바바의 뒤에는 오늘날 성공을 뒷받침한 진짜 요인 세 가지가 있다. 마윈이 '철의 삼각'이라고 부르는 이들 요인, 즉 전자상거래, 물류, 금융에서의 경쟁 우위에 대해 살펴보자.

알리바바의 전자상거래 사이트는 소비자들에게 비길 데 없이 다양한 물건을 제공한다. 알리바바의 물류 시스템은 상품이 빠르고 정확하게 배송될 수 있게 한다. 알리바바의 금융 자회사는 알리바바에서의 구매를 쉽고 안전하게 만든다.

전자상거래에서의 우위

아마존과 달리 알리바바의 소비자 웹사이트 타오바오와 티몰은 재고를 보유하지 않는다.[8] 타오바오와 티몰은 상인들이 자신들의 물품을 판매하는 플랫폼의 구실을 한다. 타오바오는 소규모 상인이나 개인이 운영하는 900만 개의 상점으로 이루어져 있다. 사이트의 거대한 사용자 기반이라는 매력에 이끌린 이들 '마이크로 상인(micro merchants)'이 타오바오에 매장을 두는 이유는 무엇일까? 그렇게 하는 데 아무런 비용이 들지 않기 때문이다. 알리바바는 수수료를 받지 않는다. 그런데도 타오바오는 돈을 번다 그것도 아주 많은 돈을. 튀어 보이기를 원하는 상인들을 홍보해 주고 광고 공간을 파는 것이 타오바오의 수입원이다.

상인들은 유료 등록이나 디스플레이 광고를 통해 홍보를 할 수 있다. 구글의 애드워즈(Adwords)와 유사한 타오바오의 유료 등록 모델에서는 광고주들이 제품을 보다 두드러지게 하는 키워드에 입찰을 한다. 광고주는 소비자들이 광고를 클릭하는 횟수를 기반으로 알리바바에 서비스 비용을 지불한다. 광고가 타오바오에 나오는 횟수에 따라 비용을 지불하는 보다 전통적인 모델을 이용할 수도 있다.

흔히 광고를 두고 "광고 예산에서 적어도 절반은 유용하다…다만 그 절반이 어떤 것인지는 모른다."라는 농담이 있다. 하지만 이 말을 무색하게 하는 타오바오의 '성과별 지불(pay-for-performance)' 광고와 이미 수억 명 소비자가 대기하고 있는 시장은 영세 상인들에게 큰 매력으로 다가가고 있다.

타오바오의 온라인 상점들 사이에서 질서를 유지하고 있는 것은 알리바바의 클라이언트 서비스 매니저인 '샤오이어'이다.[9]

샤오이어는 상점을 완전히 폐쇄할 수 있는 권한을 포함한 막강한 강제력을 행사한다. 그들은 상인들에게 당근—마케팅 캠페인에 참여할 수 있는 권리—을 주기도 한다. 불가피하게 일부 상인들이 뇌물을 제공해서 샤오이어들의 부정을 조장하는 일이 있어 왔다. 이 때문에 알리바바는 뇌물을 공여한 상인의 상점을 폐쇄하는 조치를 정기적으로 취하고, 내부 규제기관은 직원의 직권 남용을 근절하기 위해 지속적인 감시를 하고 있다.

하지만 타오바오의 성공은 샤오이어만으로는 설명할 수 없다. 이 사이트가 잘 돌아가는 것은 고객을 우선에 두고, 길거리 시장의 활력을 온라인 쇼핑 경험에 끌어들이는 데 성공했기 때문이다. 온라인 구매도 실제만큼 상호작용이 활발하다. 고객들은 알리바바의 채팅 어플리케이션을[10] 이용해 가격을 흥정할 수 있고 상인은 웹캠으로 상품을 보여 줄 수도 있다. 쇼핑객들에게 할인이나 무료 배송 혜택이 주어지기도 한다. 대부분의 택배에는 추가 샘플이나 귀여운 장난감이 덤으로 담겨 있다. 여기에 익숙해진 나는 미국에서 아마존 택배를 받을 때면 빈 박스를 흔들어 보곤 한다. 타오바오의 상인들은 고객들로부터 얻은 평판을 지키는 일에 치열하게 매달린다. 플랫폼에서의 경쟁에 다윈의 선택설이 적용되기 때문이다. 상인이나 제품에 대한 부정적인 언급을 포스팅한 고객은 몇 분 내에 메시지를 받고 환불이나 무료 교환을 제안받는다.

알리바바의 또 다른 웹사이트, 티몰도 알리바바가 전자상거래에서 우위를 차지하는 데 큰 역할을 했다.[11] 타오바오가 시장 가판을 모아 놓은 것이라면 티몰은 호화로운 쇼핑몰이다. 대형 소매업체는 물론 명품 브랜드도 티몰에서 물건을 판매한다. 이 쇼핑몰에 브랜드를 노출함으로써 아직 그런 물건을 살 형편이 되지 않는 고객들에게 인지도를 높이는 효과도 얻는다. 구매자와 판매자가 비용을 부담하지 않는 타오바오와 달리, 알리바바는 티몰에서 판매된 제품에는 커미션을 받는다. 커미션은 제품 범주에 따라 3~6퍼센트이다.[12] 현재 티몰닷컴은 중국에서 7번째로 방문객이 많은 웹사이트이다.

중국어로 이 사이트는 텐마오(天猫)라고 불린다. 사이트의 마스코트는 타오바오의 외계인 인형과는 다른 검은색 고양이이다. 티몰은 1,360억 달러의 매출을 올려[13] 타오바오의 2,580억 달러에 근접해 가면서 알리바바에서 점차 중요한 부문으로 부상하고 있다. 알리바바는 전체 총 매출의 거의 80퍼센트를 차지하는 이들 사이트를 통해 매년 100억 달러의 수익을 낸다.

티몰은 플랫폼에 세 가지 유형의 매장을 두고 있다. 브랜드에서 직접 운영하는 플래그십 스토어(flagship store) 브랜드에서 영업권을 받은 상인이 만든 대리점(authorized store), 한 브랜드 이상의 제품을 취급하는 전문점(specialty store)이 그것이다. 티몰 판매상의 약 90퍼센트는 전문점이다. 티몰에는 현재 중국 및 해외의 7만 개 이상 브랜드가 입점해 있다.

티몰의 광군절 홍보 행사에는 스마트폰 판매사인 샤오미와 화웨이, 가전 업체인 하이얼 같은 중국 내 업체는 물론이고 나이키, 갭, 유니클로, 로레알 같은 해외 인기 브랜드도 참여했다.

티몰은 애플(Apple)에서 자라(Zara)까지 말 그대로 A부터 Z까지의 브랜드를 구비하고 있다. 명품 브랜드는 웹사이트에서 물건을 판매하면서도 실제 매장의 매출이 감소하지 않도록 주의를 기울인다.[14] 사이트에 버버리가 있다는 사실은 알리바바가 더 이상은 값싼 물건만 취급하는 곳이 아니라는 것을 보여 준다.

코스트코나 메이시스와 같은 미국 소매업체들도 티몰에 입점해 있다. 이는 중국의 고객들과 해외 매장을 연결하려는 알리바바의 노력 덕분이다. 코스트코가 티몰에 입점하고 2개월 만에 사이트에 방문한 사람은 9,000만 명을 넘어섰다.

심지어 아마존도 티몰에 있다. 2015년부터 티몰에서 수입 식품, 구두, 장난감, 주방용품을 판매하고 있는 아마존은 오래전부터 중국 시장을 노리고 있었지만 중국 시장의 2퍼센트를 얻는 데 만족해야 했다.

타오바오와 티몰 외에 알리바바는 그루폰(Groupon)[15] 스타일의 쥐하쏸닷컴(Juhasuan.com)을 운영하고 있다. 쥐하쏸은[16] 중국에서 가장 큰 공동구매 사이트이다. 쥐하쏸은 알리바바의 다른 사이트에 있는 엄청난 양의 제품에 힘입어 2억 명의 회원을 모음으로써 세계 최대의 온라인 공동구매 사이트가 되었다. 타오바오, 티몰, 쥐하쏸을 통해 모두 1,000만 명 이상의 상인 회원이 10억 종류 이상의 제품을 판매하고 있다.

모든 온라인 쇼핑이 그렇듯이 시간과 돈을 절약할 수 있다는 점이 알리바바 웹사이트의 중요한 인기 요인이다. 중국의 소매 구매 중 10퍼센트 이상이 온라인으로 이루어지고 있는데 이는 미국의 7퍼센트보다 높은 비율이다. 마윈은 미국의 전자상거래를 '디저트'에, 중국의 전자상거래를 '메인 코스'에 비유한다. 그 이유는 무엇일까? 중국에서의 쇼핑은 결코 즐거운 경험이 아니었다. 까르푸나 월마트와 같은 다국적기업이 들어오기 전까지 중국에는 소매 체인이나 쇼핑몰이 거의 없었다. 대부분의 국내 소매업체들은 국영기업(state-owned enterprise, SOE)으로 시작했다. 지방자치단체나 국유 은행에서 조달되는 자금에 쉽게 접근할 수 있는 국영기업들에게 쇼핑객들은 불편한 존재일 뿐이었다. 부동산 회사들이 설립한 다른 소매업체들은 매장 안의 고객보다는 매장이 서 있는 땅의 가치에 더 관심이 있었다.

중국의 전자상거래가 성공한 핵심 요인은 전통적인 소매업체들이 안아야 했던 부동산 비용을 부담할 필요가 없다는 데 있다. 중국은 땅이 비싸다. 땅이야말로 중국 정부의 중요한 수입원이다. 토지 매매가 정부 재정수입의 1/4을 차지하고, 지방정부는 1/3이 넘는다. 중국 전자상거래 분야의 저명한 경영자는 이러한 상황을 이렇게 설명했다.

"우리 경제가 구축된 방식 때문에 정부는 많은 자원을 쥐고 있습니다. 토지 가격을 결정하는 것은 정부입니다. 자원을 어떻게 나누어야 할지 결정하고, 돈을 어디에 써야 할지 결정하는 것도 정부입니다. 정부의 재정은 토지 매매와 관련된 세금과 수수료에 크게 의존하고 있습니다. 이 때문에 중국의 소매업은 거의 붕괴되었고 수요의 대부분이 온라인으로 향하게 되었습니다. 오프라인의 소매업자들은 소비자들의 수요가 상승해도 별다른 혜택을 누리지 못했습니다. 결국 소비자의 수요는 전자상거래 업체로 향했습니다."

백화점에서 레스토랑에 이르기까지 오프라인 소매업체들은 성공을 거두면 오히려 고통을 받는다. 많은 고객을 매장으로 모으면 임차한 땅값이 오르면서 재계약 때 임대료가 엄청나게 상승하기 때문이다.

그 때문에 중국의 전통 소매 부문은 서구에 비해 마케팅, 고객 서비스, 인사관리, 물류에 많은 투자를 하기를 꺼려 했다. 그 결과 중국의 소매시장은 몹시 낙후되었고 효율이 떨어졌다. 미국의 경우 3대 식료품 체인이 전체 매출의 37퍼센트를 차지한다. 중국의 경우 단 7퍼센트에 불과하다. 미국의 대형 백화점들은 해당 부문 총 매출의 44퍼센트를 차지한다. 중국은 어떨까? 단 6퍼센트이다.

쇼핑몰, 슈퍼마켓, 소매점이 엄청나게 늘었는데도 중국의 오프라인 소매 침투율은 극히 낮은 수준에 머물고 있다. 중국의 일인당 소매 공간은 0.6제곱미터로 미국의 1/4에도 못 미친다.[17]

중국은 이 격차를 절대 좁히지 못할 것이다. 왜일까? 우선 전통적 소매업이 효율성과는 거리가 멀다. 재고 보유와 임대에 드는 비용 부담으로 오프라인 매장은 여러 제품 범주에서 온라인 업체에 손님을 빼앗기고 있다.

요즘 중국의 일부 매장주들은 온라인 고객에 신경을 쓰느라 매장을 실제로 돌아다니는 고객들은 소홀히 하고 있다. 매장 자체를 없애는 소매업체들도 많다. 연중무휴로 하루 24시간 문을 열고 있는 타오바오 점포가 있는데 무엇 때문에 하루에 절반만 문을 여는 공간에 비싼 임대료를 지불하겠는가?

자연은 진공(真空)을 싫어한다. 중국에서는 국유제와 국가 계획의 유산이 만든 진공을 인터넷이 채우고 있다. 온라인 쇼핑이 서구보다 중국에서 훨씬 인기가 있는 이유가 여기에 있다. 마윈은 이렇게 말했다. "다른 나라에서는 전자상거래가 쇼핑을 하는 여러 가지 방법 중 하나이지만 중국에서의 전자상거래는 라이프스타일 자체입니다."

타오바오는 중국에서 온라인 쇼핑의 문을 열었고 티몰은 그 문을 더 넓혔다. 타오바오를 처음 받아들인 것은 젊은 디지털 네이티브 세대이지만 점차 그 부모와 조부모 세대도 온라인 구매에 참여하게 되었다. 온라인 구매를 하는 사람들의 폭이 넓어지면서 제품의 폭도 넓어졌다. 알리바바 사이트에서 가장 인기 있는 품목은 구두와 의류이다. 의류는 값싼 양말이나 티셔츠에서부터 수만 달러를 호가하는 의상까지 다양하다. 이 나라에서 가장 큰 규모의 텔레비전 방송인 중국 중앙텔레비전(CCTV)의 설 특집 방송이 있은 다음날, 알리바바에는 방송에 출연한 명사들이 입었거나 혹은 비슷한 옷들이 이미 판매되고 있었다. 많은 상점들이 다양한 신체 사이즈별 착용 사진을 올려놓고 온라인 쇼핑을 돕는다. 고객들은 옷이 몸에 맞지 않거나, 결함이 있을 경우 추가 비용 없이 반품할 수 있다는 점을 잘 알고 있다.

식료품도 인기 있는 범주이다. 마윈은 이유를 이렇게 설명한다. "중국의 슈퍼마켓은 끔찍합니다. 그래서 우리가 성공할 수 있었죠." 이미 중국 소비자의 40퍼센트 이상이 온라인으로 식료품을 구매하고 있다. 미국의 10퍼센트에 비하면 대단한 수치이다. 2014년 중국의 온라인 식료품 매출은 50% 증가한 반면 오프라인은 7% 증가에 그쳤다. 티몰은 중국의 32개 주요 성 중 6개 성만을 제외하고 총 250개 이상의 도시에 슈퍼마켓보다 저렴한 가격으로 식료품을 제공한다. 알리바바는 이미 6개 이상의 도시에서 냉장 품목의 익일 배송 서비스를 실시하고 있으며 다양한 종류의 수입 식품도 취급하고 있다. 알리바바는 '워싱턴 주 사과위원회(Washington State Apple Commission)'와 손을 잡고 워싱턴에서 수확, 포장되어 72시간 만에 중국의 고객들에게 배송되는 8만 4,000개의 사과 주문을 소화했다. 주문량은 보잉 747기 세 대의 수용량에 상응하는 167톤이었다.

젊은 엄마들은 알리바바의 주 고객층이다. 2015년 광군절에 알리바바에 선을 보인 네덜란드 분유회사 프리스코(Frisco)의 대표인 제임스 츄(James Chiu)는 중국의 젊은 엄마들에게 "전자상거래는 단순한 유통 경로가 아닌 라이프스타일이자, 생태계"라고 말한다. 프리스코 그룹은 광군절 오전 6시까지 거의 1,000만 달러어치의 제품을 팔아치웠다. 2014년 회사의 전체 매출을 넘어서는 양이었다.

컴퓨터, 휴대전화와 같은 개인용 가전제품은 헤어드라이어, 전자레인지, TV, 세탁기와 같은 가정용 가전제품만큼이나 타오바오에서 인기 있는 품목이다. 이 부문의 오프라인 소매업체들은 특히 큰 타격을 입었다. 광군절 하루 동안 알리바바의 가전제품 매출은 중국 최대 소비재 소매업체가 연간 올리는 매출의 절반을 넘었다. 2015년 8월 알리바바는 46억 달러에 소매업체 쑤닝(Sunning)의 지분 20퍼센트를 인수했다. 책과 유아용품은 물론 전자제품과 백색 가전제품을 판매하는 쑤닝은 거의 300개의 도시에 1,600개 이상의 매장을 운영하고 있다. 알리바바와 쑤닝의 거래는 점점 성장하고 있는 '옴니-채널(omni-channel)' 혹은 'O2O(online to offline)' 트렌드의 일환이다. 고객들이 매장에서 제품을 테스트만 해 보고 정작 구매는 온라인으로 하는 경우라도 그 수익의 일부가 쑤닝에 돌아가게 된다.

알리바바는 자동차도 온라인으로 팔고 있다. 제너럴 모터스, 쉐보레와 뷰익이 티몰에 매장을 운영하고 있다. 이 온라인 매장에서는 시장에서 GM이 가진 가장 중요한 경쟁 도구인 무이자 자동차 구입자금 대출도 내놓고 있다. 자동차는 광군절에 인기를 모으는 아이템이다. 구매자들이 유리한 지불조건과 할인 혜택을 기대할 수 있기 때문이다. 부동산도 인기 있는 품목이다. 엄청난 부자들이라면 매물로 나온 캐나다, 피지, 그리스의 섬 목록을 둘러볼 수 있을 것이다.

타오바오는 갖가지 색다른 품목을 내놓는 것으로도 유명하다. 한 대학생은 죽은 모기로 만든 귀걸이를 내놓아 주목을 끌었다. 병에 담은 방귀를 온라인으로 판매한 상인도 있었다.

타오바오는 제품만 취급하는 것이 아니다. 고객들은 타오바오에서 서비스도 구매할 수 있다. 화가와 음악가들은 사이트를 통해서 의뢰를 받는다. 엄청나게 다양한 서비스들은 중국의 사회 관습이 정말 빠르게 변화하고 있음을 드러내고 있다. 젊은 남성은 사교행사에 참석할 가짜 여자 친구를 고용할 수도 있고 여자 친구와의 이별을 타오바오의 전문가에게 위탁할 수도 있다. 바람을 피우는 남편 때문에 속을 끓이는 아내는 부정을 저지르지 못하게 하는 비법을 제공하는 카운슬링 서비스에 가입할 수 있다. 바쁜 도시 사람들은 대신 부모를 방문할 대리인을 고용할 수 있다. 심지어 알리바바의 공동구매 사이트 쥐하쏸은 7개 성의 정자은행과 합동으로 800달러 이상의 가격을 제시함으로써 훌륭한 기증자를 유인해 만성적인 정자 기증자 부족 문제를 해결하려 하고 있다. 오프라인에서의 가격과 동일함에도 불구하고 온라인 마케팅의 힘 덕분에 48시간 만에 2만 2,000명 이상의 남성이 정자 기증 신청을 했다.

화장품이나 보석 역시 타오바오의 인기 품목이다. 상인들은 온라인으로 판매되는 어떤 제품보다 이윤폭이 큰 이 카테고리에 큰 매력을 느끼고 있다. 현재 중국의 피부관리 제품 중 약 42퍼센트가 온라인으로 판매되고 있는 것으로 추정된다. 높은 수입관세를 피할 방법을 찾은 상인들이 다양한 제품을 판매하면서 온라인 판매의 비중이 높아진 것이다.

위조품 거래는 세계에서 가장 규모가 큰 불법 산업으로 평가된다. 일부에서는 약물 거래보다 모조품 사업의 이윤이 더 큰 것으로 추정하고 있다. 복제품 상인이 올리는 매출은 초창기에 타오바오 웹사이트의 인기를 견인하는 역할을 하기도 했으나, 브랜드 소유 업체들에게는 계속해서 골칫거리가 되고 있다. 중국의 모조품은 진품과 같은 공장에서 남은 자재를 이용해 '추가 근무'로 생산되기 때문에 브랜드 제조업체조차 구별할 수 없을 정도로 품질이 좋은 경우도 있다. 세계의 공장인 중국은 불법복제 문제에 큰 역할을 하고 있다. 하지만 중국이 세계 최대의 소비국이 됨에 따라 그 문제의 해법에서도 큰 역할을 하게 될 것이다.

광저우의 온라인 상인 축제에서 연설을 하면서 마윈은 이러한 우려를 피력한 적이 있다.[18] "타오바오에도 모조품이 있느냐고요? 물론입니다. 타오바오는 복잡한 사회입니다. 타오바오가 직접 모조품을 만들지는 않지만 모조품을 만드는 사람들에게 편의를 제공하고 있는 셈입니다. 어쨌든 타오바오는 디지털 플랫폼이니까요." 이후 마윈은 "타오바오에서 진품을 판매하는 우리는 모조품을 만들어 파는 모든 사람들을 지속적으로 추적하고 있습니다. 당연히 처벌을 받게 될 것입니다."라고 말하면서 상인들이 힘을 모아 규정을 강제하고 가짜를 파는 상인들을 몰아낼 것을 촉구했다.

하지만 브랜드 소유 업체들이 항상 알리바바의 노력을 수긍하고 기다려 주는 것은 아니다. 2011년 11월, 알리바바는 미국 최고의 무역협상 주체인 미국 무역대표부(USTR)가 발표한 '악명 높은 시장 명단(Notorious Markets List)'에[19] 올랐다. 당시 바이두(Baidu)는 이 목록에서 빠졌다. 악명 높은 시장 명단에 포함되면서 상인들 사이에 퍼진 알리바바의 평판에 흠이 생겼고 IPO 계획도 복잡해졌다. 알리바바는 모조품 거래자들을 타오바오에서 몰아내는 일에 한층 힘을 쏟았고 이로 인해 모조품 거래자들이 '반타오바오 연합(Anti-Taobao Alliance)'을 결성하고 홍콩의 알리바바 사무실까지 대규모 항의 행진을 하기도 했다. 알리바바는 서비스 수수료와 보증금을 인상해 티몰의 문턱을 높였다. 이 조치에 반발한 수천 명 상인들은 타오바오를 독과점으로 고발하고 알리바바의 항저우 본사까지 행진을 벌였다.

알리바바는 USTR를 달래기 위한 로비에 공을 들였고[20] 2012년 11월 악명 높은 시장 명단에서 제외되었다. 미국의 많은 소프트웨어 업체, 의류, 구두 제조업체들이 그 이후 계속해서 타오바오를 다시 명단에 올리라는 압력을 행사하고 있기는 하지만 말이다.

불법복제에 대한 긴장이 계속되고 있는 와중에도 플랫폼에서 많은 양의 제품이 판매되고 있다는 사실은 알리바바가 소비자와 상인들의 이익을 꾀하는 일과 자신의 평판을 보호하는 일 사이에서 미묘한 균형을 꾀할 필요가 있다는 것을 의미한다.

알리바바가 구매자와 판매자에게 더 가깝게 다가갈 수 있게 만드는 것은 철의 삼각의 두 번째 꼭짓점인 물류이다.

물류에서의 우위

2015년 광군절, 알리바바 웹사이트에서 체결된 주문으로 배달해야 할 택배가 4억 6,700만 개 발생했다. 170만 배달원과 40만 대의 배달 차량이 필요한 양이다. 중국에는 현재 그야말로 엄청난 배달원 부대가 있다. 걷거나, 자전거, 전기 자전거, 트럭, 기차를 이용해 택배를 배달하는 그들은 이 나라 전자상거래 혁명의 숨은 영웅들이다.

중국 소비자들은 2014년에 택배에만 320억 달러 이상을 썼다. 일년 만에 40% 이상 증가한 금액이지만 앞으로는 더 극적인 신장세를 보일 것이다. 평균으로 따지자면 중국 인구 한 명에게 배달되는 택배는 아직 한 달에 한 개도 되지 않기 때문이다.

배송비용이 저렴한 택배 서비스가 아니었다면 알리바바는 지금과 같은 거인으로 성장하지 못했을 것이다. 일부 택배회사들은 경쟁이 치열한 업계에서 생존하기 위해 배송 비용을 최저 수준으로 유지하는 전략을 채택했다. 예를 들어 상하이에서는 배달원들이 여러 장의 승차권을 끊지 않으려고 지하철을 타고 오가면서 다른 구간의 배달원에게 택배를 건넨다.

하지만 이들 배달원은 알리바바에 고용된 직원이 아니다. 중국의 택배 대부분은 민간 배달원들에 의해 배송된다. 민간 배달 서비스가 아직 자리 잡지 않은 시골 지역의 택배는 중국 우정(China Post)이 취급한다.

2005년 알리바바는 중국 우정에 접근해서 전자상거래를 함께하자고 제안했다. 하지만 알리바바의 최고전략책임자 정밍의 말에 따르면 마윈은 "비웃음만 샀다"고 한다. "자기 일에나 신경 쓰라고 하더군요. 그들은 특급 배송이란 아이디어를 신뢰하지 않았습니다." 19세기 캘리포니아 골드러시 때, 미연방우체국의 비효율에 대응해 민간 택배와 은행업 서비스를 시작한 웰스 파고(Wells Fargo)와 같은 회사들이 생겨났다. 중국의 택배업체들은 중국 전자상거래 시장에서 이때와 같은 가능성을 발견했다. 전자상거래 골드러시 덕분에 중국에는 8,000개 이상의 민간 택배업체가 생겨났다. 그중 20개 정도의 주요 업체들이 도드라졌다.

알리바바의 고향인 저장성(浙江省)은 대형 택배업체들 대부분의 고향이기도 하다. 그들은 전국으로 물건을 배송하는 데 대단히 중요한 역할을 한다. 중국 택배시장의 절반 이상을 '3퉁, 1다'라고 알려진 네 개 회사, 선퉁(STO Express), 위안퉁(YTO Express), 중퉁(ZTO Express), 윈다(Yunda)가 움직인다. 모두가 항저우에서 그리 멀지 않은 퉁루에 뿌리를 두고 있다. 그들 사업의 2/3 이상은 타오바오와 티몰에서 나온다. 이들과 두 개의 다른 소규모 택배업체와 아울러서 '퉁루 갱(Tonglu Gang)'이라 부른다.

퉁루 갱은 SF 익스프레스라는[21] 회사와 함께 타오바오의 성공에 중요한 역할을 담당했다. ZTO의 공동 설립자인 라이 찌엔파는 그 관계를 이렇게 설명했다. "배송업체는 프로펠러입니다. 우리는 알리바바의 빠른 발전이 있게 한 가장 강력한 힘이죠."

알리바바는 이들을 비롯한 물류기업과 함께 '차이니아오(China Smart Logistics)'라는[22] 회사에 투자했다. 차이니아오에 속한 15개 물류 파트너의 역량이 결집되어 엄청난 힘이 만들어졌다. 이들은 하루에 3,000만 개의 택배를 처리하며, 600개 도시에 150만 명 이상의 직원을 두고 있다.[23] 차이니아오는 전국에 있는 물류기업, 창고, 유통 센터를 한데 묶는 정보 플랫폼을 구축하고 있다. 알리바바는 차이니아오 지분의 48퍼센트를 보유하고 있으며, 여기에 퉁루 갱과 저장성의 다른 자수성가한 백만장자들이 지분에 참여하는 등 저장의 지방색이 두드러진다.[24] 저장 태생의 백만장자 선궈쥔은[25] 차이니아오의 주요 투자자로 첫 CEO 역할을 했다. 클럽 메드(Club Med)의 매수로 해외에 널리 알려진 포쑨(Fosun)은 10퍼센트의 지분을 가진 주주이다. 포쑨의 회장 궈광창 역시 저장 출신이다. 2015년 12월 궈는 중국 당국에 의해 구금되어 조사를 받다가 7일 후 아무런 설명 없이 석방되었고, 이 일로 포쑨의 주가는 급락했다.

2013년 출범했을 때, 차이니아오는 2020년까지 160억 달러 이상을 투자해 인력망(Peoplenet),[26] 지상망(Groundnet),[27] 상공망(Skynet)의 세 가지 네트워크로 이루어진 '차이나 스마트 로지스틱스 네트워크(China Smart Logistics Network)'를 개발한다는 계획을 발표했다. 차이니아오는 배송회사들을 합병하지 않았다. 그 대신 차이니아오는 각 회사가 산출하는 자료를 통합하는, 즉 택배 물품 자체보다는 택배 데이터에 집중하는 전략을 사용했다. 각 회원사가 소유권은 개별적으로 유지하면서 주문과 배송 위치, 고객 피드백을 공유함으로써 효율과 서비스의 질을 높일 수 있게 하는 것이다.

알리바바는 차이니아오에 투자함으로써 물류 파트너들과의 유대 관계를 다지는 한편 네트워크 확장의 자금을 댈 외부 투자자를 찾는 것을 목표로 하고 있다. 차이니아오는 실제적인 네트워크 인프라를 소유하고 있지도 않고 배송을 하는 인력을 고용하고 있지도 않다. 이러한 자산은 콘소시엄의 회원사나 파트너들이 제공하므로 알리바바는 보유자산이 적은 '에셋 라이트(asset-light)' 전략을 추구할 수 있다.

이 접근법에는 많은 것들이 걸려 있다. 전자상거래 부문에서 알리바바와 경쟁하고 있는 JD닷컴(징둥닷컴)은[28] 자사의 물류 인프라에 직접 투자하는 '에셋-헤비(asset-heavy)' 전략을 추구하고 있다. JD의 마스코트인 회색 철제 강아지 '조이'는 티몰의 검은 고양이를 추격한다는 노골적인 의미를 담고 있다. 현재 JD의 창고 수용량은 중국의 어떤 전자상거래 회사보다 크다.[29] 이를 바탕으로 JD는 43개 도시에서의 당일 배송 서비스를 비롯한 신속한 서비스를 제공하고 있다.[30] JD닷컴은 자사의 조달, 재고관리, 유통, 창고 시스템을 모두 관리하며, JD라는 이름이 붙은 제복을 입은 배달원이 JD 차량을 이용해서 고객에게 물건을 배달하게 하는 진정한 엔드투엔드(end-to-end) 시스템을 운영한다.

JD는 110억 달러에 달하는 연수익을 올리며 소비자 전자상거래 시장에서 점유율을 높여 가고 있다. 이 회사는 특히 베이징과 같은 대도시와, 가전이나 전자기기와 같은 제품 범주에서 강한 면모를 보이고 있다.

알리바바가 전자 소매업체 쑤닝에 투자를 하고 주시하고 있다는 것은 무엇을 우려하고 있는지 보여 준다. 알리바바나 JD 모두 많은 도시에서 2~3시간의 단시간 배송을 보장하기 위해 겨루고 있다.

알리바바는 웹사이트에서 매일 생성되는 엄청난 양의 정보를 분석하고 비즈니스 결정을 이끌어 내는 빅 데이터를 비롯한 데이터 기술을 활용해 전혀 새로운 경쟁력을 구축하려 하고 있다. 광군절에는 차이니아오 네트워크 내에 있는 배송회사 대부분의 배달 루트를 분석해 교통 체증을 대비한 경로로 변경했다. 알리바바는 차이니아오에 투자해서 데이터 기술을 적용하지 않았더라면 배송이 주문을 따라가지 못했을 것이라고 투자의 타당성을 주장한다. 실제 냉장고 같은 주요 가전기기를 파는 상인들은 2015년 광군절에 차이니아오가 처리한 배송 중 늦게 도착하거나 상품에 손상이 있었던 경우는 전체의 2퍼센트에 불과하지만 다른 배송업체의 문제 발생 비율은 15퍼센트였다고 보고했다. 이 피드백이 알리바바의 주장을 입증하고 있다. 현재 처리되는 택배는 일일 평균 3,000만 개이며, 알리바바는 2020년까지 주문 택배가 1일당 1억 개 이상이 될 것으로 예상하고 있다.

현재의 배송 경로 중 약 30퍼센트는 비효율적이거나 비경제적인 것으로 추정된다. 미국의 아마존과 같이 차이니아오 회원사들은 드론을 통한 배송을 실험하고 있다. 2015년 통루 갱의 하나인 YTO는 시험적으로 3일간 알리바바의 베이징, 상하이, 광저우 배송센터에서 한 시간 비행 거리에 있는 수백 명의 고객에게 드론으로 생강차를 배달했다. 현재 중국에서의 드론은 홍보 장치에 그치고 있다. 높은 인구밀도로 인해 미국에서만큼 드론의 사용이 유용하지는 않기 때문이다. 배송 시간과 비용을 줄이는 것과 같은 물류의 혁신은 획기적이라기보다는 점진적으로 발전할 것이다.

하지만 차이니아오와 함께 알리바바는 다른 무엇보다 중요한 자산인 신뢰를 다져 왔다. 고객과 상인들은 이제 제품이 있어야 하는 곳에, 있어야 하는 시간에 정확하게 도착하리라는 믿음을 갖게 되었다.

금융에서의 우위

철의 삼각에서 마지막 꼭짓점은 금융이다. 금융 서비스에서 알리바바에서 가장 중요한 자산은 페이팔(PayPal)에 대응하는 알리페이(Alipay)이다. 현재 중국에서 가장 인기 높은 온라인 결제 수단인 알리페이는 연간 7,500억 달러의 온라인 거래를 처리한다.[31] (2016년에는 1조

7,000억 달러 처리. - 옮긴이) 페이팔 거래량의 3배이며 2조 5,000억 달러 규모인 세계 온라인 결제 시장의 1/3에 해당한다. 2015년 광군절에 알리페이는 초당 최고 8만 5,000건의 결제를 처리했다.

에스크로(escrow, 구매자와 판매자 간 신용관계가 불확실할 때 제3자가 상거래가 원활히 이루어질 수 있도록 중계를 하는 매매 보호 서비스. - 옮긴이)의 한 형태인 알리페이는 알리바바의 전자상거래 제국 전체에 대한 믿음을 강화하는 역할을 한다. 소비자들은 알리페이로 결제를 하면 주문한 제품을 받아 보고 만족해야만 비로소 계좌에서 돈이 인출된다는 것을 알고 있다. 알리바바는 대금을 계정에 묶어 두었다가 고객이 제품에 만족한 후에야 상인에게 보낸다. 알리바바의 소비자 사이트에서 구매하는 고객들은 상품에 손상을 입히지만 않는다면 구매 후 7일 이내에 제품을 환불할 수 있다.

알리페이는 더 이상 알리바바의 소유는 아니지만[32] 알리바바의 가장 큰 자산으로 마윈이 개인적으로 지배권을 가지고 있다. 한 애널리스트는 알리페이의 가치를 450억 달러로 평가했다. 알리바바의 웹사이트가 알리페이 수입의 1/3을 차지하지만 다른 사이트의 온라인 결제 처리에도 알리페이의 비중이 대단히 높다. 사람들은 알리페이를 이용해서 돈을 송금하고, 휴대폰 계정을 충전하며, 음식점이나 소매점에서 바코드를 사용해서 현금 없이 대금을 지불한다. 전체 알리페이 거래의 20퍼센트는 수도, 전기, 가스와 같은 공공요금 지불이다. 고객들은 알리페이를 이용해서 기차표를 사고, 교통 범칙금을 내고 보험에 가입한다. 점점 디지털화되고 있는 중국에서 알리페이는 사실상 통화의 역할을 하고 있는 것이다. 알리페이는 이미 대단히 수익성이 높지만, 결제 처리에 대한 수수료 덕분에 2018년에는 연간 50억

달러의 수익을 올릴 것으로 예상된다.[33]

중국 내 스마트폰의 성장으로 8억 3,000만 명이 스마트폰을 사용하게 되면서, 알리페이의 가치는 단순한 결제 수단 이상의 지위에 올랐다. 소비자들이 계정에 현금 잔고를 두다 보니 어느새 알리페이는 3억 명의 가상 지갑이 되었고 결국 알리바바를 중국 금융 서비스 시장으로 향하게 하는 단초가 되었다.

알리바바는 오프라인 소매업의 비효율을 활용해 성장했다. 그런 견지에서 본다면 오프라인 은행 또한 먹기 좋게 익은 과일이었다. 국영기업들이 고객에게 관심을 두지 않는 것과 마찬가지로 중국의 국영은행들은 개인이나 중소기업의 니즈에는 거의 주의를 기울이지 않았다. 최근까지 중국인들에게는 국영기업에만 초점을 맞추는 은행 외에 다른 옵션이 없었다. SOE(국영기업)은 정치적으로도 거리낄 것이 없었다.

'4대' 국영은행, 중국공상은행(ICBC), 중국건설은행, 중국은행, 중국농업은행이 시장의 약 70%를 장악하고 있다. 이들 은행이 고객을 무시하는 태도는 중국공상은행의 머리글자인 ICBC가 *ai cun bu cun* 이라는 농담까지 만들어 냈다. 이 말인즉슨 "당신이 우리 은행에 돈을 맡기든 말든 상관하지 않는다."는 뜻이다. 전통적으로 이들을 비롯한 국영은행들은 이자율이 매우 낮아 가끔은 물가상승률에도 뒤처질 정도였다. 이러한 '금융상의 억압'이 중국의 경제를 왜곡해 부(富)가 소비자로부터 국영기업으로 이전되었고, 국영기업은 그 부의 대부분을 수익을 낳지 못하는 낡은 모델에 투자했다.

중국 정부도 이제는 개혁과 보다 합리적인 자본 분배가 필요하다는 인식을 하고 있다. 하지만 그렇게 하려면 강력한 기득권 세력과 맞서야 한다. 곧 자신과 싸워야 하는 셈이다. 알리바바는 이미 그 싸움의 가운데에 끼어들었다. 은행이 지급하는 빈약한 수익에 비해 높은 예금 수익을 지급하는 알리바바의 위어바오(Yu'e Bao) 온라인 뮤추얼펀드는 2013년 출시되어 중국의 침체된 금융 서비스 업계를 격동으로 몰아넣었다. '보물 같은 저축 잔고'라고 번역되는 위어바오라는 말에서부터 악의가 없다는 인상을 풍긴다. 알리바바는 이 상품을 출시하면서 고객들의 예치액에 한도를 정해 두지 않았다. 이 상품은 이율이 은행보다 훨씬 높으며―2퍼센트 정도 높다―게다가 언제든 위약금 없이 돈을 인출하는 것을 허용한다. 그 결과 개인 고객들이 몇만, 몇 십만 달러의 돈을 이 펀드로 이전시켰고 은행들은 자금 유출에 당황하게 되었다. 2014년 2월 위어바오는 8,000만 투자자로부터 930억 달러 이상을 끌어들였다.[34] 중국의 다른 모든 금융업체들이 가진 계정의 총계보다 많은 액수였다. 엄청난 자금 유입으로 위어바오는 10개월 만에 뱅가드(Vanguard), 피델리티(Fidelity), J. P.모건에 이어 세계 4대 자산운용사에 등극했다.

이 펀드의 출시 이전에 마윈은 민간 기업가로서는 이례적인 조치를 취했다. 공산당 기관지 〈인민일보〉에 "금융산업에는 파괴분자가 필요하다. 외부 인자가 들어와서 변혁을 감행해야 한다."는 의견을 실은 것이다. 곧 SOE 제국이 위어바오의 뒤에 있는 펀드매니저들을 '은행의 피를 빠는 뱀파이어'라고 맹비난하며 반격에 나섰다. 총 100조 달러 이상의 예금을 보유하고 있는 국영은행들은 2014년 3월부터 고객들이 제3자 온라인 결제 계정으로 이체할 수 있는 금액에 한도를 부과했다. 곧 이어 정부의 다른 제한 조치들이 뒤따랐다. 마윈도 당하고만 있지는 않았다. 은행들의 이름을 들먹이며 그들이 중국의 시장 중심 금융 자유화에 참여하는 데 실패했다고 비난하는 메시지를 소셜 미디어에 포스팅한 것이다. "시장에서 누가 이기고 누가 졌는가에 대한 판단은 독점회사나 권력이 아닌 고객에게 맡겨야 한다."라는 메시지를 마윈은 바로 삭제했지만 이를 읽은 사람들이 자신의 소셜 미디어에 퍼 나르면서 널리 퍼졌다. 알라바바는 알리바바를 플랫폼으로 삼는 상인들과 소비자들에게 소액 융자를 제공하는 등 금융 서비스에 대한 민간 부문의 참여를 넓히는 일을 계속하고 있다. 아직은 비교적 생소하지만, 대출사업은 몇 년 안에 수십 억 달러 규모의 사업으로 성장할 것으로 예상된다. 신용공여는 알리바바라는 전자상거래 플랫폼에 대한 고객들의 '점착성'(혹은 충성)을 높일 것이다.

고객의 거래내역에 접근할 수 있는 알리바바는 은행보다 신용 리스크를 분석하기에 훨씬 유리한 위치에 있다. 새로운 사업인 '세서미 크레딧 매니지먼트(Sesame Credit Management)'는 제3자에게 소비자와 상인에 대한 신용평가를 제공한다.

알리바바가 제공하는 다른 금융 서비스로는[35] 자산관리와 P2P 대출사업, 보험[36] 등이 있다. 2015년 마윈은 지점이 전혀 필요하지 않은 마이뱅크(MYbank)라는 인터넷 전문 은행을 시작했다. 마이뱅크는 신용대출이나 소액대출의 경우 인공지능 기술을 적용하여 증명서 심사시간을 단축하고 있다.

철의 삼각은 알리바바가 중국 전자상거래 시장에서 우세한 위치를 점할 수 있게 한 주요 요인이다. 하지만 사람과 자본을 한데 묶어 이러한 토대를 구축한 것은 이 회사 창립자의 카리스마, '마윈의 마술'이다.

제 2 장

마원의 마술

아이디어를 떠올리고 재미있게 만든 다음,

거기에 무엇인가를 불어넣는다.

그 무엇이 빠진다면 그것은 아이디어에 불과하다.

그 무엇이 바로 마윈의 마술이다.

- 얀 반 데르 벤(Jan Van der Ven)

대부분의 기업들은 설립자의 분위기를 담고 있다. 하지만 그 분위기가 알리바바만큼 강한 기업은 많지 않다. 마윈의 엄청난 영향력은 가르침에 대한 열정에서 비롯된다. 그가 교직을 떠난 것은 이미 20년 전의 일이지만 마윈은 교육자로서의 일을 결코 멈춘 적이 없다. 그는 CEO라는 자신의 직위가 '최고교육책임자(Chief Education Officer)'를 뜻한다는 농담을 하곤 한다. 마윈은 회사를 설립한 지 14년 만에 회장이 되면서 CEO라는 직함을 내려놓았다. 하지만 그러한 전환은 오히려 그의 권위를 높였다. 그가 고른 CEO 후계자는 그 자리를 겨우 2년 지켰을 뿐이다.

E.T.
마윈은 의심할 나위 없는 알리바바의 얼굴이다. 키가 작고 마른 마윈은 수년 동안 매체에서 '작은 악마', '홀쭉한 볼, 삐죽삐죽한 머리, 짓궂은 미소를 가진 키 작은 사람'으로 묘사되었고 그의 외모는 '올빼미 같다'거나 '장난기가 많아 보인다', '꼬마 요정 같다'는 식으로 표현되었다. 마윈은 이러한 독특한 외모를 강점으로 바꾸었다. 안면 인식 로그인 서비스를 제공하는 마이뱅크를 론칭할 때 알리바바는 "얼굴로 먹고 살 수 없었던 마윈이 얼굴로 먹고 살 수 있게 되었다." 라고 소개했다.

일부 중국인들은 스티븐 스필버그 영화에 등장한 생명체를 닮은 느낌 때문에 마윈을 'E.T.'라고 부르기도 한다. 저장 태생의 억만장자 친구 궈광창도[1] 마윈을 '외계인'이라고 불렀다. 하지만 이 말은 "나는 평범한 사람에 불과하다…지구상에 마윈만큼 똑똑한 사람은 없다." 라는 이야기 뒤에 이어진 것이었다.

마윈은 전혀 대기업의 수장같이 보이지 않는다. 전 세계에 호화로운 집을 가지고 있고 걸프스트림(Gulfstream) 제트기를 보유하고 있지만 그런 것들 이외에는 기업의 최고경영자들처럼 행동하지 않는다. 인터넷에서 가장 쉽게 찾아 볼 수 있는 마윈의 이미지는 칠흑 같은 립스틱을 바르는 등 화장을 짙게 하고 코걸이를 건 채 모호크족(Mohawk, 북미 원주민의 한 부족. – 옮긴이)처럼 꾸민 사진이다. 알리바바의 10주년 기념행사에서 마윈은 이런 모습으로 스타디움을 가득 메운 1만 7,000명의 직원과 1만 명의 관중이 지켜보는 가운데 엘튼 존의 〈캔 유 필 더 러브 투나잇(Can You Feel the Love Tonight)〉을 불렀다.

마윈은 쇼맨십에 고정관념을 거부하는 즐거움을 결합시킨다. 다른 경영계의 거물들이 자신의 학력이나 연줄을 과장되게 이야기하는 것을 좋아하는 반면, 마윈은 되레 자신을 깎아내리는 것을 즐긴다.

"저는 돈이 많거나 권력이 있는 아버지를 두지 못했습니다. 힘이 있는 친척도 한 명 없죠." 외국에서 공부한 적이 없는 마윈은 자신을 "100퍼센트 메이드 인 차이나"라고 즐겨 이야기한다. 그는 기술 기업의 창립자이지만 기술 쪽으로 아무런 배경도 없다. 그는 2013년 스탠퍼드 대학에서 "지금도 저는 코딩이 도대체 무엇인지 모릅니다. 인터넷을 뒷받침하는 기술에 대해서도 전혀 알지 못합니다."라고 털어놓았다.

마윈의 커리어는 과소평가에서 출발했다. "저는 아주 단순한 사람입니다. 저는 똑똑하지도 못합니다. 모두가 마윈은 대단히 똑똑한 사람일 거라고 생각합니다. 똑똑해 보이는 얼굴일진 몰라도 머리는 아주 둔합니다."

달변가

하지만 마윈이 해낸 일들은 그의 말이 틀리다는 것을 보여 주었다. 그의 자기 비하는 양동작전이다. 마윈은 영화 〈포레스트 검프(Forrest Gump)〉의 주인공 캐릭터를 좋아한다고 말하면서 그 이유를 이렇게 설명했다.[2] "사람들은 그를 바보라고 생각합니다. 하지만 그는 자신이 무엇을 하고 있는지 정확히 알고 있죠." 알리바바를 홍보하는 초기 연설에서 마윈이 포레스트 검프를 얼마나 자주 언급했는지 나는 그의 연설을 뭉뚱그려 '검프 연설(Gump speech)'이라고 생각한다. 알리바바의 많은 것이 변했지만 검프의 매력은 이어지고 있다. 알리바바의 주식이 처음 거래되던 날, 마윈은 뉴욕 증권거래소에서 CNBC와 생방송 인터뷰를 가졌다. 가장 큰 영감을 준 사람이 누구였느냐는 질문을 받은 마윈은 1초도 망설이지 않고 "포레스트 검프"라고 대답했다. 그를 인터뷰한 사람은 잠시 말을 멈추었다가 이렇게 말했다. "그가 가상의 인물이라는 것은 아시죠?"

사람들의 마음을 사로잡고 회유하는 마윈의 능력은 그 자신의 명성을 높였음은 물론이고 회사에 인재와 자본을 끌어들이는 데 중요한 역할을 했다. 마윈은 달변과 대담함을 독특하게 조화시킨다. 회사 초기에 함께했던 외국인 직원 한 명은[3] 그의 자질을 두 개의 단어로 요약했다. '마윈의 마술(Jack Magic)'이라고 말이다. 마윈과 스티브 잡스는 공통적인 특질을 가지고 있다. 자신의 생각을 구현하는 수단과 카리스마가 그것이다. 초기 애플 매킨토시 디자인 팀은 이것을 현실 왜곡장[Reality Distortion Field, (사람의 매력, 열정, 영업능력, 혹은 선천적 능력을 통해) 현실을 실제와 다르게 인식하도록 하는 분위기를 뜻하는 신조어. - 옮긴이]이라고 표현했다.

마윈의 '현실 왜곡장'에서 중심이 되는 것은 커뮤니케이터로서 그가 가진 기술이다. 마윈의 연설 스타일은 대단히 효과적이다. 메시지의 의미가 다른 사람들이 동의하고 기억하고 요약하기 쉽기 때문이다. 그의 어록은 중국어는 물론 영어로도 온라인상에 널리 퍼져 있다. 대부분이 "꿈을 믿어라 그리고 자신을 믿어라"나 "다른 사람들로부터 전술과 기술을 배워라, 하지만 꿈을 바꾸지는 말라."와 같이 동기 부여용 포스터에 적혀 있어도 어색하지 않을 만한 영감을 주는 간단한 메시지이다. 널리 알려진 그의 명언 중에는 이솝 우화를 생각나게 하는 것도 있다. "아홉 마리의 토끼가 있는데 한 마리만 잡고 싶다면 한 마리에 집중하라. 필요하다면 전술은 바꿔라. 하지만 토끼는 바꾸지 말라…한 마리를 잡아서 주머니에 넣어라. 그 뒤에 다른 토끼를 잡아라." 사람들은 마윈의 말을 재치 있게 바꾸어서 값비싼 구두를 사는 것을 정당화하는 카르페 디엠(carpe diem, 현재를 즐겨라) 스타일의 명언을 만들기도 했다.

마윈은 언제나 원고 없이 연설을 한다. 그의 연설 기법이 그토록 효과적인 것은 레퍼토리가 대단히 한정적이기 때문이다. 원고가 필요 없는 이유도 마윈이 소재에 대해 이미 많은 것을 알고 있어서이다. 이야기 소재는 그가 익히 알고 있는 것으로 대부분 어린 시절이나 알리바바의 초창기 에피소드이다. 그의 연설을 면밀하게 조사하면 지난 17년 동안 근본적으로 동일한 연설을 해 왔다는 것을 알 수 있다. 그는 분위기와 청중의 기대에 맞추어 메시지를 약간씩 변형함으로써 각각의 강연이 신선하게 들리도록 한다.

마윈은 사람들의 감정에 호소하는 데 통달한 사람이다. 국제무역에 목표를 세우고 회사를 시작한 창립자에게 보통의 사람들이 기대하는 것과는 다른 특질이다. 그가 익숙한 이야기를 시작할 때면 나는 그의 연설이 계속적으로 청중에게 매력적으로 다가가는 이유를 찾기 위해 청중들의 표정을 살펴보곤 했다.

거기에는 유머가 큰 몫을 하고 있다. 유튜브에서 인기가 높은 그의 연설 영상을 잠깐만 지켜보아도 마윈의 강연이 대단히 재미있다는 것을 쉽게 알 수 있다. 예전에 우리 두 사람이 한 무대에서 강연을 한 적이 있다. 연설을 마치고 내려온 마윈에게 나는 알리바바에서의 일이 잘 풀리지 않을 경우 스탠딩 코미디언으로 활약하면 성공할 것이라는 농담을 건넨 적이 있다.[4] 그의 연설 패턴이나 짤막한 농담, 일화, 그리고 그가 이들을 결합하는 방식은 코미디언이 공연 루틴을 구성하는 데 사용하는 '스타일(bits)'과 근본적으로 같다.

예상을 깨고 어려움을 극복하는 이야기를 통해 마윈은 자주 청중의 눈에 물기를 어리게 하고 고위 경영자들까지도 감화시킨다.

한국에서는 일단의 학생들에게 강연을 한 후 삶에서 가장 후회하는 일이 무엇인지 묻는 질문을 받았다. 가족들과 더 많은 시간을 보내지 못한 것이라고 대답하면서 마윈 자신도 눈물을 글썽였다. 마음을 가라앉힌 마윈은 이렇게 덧붙였다. "사람들을 울리는 것은 보통 저였는데요."

서울에서의 연설이 그랬듯이 마윈의 연설은 중국의 많은 유명인들의 연설보다 훨씬 폭넓게 청중의 마음을 움직인다. 그 원인으로 그가 유창한 영어로 연설을 할 수 있다는 것도 한몫을 한다. 중국의 다른 기술기업 경영자들도 해외에서 수학한 경험을 바탕으로 영어 연설을 한다. 하지만 마윈의 메시지는 중국어이든 영어이든 다른 사람들보다 훨씬 큰 반향을 일으킨다. 마윈의 오랜 비즈니스 파트너인 조 차이는 내게 이렇게 말했다. "마윈은 현재까지도 영어와 중국어 두 가지 언어 모두로 주목을 끌 수 있는 유일한 국제 기업인입니다."

외국 청중과의 유대를 형성하기 위해 마윈은 〈포레스트 검프〉보다 최신의 영화(일부는 알리바바가 현재 제작 지원을 하고 있는)를 예로 드는 등 대중문화를 자주 언급한다. 그의 회사가 할리우드에서 존재감을 키워 가는 가운데, 마윈은 현재 대니얼 크레이그, 케빈 스페이시, 파라마운트 픽처스의 〈미션 임파서블〉—알리바바는 2015년 〈미션 임파서블〉 최신 시리즈인 '로그 네이션'에 투자했다—주인공인 톰 크루즈 같은 유명인들과 공개 석상에 등장하면서 지지를 얻고 있다. 중국의 청중들을 대할 때는 무협소설이나 신해혁명 이야기를 자주 차용한다. 한 미국인 동료가 마윈에게 중국에서의 연설에서 마오쩌둥(毛澤東)을 언급한 이유를 물었다. 마윈은 이렇게 설명했다. "자네에게 동기를 부여하려 했다면 조지 워싱턴과 벚나무 이야기를 했겠지."

마윈의 진언

마윈의 가장 유명한 가르침은 "첫째는 고객, 둘째는 직원, 셋째는 주주"이다. 모든 알리바바의 직원들은 이 말을 암송하는 것으로 알려져 있다. 마윈은 이것을 알리바바의 철학이라고 말한다.

그의 진언(眞言, mantra)에서 첫째로 꼽히는 것은 고객, 특히 '하찮은 고객(shrimp)'이다. 저널리스트 찰리 로즈는 스스로를 '영세업체의 사도'라 보느냐는 질문을 던졌다. 마윈은 긍정하는 답을 내놓았다. "거기에 강한 믿음을 가지고 있습니다. 그 믿음은 제게 종교입니다." 중국의 많은 영세업체들은 알리바바의 웹사이트를 단순히 마케팅 경로로 사용하는 것이 아니라 거기에 생계를 의지한다. 마윈은 대부분의 알리바바 서비스를 무료로 제공할 것을 고집해 왔다.

마윈은 직원들을 고객의 뒤인 두 번째에 두었지만 직원들이 어려움을 극복하도록 동기를 부여하는 능력은 알리바바의 성공에 결정적이었다. 조차이는 1999년 알리바바의 초창기 직원들에게서 받은 인상을 떠올리며 주저 없이 그들을 '신봉자'라고 표현했다. "오늘은 혹독하고, 내일은 더 혹독하지만, 모레는 아름다울 것이다."라는 말은 마윈이 자주 전달한 메시지이자 그의 코미디 루틴 가운데 하나이다. 102년 동안 살아남겠다는 알리바바의 목표는 외부인들에게는 이상하게 보일지 모르지만 그것을 알리바바 문화의 일부로 받아들이는 직원들, 특히 3년 이상 회사에서 일한 알리언[Aliren, 알리바바의 사람들(Ali People)]에게는 전혀 이상할 것이 없다.

마윈의 순위에서 주주는 세 번째에 온다. 수익을 창출하라는 단기적인 압력으로 인해 높은 포부를 향한 주의를 흩뜨리지 않겠다는 의지의 표현이다. 사람들 앞에 섰을 때의 마윈은 주주와 투자자들을 놀림감으로 삼는 것을 즐기지만 이것은 직원들이나 일반 대중과 함께하는 이단아라는 특질을 빛나게 하기 위한 방편이다. 알리바바의 첫 번째 회사, 알리바바닷컴의 주가가 2009년 주식시장에서 약세를 보이자 마윈은 록 콘서트 스타일의 회합에서 회사 직원들에게 이렇게 외쳤다. "월스트리트의 투자자들이여, 원한다면 우리를 저주해도 좋아!" 확실히 상장회사의 고위 간부에게서 쉽게 찾아볼 수 있는 태도는 아니었다.

그러나 이런 포퓰리즘적 웅변의 뒷면에서 마윈은 4년 정도 규칙적인 간격으로 직원과 장기 주식 보유자들이 주식 매도로 수익을 얻을 기회를 만들어 왔다. 초기에 알리바바를 지원하고 오랫동안 회사와 함께한 투자자들은 IPO 고점 이후에 회사 주식을 매수한 일반 투자자보다 훨씬 많은 보상을 받았다.

기업 문화

마윈의 회사 분위기는 24만 제곱미터가 넘는 웻랜드 본사 캠퍼스의 디자인에서도 나타난다. 방문객은 주출입구인 남문에서 유리 타워로 이루어진 거대한 복합건물에 들어서게 된다. 오피스 타워의 지하에는 막 실리콘밸리에서 옮겨 놓은 것 같은 커다란 체육관, 스타벅스, 과일과 야채가 쌓인 시골 스타일의 상점이 있다. 한쪽에 검은 타일로 장식된 곡선 지붕에 흰 벽의 우아한 빌라들이 연꽃과 백합이 흩어져 있고 갈대로 둘러싸인 호수를 내려다보는 모습은 16세기 《수호지(水滸誌)》와 같이 마윈이 좋아해 마지않는 고전소설을 생각나게 한다.

이 호수는 환경보호에 대한 마윈의 열정을 반영한다. 마닐라에서 환경에 대한 관심을 자극한 것이 무엇이냐는 오바마 대통령의 질문을 받은 마윈은 열두 살 때 그가 마지막으로 헤엄쳤던 호수를 이야기했다. "호수에 수영을 하러 갔다가 생각보다 물이 너무 깊어서 거의 죽을 뻔했습니다. 5년 전 그 호수에 갔는데 호수 전체가 말라 버렸더군요."

2015년 회사 캠퍼스를 방문했던 나는 인공 호수에서 오피스 타워로 이어진 보도 위로 뛰어나온 작은 새끼 개구리들을 밟지 않으려고 조심스럽게 걸음을 옮겨야 했다. 그곳에 간 길에 알리바바의 대형 도서관과 서점에도 들렀다. 마윈은 독서광으로 특히 진융(金庸)이란 필명으로 잘 알려진 홍콩 태생의 무협지 작가 루이스 차(Louis Cha)의 작품을 좋아한다. 진융의 책들은 경영 이론, 스티브 잡스나 엘론 머스크와 같은 실리콘밸리의 아이콘들을 다룬 신간, 고전 작품과 함께 서가를 채우고 있다.

하지만 우리가 마윈의 영향력을 가장 명확하게 확인할 수 있는 것은 캠퍼스 디자인 너머에 있는 알리바바의 문화이다. 알리바바의 직원들은 본사 구내를 돌아다닐 때 회사가 무료로 제공하는 자전거를 이용한다. 미국 거대 기업 구글이 자사의 상징색인 푸른색, 노란색, 녹색, 빨강색으로 꾸민 구글 함대에서 영감을 받은 것이 분명하다. 알리바바의 자전거들은 오렌지색이며 2인용 자전거가 섞여 있다. 두 개의 좌석이 있는 2인용 자전거는 개인의 성과보다 팀워크를 중시하는 이 회사의 이념을 보여 준다.

회사의 니즈보다 고객의 이익을 우선하는 정신은 알리바바 기업문화의 초석이다. 디즈니가 모든 임원과 직원을 '캐스트 멤버'라고 하는 것처럼, 알리바바는 공공의 이익에 대한 헌신과 동료애를 특히 강조한다.

매년 5월 10일, 사스(SARS) 바이러스의 공포 가운데에서 회사 직원들이 보여 준 팀워크를 기념하는 '알리데이(Aliday)'를 전후해서 마윈은 근간에 있었던 회사 직원들의 결혼을 축하하는 행사를 주재한다. 알리바바는 초대된 직계 가족의 숙박료와 식대를 책임진다. 100쌍 이상의 부부가 한 회사에서 결혼을 함께 축하하는 사진들은 흡사 문선명의 통일교와 같은 종교 집단을 떠올리게 한다. 하지만 알리바바는 그것이 단순한 축하행사이지 부부의 공식적인 결혼을 대체하는 절차가 아니라는 것을 확실히 밝히고 있다.

결혼한 부부를 비롯한 알리바바 직원들에게는 보다 실질적인 혜택도 주어진다. 새 아파트의 보증금 마련에 최대 5만 달러까지 무이자로 대출을 해 주는 것이다. 항저우와 베이징 같은 생활비가 비싼 도시에서 일하는 직원들에게는 이 특전의 중요성이 점점 커지고 있다. 수천 명의 직원들이 이 대출의 혜택을 보고 있으며 액수는 수억 달러에 이른다.

알리바바는 직장에서 격식에 얽매이지 않는 태도를 지향한다. 일례로 모든 직원이 별명을 쓴다. 이 관행이 너무나 널리 퍼져 있어서 때로는 회사 외부의 사람들과 소통하려고 동료의 실제 이름을 알아야 할 때 혼란을 겪기도 한다. 처음에는 진융의 소설이나 다른 무협지의 등장인물, 지나간 시대의 사람으로부터 별명을 만들었다. 알리바바의 규모가 커지고 있기 때문에 이 범위 안에서 이용할 수 있는 이름은 곧 바닥날 듯하다. 직원들은 별명을 이용해서 회사의 내부 게시판인 알리웨이(Aliway)에 제품이나 회사 문화에 대한 의견을 포스팅한다. 평가나 경영 결정에 이의를 제기하는 투표를 시작하거나 동료들의 지지를 호소할 수도 있고 펑칭양에게 직접 제안을 하거나 불만을 토로할 수도 있다. 펑칭양이란 마윈의 온라인 페르소나로 그가 좋아하는 무협지에 나오는 검객(劍客)이다.

그렇다고 직원들이 마윈이 특히 싫어하는 불평만 하고 있지는 않는다. 그들은 위에서 내려오는 명령을 기다리기보다는 개인적인 책무를 받아들여 과제를 이행하거나 위임한다.

알리바바에서는 군사용어가 자주 등장하는데 실적이 가장 좋은 사람들은 빙왕(King of Soldiers, 으뜸 병사)이라고 부른다. 2007년 작 TV 드라마 〈병사의 돌격(Soldier's Sortie)〉에 나오는 가상의 인물 쉬산두어는 경영진의 메시지를 설명할 때 종종 이용된다. 드라마 속에서 쉬는 수줍음을 많이 타는 시골 소년으로 역경을 이기고 인민해방국의 으뜸 병사가 된다.

여섯 자루의 심검

알리바바는 회사의 가치를 '여섯 자루의 심검(心劍)'이라는 것으로 성문화해 놓았다. 이 말은 마윈이 좋아하는 소설가 진융의 작품에서 유래한 것이다. 그가 말하는 검(劍)은 실제 무기가 아니라 어떤 적도 물리칠 수 있도록 자기 내부의 공력을 키우는 기술이다. 알리바바의 경우 여섯 자루의 심검을 형성하는 힘은 마윈이 좋아하는 제너럴 일렉트릭(GE)의 CEO였던 거물 기업가 잭 웰치가 말하는 '임무, 비전, 가치(Mission, Vision, and Values)'에 나타난 것과 흡사하다.

웰치는 2005년에 펴낸《잭 웰치-위대한 승리》에서 직장 내에 거의 메시아적인 문화를 만들라고 권한다. "리더들은 사람들이 비전을 보게 하는 데 그치지 말고 반드시 그들이 비전에 따라 살아 숨 쉬게 해야 한다." 마윈은 항상 GE를 높게 평가한다.

알리바바의 '여섯 자루의 심검'은 각각 "고객 우선, 팀워크, 변화의 수용, 진실성, 열정, 헌신"이다. 특별할 것이 없어 보일지 모르지만 회사는 이들을 대단히 진지하게 다룬다. 여섯 자루의 심검에 대한 헌신은 직원 평가의 절반을 차지한다.

'고객 우선'은 타오바오의 샤오이어 추천인에게 주어지는 힘과 알리바바 인력 구성에 반영된다. 대부분의 알리바바 직원은 영업 분야에서 일한다. 영업직 직원의 비율이 텐센트나 바이두같이 기술적인 부분에 보다 집중하는 경쟁업체들에 비해 훨씬 높다. 직접 얼굴을 맞대는 것이 알리바바 영업 방법의 핵심이다.[5]

알리바바에서 '팀워크'는 정기적인 그룹 게임, 노래, 야유회를 의미한다. 실리콘밸리에 기반을 둔 기업에서 알리바바에 온 직원들에게는 가히 문화충격이다. 하지만 대학을 갓 졸업한 사원들은 '아침을 열고 저녁을 공유하는' 정례적인 만남을 비롯한 견습생과 멘토 시스템을 환영한다. 알리바바에 몸담았던 한 사람은 이런 문화를 다음과 같이 요약했다. "많은 기업들이 결과에만 초점을 맞춥니다. 일정 수의 명령을 완수해야만 하는 것이죠. 알리바바는 그와 정반대의 접근법을 취합니다. 우선 이번 달에 일정 수의 명령을 완수하고자 한다면 매일 어떤 일을 해야 할까를 생각합니다. 이렇게 과제를 여러 단계로 나눔으로써 하루하루를 그 과정 속에 있는 하나의 핵심적인 단계에 할애할 수 있습니다. 결국 목표에서 벗어나지 않게 되죠."

이를테면 루이비통 지갑, 벨트, 한정판 운동화에서 수만 위안의 월간 보너스, 심지어는 자동차에 이르는 부상을 지급하는 등으로 좋은 실적을 올린 사람을 회사 전체에 알리는 것도 직원의 사기를 높이는 데 큰 도움이 된다.

'변화의 수용'이라는 요구는 직원들의 잦은 순환근무에서 드러난다. 실적에 관계없이 다양한 새 제품들 혹은 지역들 사이에서 정기적으로 전환을 이루도록 유도하는 것이다. 여기에는 많은 문제가 따르지만 알리바바는 직원들에게 '차질의 수용'까지 요구한다. 실패를 창피한 일로 여기는 전통적인 중국 문화를 철저히 벗어나라고 얘기하는 것이다. 알리바바의 접근법은 실패한 벤처 이름을 티셔츠에 새겨 넣는 실리콘밸리의 관행과 일맥상통한다. 빠르게 변화하는 중국 인터넷의 전선(戰線)에서 어느 정도의 실패는 피할 수 없고, 오히려 가치가 있는 것이라는 생각이 이를 뒷받침하고 있다.

'진실성'의 심검은 부패야말로 알리바바를 끊임없이 위협하는 리스크라는 사실을 강조한다. 수백만의 상인들이 타오바오에서 자신의 물건을 홍보할 방법을 찾고 있는데, 이들을 감시하는 샤오이어는 몇천 명에 불과하다. 중국 공산당은 부패를 억제하기 위한 노력의 일환으로 정기적인 인력 순환을 통해 권력이 생성되는 것을 막는다. 알리바바닷컴의 CEO로 일했던 데이비드 웨이(David Wei, 卫哲, 웨이저)는 회사에 합류하기 전부터 마윈이 순환근무를 얼마나 선호하는지 이미 알고 있었다. 이전의 직장을 떠나 알리바바에 합류하기까지 9개월 동안의 일을 데이비드는 이렇게 회상했다. "저의 직무 기술서와 직함은 회사에 합류하기 전에 네 차례나 변경되었습니다. 처음에는 타오바오의 책임자가 될 예정이었는데 다음에는 알리페이의 책임자로 바뀌었죠. 이사진에 합류하기 한 달 전까지 제가 무슨 일을 할지 알지 못했습니다." 최종적으로 알리바바 B2B 사업의 CEO로 일하게 되자 데이비드는 마윈에게 이런 농담을 건넸다. "합류하기 전에 자리를 하도

바꾸어서 더 이상은 바꾸고 싶어도 그럴 수가 없겠네!"

정기적인 순환근무의 영감이 어디에서 비롯된 것인지에 관계없이 알리바바가 사업 부문들에 많은 자율권을 허용하는 것만은 분명한 사실이다. 조직의 계층구조를 가능한 한 없애고 부끄럽게 생각하거나 남을 탓하고 싶은 유혹을 최소화하려는 노력에서 비롯된 조치이다.

알리바바에서 일하려면 '열정'을 보여 주어야 한다는 점은 "검객에게는 뜨거운 피가 가장 중요하다."라는 한 직원의 말로 요약된다. 다른 회사에 비해서 "알리바바에 있는 사람들은 일에 더 열정적이고, 더 정직하며, 더 열심히 일한다."라고 그는 말한다.

마윈의 '헌신'에 대한 강조는 그가 자주 말하는 "즐겁게 일하되 진지하게 살라."라는 문장에 반영되어 있다. 알리바바에서 마윈이 강조하는 이 별난 접근법은 "진지하게 일하되 즐겁게 살라."라고 강조하는 여느 기업들과 정반대이다.

직원들이 여섯 자루의 심검에 얼마나 부응하는지 가늠하는 것이 알리바바 인사부의 일이다. 인사부는 한 해에만 1만 2,000명의 고용을 감독하는 중요한 역할을 한다. 일부 회사에서는 행정 기능만을 하는 인사부가 알리바바에서는 승진과 고용에 막대한 힘을 행사한다.

알리바바의 직원들은 문화와 이념을 부단히 강조하는 인사부를 '정치위원'이라고 부른다. 인사부는 신입 직원을 위한 1,000페이지 이상의 매뉴얼과 정교한 데이터베이스를 통해서 광범위한 교육을 감독하면서 실적이 승진이나 봉급 인상에 정확하게 반영되도록 한다.

알리바바의 문화는 회사를 떠난 직원들에게도 지속된다. 제법 긴 역사와 빠른 성장을 거치면서 회사를 떠난 직원의 수는 2만 5,000명이 넘는다. 이들 중 많은 사람들이 '포머 오렌지 클럽(Former Orange

Club)'이라는 비영리 조직을 만들고 한데 뭉쳐서 투자 기회와 커리어에 대한 조언을 공유한다. 5년간 일하다가 2010년 알리바바를 떠난후 포머 오렌지 클럽의 회원이 된 후저는 이 그룹에 몸담게 된 이유를 이렇게 설명했다.[6] "알리바바에서 일했던 직원들은 긴밀하게 연결되어 있습니다. 마치 우리를 하나로 묶고 있는 어떤 유대가 있는 것같이 말입니다. 포머 오렌지 클럽은 우리가 소통하고 아이디어를 교환할 수 있는 중요한 플랫폼 역할을 합니다." 이 클럽의 많은 구성원이 직접 인터넷 회사나 투자기관을 설립했다.[7] 전자상거래, 온라인 여행 예약, 인터넷 금융 서비스, 온라인 음악, 온라인 구인, O2O(Online to Offline), 벤처캐피털, 의료 서비스를 비롯한 다양한 부문에서 활약하고 있는 이들 기업 중에는 서로 연결되어 있는 곳들도 많다. 중국인터넷 관련 신생 기업의 데이터베이스를[8] 검색해 보면 알리바바의직원이었던 사람들이 317개 신생 기업과 관련이 있다는 것을 알 수있다. 텐센트와 관련이 있는 신생 기업은 294개, 바이두와 관련된 기업은 223개였다. 이 모든 신생 업체들이 성공하지는 못할 테고, 이미실패한 기업들도 있다. 하지만 이러한 기업 활동망은 미래 혁신의 원천으로서, 그리고 알리바바의 인수 목표로서도 중요한 의미가 있다.

알리바바를 거친 베테랑들이 설립한 여러 벤처의 공통점은 일부사람들이 '대장정' 문화라고 부르는, 사람과 시간에 대한 막대한 투자와 개인의 희생을 아우르는 의욕적인 경영 기풍이다. 반면에 텐센트와같은 알리바바의 라이벌 기업에 근무했던 사람들은 그들이 설립한 새회사에서 제품 개발 및 론칭에 걸리는 시간을 단축시키는 데 더 초점을 맞춘다. 제품을 우선 론칭하고 이후 완벽하게 만드는 '종종걸음'식접근법을 취하는 것이다.

알리바바는 처음부터 팀의 단합된 노력으로 이루어졌다. 마윈은 다른 인터넷 기업 설립자들보다 더 이른 시기에 자산의 훨씬 많은 부분을 분배했다. 그런데도 그는 커뮤니케이션 재능과 원대한 포부를 통해 회사에서 막강한 영향력을 유지하고 있다. 현대판 돈키호테인 마윈은 풍차를 공격하는 것을 즐긴다. 그가 공략하는 풍차는 소매에서 금융, 엔터테인먼트, 의료 그리고 그 너머에까지 이른다.

알리바바가 새롭게 지평을 넓힐 가능성이 얼마나 되는지 알아보기 위해서 마윈과 회사의 오늘이 있게 한 사건들부터 살펴보기로 하자.

제 3 장

남순강화

중국에서는 백만 명 중 불과 한 명이라고 해도,

그 같은 사람이 중국 땅에 1,300명이나 더 있다는 뜻이다.

– 빌 게이츠(Bill Gates)

행상을 하는 소년

마윈은 1964년 용의 해 9월 10일에 상하이에서 남서쪽으로 약 160킬로미터 떨어진 항저우에서 태어났다. 부모는 '구름'을 뜻하는 '윈(云)'이라는 이름을 붙여 주었다. 그의 성인 '마(马)'는 중국어로 '말'이라는 뜻도 있다.

마윈의 어머니 추이웬차이는 공장의 생산 라인에서 일을 했다. 그의 아버지 마라이파는 항저우 사진국에서 사진사로 일했다.

하지만 두 사람 모두 감상적인 대중가요와 코미디가 어우러진 중국 민속예술인 핑탄(泙弹)에 열정을 가지고 있었다. 이런 예술에 노출된 것이 마윈이 커뮤니케이션에서 발휘하는 뛰어난 역량을 설명해 준다. 핑탄이 마윈의 부모에게는 혁명 이후 중국의 팍팍한 삶에서 잠시 떠나 보다 풍요롭고 다채로운 과거의 삶을 회상하고 위안을 얻을 수 있는 도피처가 되었음은 말할 필요도 없을 것이다.

중국 기업가 정신의 미래 아이콘인 마윈은 민영기업이 거의 완전히 절멸한 때에 태어났다. 산업 생산의 90퍼센트가 국가의 수중에 들어갔다. 대약진정책(마오쩌둥에 의한 1958~1961년의 경제 공업화 정책. - 옮긴이)으로 경제 회복에 기를 썼지만 중국은 가진 것이 너무 없었다. 전국적으로 수백만의 사람들이 기아에 허덕이는 상황에 몰린 마오쩌둥은 자아비판에 나설 수밖에 없었고 권력의 한 켠으로 밀려났다. 덩샤오핑(鄧小平)은 집산화(농장·산업체 등을 모아 집단이나 정부가 관리하게 하는 것. - 옮긴이)의 가장 해로운 측면을 뒤바꾸는 임무를 맡았다. 그가 중국의 경제 기적을 촉발시키는 데 중추적 역할을 하게 될 것을 암시하는 일이었고, 이로써 20년 후 마윈은 기업가로서의 커리어를 시작할 수 있었다.

하지만 마윈이 두 살 때 마오쩌둥은 복권되었고 중국은 문화혁명의 소용돌이 속에 피폐해졌다. 마오쩌둥은 '네 가지 낡은 것(四舊)', 즉 낡은 관습, 낡은 문화, 낡은 풍속, 낡은 사상에 대한 공격을 시작했고 홍위병(紅衛兵)이 문화 유적과 유물의 파괴에 나섰다. 항저우에서는 남송의 유명한 장수, 악비(岳飛)의 묘를 공격해 심하게 훼손했다. 하지만 홍위병도 항저우가 가진 매력에 영향을 받지 않을 수 없었던지 폭력을 멈추고 서호(西湖)에서 뱃놀이를 하기도 했다. 마오쩌둥도 항저우에 애착을 갖게 되면서 40차례 이상 방문하고 한 번에 7개월을 머무른 적도 있다. 그는 핑탄 공연을 즐겼다. 마오쩌둥은 개인적으로 이 예술을 좋아했지만, 핑탄과 같은 낡은 관습은 홍위병의 표적이 되었고 공연에 종사하는 사람들은 고발당했다. 마윈의 가족도 박해를 받을 위험에 처했다. 그의 조부가 중국 독립정부의 지방관리였기[1] 때문에 특히 위험이 컸다. 마윈의 가족은 문화혁명 동안 가정이 파괴되는 시련은 간신히 모면했지만 마윈까지 반 친구들의 놀림을 피해 갈 수는 없었다.

1972년 2월, 닉슨(Nixon) 대통령이 마오쩌둥을 만나기 위한 역사적인 중국 방문의 일환으로 항저우를 들렀다. 닉슨은 100명에 이르는 기자들을 대동했다. 이 일이 생방송이 되면서 중국과의 관계 정상화를 지지하는 힘이 커졌고 항저우와 같은 도시들이 외국인들의 관광지로 재조명을 받았다.

어린 시절 마윈은 영어와 영문학에 깊은 흥미를 느꼈다. 그는 특히 단파 라디오에서 들었던 마크 트웨인의 《톰 소여의 모험》을 즐겨 읽었다. 이후 중국에 외국 관광객들이 찾아오면서 마윈은 바깥 세상에 눈을 뜨게 되었다. 1978년 말, 마윈이 열네 살일 때 중국은 덩샤오핑의 주도로 해외 무역과 투자를 추구하는 새로운 문호개방 정책을 시작했다. 10년에 걸친 혼란으로 중국은 파산 위기에 놓여 있었고 경화(硬貨, 달러같이 국제적으로 널리 통용되는 통화. - 옮긴이)가 절실하게 필요했다.

1978년, 항저우를 찾은 외국 관광객은 728명에 불과했다. 하지만 다음 해에는 4,000명 이상의 관광객이 항저우를 방문했다. 마윈은 영어를 연습할 수 있는 기회라면 어떤 것이든 마다하지 않았다. 그는 동이 트기도 전에 일어나 40분간 자전거를 타고 항저우 호텔로 가서 외국 관광객들과 인사를 나누었다. 그는 이렇게 회상했다. "매일 새벽 5시부터 호텔 앞에서 영어 책을 읽었습니다. 대부분의 외국 관광객들이 미국이나 유럽에서 왔죠. 저는 그들에게 무료로 서호를 안내하였고 그들은 저에게 영어를 가르쳐 주었습니다. 9년 동안이나요! 비가 오든 눈이 오든 매일 아침 영어를 연습했습니다."

아버지와 남편의 이름이 잭(Jack)이었던 한 미국인 관광객이 마윈에게 '잭'이라는 이름을 추천했고 이후 마윈은 잭이라는 영어 이름으로 알려지게 되었다. 그는 자신이 하는 영어가 수준이 그리 높지 않다고 말한다. "겨우 내 의사를 전달할 수 있을 뿐입니다. 문법은 엉망이죠." 하지만 마윈은 언어를 배운 것이 삶에 큰 도움을 주었다는 점은 부정하지 않는다. "영어는 제게 큰 도움이 되었습니다. 세상을 더 잘 이해하게 해 주었고 세계의 훌륭한 CEO와 리더들을 만날 수 있게 해 주었으며 중국과 세상 사이의 차이를 이해하게 했죠."

1980년 항저우에 왔던 많은 관광객 가운데에는 오스트레일리아 출신의 몰리 가족도 있었다. 그 여행 직전 은퇴한 전기기사 켄 몰리(Ken Morley)는 '오스트레일리아 중국 친선협회'가 제공하는 중국 여행에 참가 신청을 했다. 여행은 아내 주디와 세 자녀, 데이비드, 스티븐, 수전과 함께였다. 첫 해외여행이었다. 그들의 방문이 마윈의 인생을 바꾸었다.

현재 데이비드는 오스트레일리아에서 요가 스튜디오를 운영하고 있다. 나는 그 요가 스튜디오에서 그를 만날 수 있었다. 그는 친절하게 가족들이 중국을 방문했을 때의 기억과 사진, 그리고 마윈과의 지속적인 우정을 이야기해 주었다.

1980년 7월 1일 몰리 가족이 참여한 여행 그룹이 비행 편으로 베이징에서 항저우에 도착했다. 그들은 버스를 갈아타고 그로부터 8년 전 닉슨 대통령과 수행원들이 머물렀던 서호의 샹그릴라 호텔(당시는 항저우 호텔)로 이동했다. 데이비드는 대통령 부부가 묵었던 스위트룸을 구경했던 일을 떠올렸다. 그는 "호화로운 붉은색 벨벳으로 만들어진 화장실 변기 커버에 아이들 모두가 마음을 빼앗겼다."라고 회상했다.

다음날 오스트레일리아 그룹의 일정에는 서호 보트 여행이 포함되어 있었다. 그 후에는 인근의 차(茶) 농장과 육화탑(六和塔)을 보고 호텔로 돌아와 6시 30분에 저녁 식사를 하기로 되어 있었다.

데이비드와 여행을 하는 동안 그와 친구가 된 케바라는 젊은 여성은 호텔을 빠져나가 길 건너 공원에서 서호를 바라보며 '자유로운 저녁 시간'을 보내기로 했다. 그곳에서 그들은 성냥을 가지고 놀았다. 케바가 데이비드에게 가르쳐 준 '성냥 튀기기' 기술을 연습한 것이다. 점화면에 성냥을 거꾸로 세우고 손가락으로 성냥을 튕겨서 나선을 그리며 날아가는 것을 구경하는 장난이었다. 데이비드와 케바의 장난은 열다섯 살 난 마윈의 주의를 끌었다.

데이비드는 회상했다. "공원에서 성냥을 튕기면서 자유 시간을 보내던 때였습니다. 한 젊은이가 다가왔죠. 새로 배운 영어를 시험해 보고 싶다고 했습니다. 그가 자기소개를 했습니다. 우리는 인사를 나누고 공원에서 다시 만나기로 했죠."

7월 4일, 항저우에서 머무는 마지막 날, 데이비드는 마윈을 여동생 수전에게 소개하고 그와 동네 아이들을 불러서 공원에서 원반 던지기를 하며 놀았다. 데이비드는 그 장면을 내게 자세히 설명했다.

서호를 배경으로 선 15세의 마윈과 그가 새로 사귄 오스트레일리아 친구 데이비드 몰리. 데이비드는 오스트레일리아 중국 친선협회 ID 카드를 달고 있다. (몰리 가족 제공)

"신발 코로 금을 그리자 곧 중국인 수백 명이 우리를 둘러쌌습니다."
마원의 아버지, 마라이파가 그 게임 장면을 카메라에 담았다.

데이비드의 아버지 켄 몰리는 마원에 대한 첫인상이 '행상인' 같았
다고 말한 적이 있다. "영어를 해 보고 싶어 하는 마음이 무척 커 보
였습니다. 그리고 아주 친절했죠. 우리 아이들이 매우 깊은 인상을
받았습니다."

데이비드는 가족들이 어떻게 연락을 계속했는지 설명했다. "그렇
게 만난 후에 펜팔 친구로 인연을 이어 갔죠. 몇 년 동안 편지를 교환
하다가 아버지가 이 젊은 친구를 돕는 데 관심을 갖게 되었습니다."
마원은 켄과 정기적으로 편지를 주고받으면서 그를 '아버지'라고 불
렀다. 켄은 마원에게 '편지를 한 줄씩 비우고 쓰도록' 했다. 데이비드
는 이렇게 설명했다. "마원이 영어를 배울 수 있도록 원본의 빈칸에
틀린 것을 교정해서 답장과 함께 다시 보내 주었습니다. 마원이 영어
공부를 계속하는 데 큰 도움이자 격려가 되었을 것입니다." 점점 나
아지는 영어 실력과 지역 역사에 대한 풍부한 지식, 말재주 덕분에
마원은 더 많은 외국 관광객들에게 서호 주변의 경관을 보여 줄 기회
를 얻었다. 그는 사람들이 장기를 두거나 카드놀이를 하고 '허풍이 센
이야기'를 늘어놓는 항저우의 찻집을 즐겨 찾았다.

마원은 종종 할머니와 절에 가서 향을 태우고 절을 했다. 그는 태
극권(太極拳)에 대한 열의를 키웠고 108명의 영웅이 등장하는 중국 고
전 《수호지》를 읽었다. 마원이 이후 알리바바 초기 직원을 108명으로
정한 것도 여기에서 비롯된 것이다.

하지만 그가 가장 좋아하는 작품은 홍콩 작가 루이스 차가 진융이
라는 필명으로 쓴 소설이다. 1924년 저장성에서 태어난 진융은 1959년

홍콩 신문 〈밍파오(明報)〉를 공동 창간했다. 그의 초기 작품 여러 편이 이 신문을 통해 발표되었다. 그는 총 15권의 소설을 썼다. 모두 무협 장르인 그의 작품은 무술과 무사의 도에 관한 허구의 이야기와 역사적인 서사를 함께 담고 있다. 진융은 중국어권에서 큰 인기를 누리고 있다. 그의 작품의 세계 판매량은 1억 부에 이르며, 책을 원작으로 한 텔레비전 시리즈와 영화가 90편이 넘는다.

기원전 6세기에서 18세기 사이를 배경으로 하는 진융의 작품은 몽골이나 만주와 같은 북쪽의 침략자들에 맞서는 영웅적인 인물과 중

마원이 어린 시절 데이비드에게 보낸 펜팔 편지 중 하나. (몰리 가족 제공)

국인의 애국심 등을 내세운 인상적인 요소들로 이루어져 있다.

샤먼 대학의 교수이자 저명한 작가인 이중톈(易中天)은 전통적인 스토리와 무술에 대중이 매력을 느끼는 이유를 다음과 같이 요약했다. "전통 중국 사회에서 사람들이 가진 바람은 세 가지였다. 첫 번째는 현명한 황제이다. 사람들은 좋은 리더를 통해서 평화로운 나라에서 살 수 있게 되기를 바랐다. 두 번째 바람은 청렴한 관리들이다. 청렴한 관리가 없으면 세 번째 바람을 갖게 된다. 세 번째로 바라는 것을 무협 영웅이다. 사람들은 이런 영웅들이 자신들을 대신해 탐욕스런 관리를 심판하고 사회가 정의를 되찾게 해 주기를 희망한다. 영웅이 없을 때 사람들이 의지해 위안을 찾을 곳은 가상의 무협소설뿐이다. 많은 중국인들이 쿵푸 소설을 좋아하는 이유가 여기에 있다."

진융의 글은 중국 문화와 예술은 물론 불교, 도교, 유교의 전통적 요소들로 가득하다. 마윈은 진융의 전설적인 검객 펑칭양으로부터 영감을 받았다. 펑은 제자를 가르치는 사부이며, 그의 무술 동작은 모두 정해진 의도에 따라 이루어진다.

마윈 자신도 70대 여성으로부터 태극권을 배웠다.[2] 과거 마윈의 제자였으며 현재는 개인 비서인 천웨이의 말에 따르면, 그 여성은 매우 노련하게 태극권을 구사하기 때문에 젊은 2~3명의 남성으로부터 자신을 지킬 수 있을 정도라고 한다. 그녀는 매일 아침 태극권을 수련하기 전에 눈을 감고 명상을 하는데 '꽃이 피는 소리'를 듣는다고 한다. 요즘 마윈은 여행을 할 때 개인 태극권 코치를 대동하곤 한다.

하지만 이런 태극권도 어린 마윈의 적에게는 무용지물이었다. 마윈의 적은 수학이었다. 중국의 모든 고등학생은 대학에 진학하고자 하며, 대학에 가려면 가오카오(高試, 문자 그대로의 뜻은 '높은 수준의 시험')라고 알려진 국가가 실시하는 대학입학시험에 합격해야 한다. 가오카오는 2~3일 동안 치르는데 수학과 중국어, 외국어가 필수과목이다.

가오카오는 엄청난 준비와 암기가 필요한, 세계에서 가장 어려운 시험으로 널리 알려져 있다. 현재는 우울증과 자살 등 이 시험에서 비롯되는 부정적인 사회적 결과를 두고 비판 여론이 거세지고 있다.

마윈은 가오카오를 치렀지만 형편없는 성적으로 고배를 마셨다. 수학의 경우 120점 만점에 1점을 받았다. 희망은 짓밟혔고, 그는 출판사에서 무거운 잡지 뭉치를 받아서 3륜 자전거를 이용해 항저우 기차역으로 배달하는 힘든 일을 했다. 그나마도 아버지의 연줄을 통해서 간신히 얻은 일거리였다. 마윈은 호텔의 웨이터를 포함한 여러 다른 일자리에서 거절을 당했다. 키가 너무 작다는 것이 이유였다.

천웨이는 그가 쓴 마윈 전기, 《진짜 마윈 이야기》에서 마윈이 중국 작가 루야오(路遙)의 저서, 《인생》에서 어떻게 영감을 얻게 되었는지 이야기하고 있다. 1982년 출간되고 1984년 영화화된 이 책은 가오지아린(高加林)의 이야기를 담고 있다. 시골에 사는 재능 있는 젊은이, 가오는 가난의 굴레를 벗어나려고 애쓰지만 실패한다. 마윈은 그와는 다른 운명을 개척하기로 마음먹고 가오카오에 재도전했다. 이번에는 수학 성적이 약간 나아져 120점 만점에 19점이었다. 하지만 전체 성적은 상당히 떨어졌다.

마윈은 입에 풀칠을 하기 위해 또다시 취업에 매달렸다. 11장의 지원서를 보냈지만 모두 거절당했다. 마윈은 KFC마저 그를 외면했던 이야기를 자주 입에 올린다. 24명의 지원자 중에 그들이 원치 않았던 유일한 지원자가 마윈이었다.

그럼에도 굴하지 않고 마윈은 매주 일요일이면 저장 대학 도서관을 찾아 시험 합격에 필요한 수학 공식을 암기했다.

마윈은 결국 베이징이나 상하이에 있는 명문 대학의 입학 허가는 받지 못했다. 하지만 수학 성적을 높여 1984년 19세 때 지방대학인 항저우 사범대학의 입학 자격을 얻을 수 있었다. 가오카오에 세 번째 응시했을 때 마윈의 수학 점수는 89점이었다. 4년제 학사 학위를[3] 주는 다른 대학에서 정상적인 입학 자격을 얻기에는 여전히 몇 점 모자란 점수였다. 보통대로라면 그는 2~3년 과정의 준학사 학위과정으로[4] 밀려났을 것이다. 하지만 항저우 사범대학에 남학생을 받을 수 있는 자리가 좀 남아 있었고 마윈은 그 자리를 비집고 들어갔다. 항저우 사범대학은 유명 대학은 아니었다. 마윈은 "우리 도시에서 3~4등급으로 여겨지는 학교였다."라고 회상했다. 그는 공개적인 자리에서 자신이 가오카오에 두 번이나 낙방한 것을 명예 훈장이라도 받은 것처럼 자주 언급한다.

멘토, 켄 몰리

마윈은 대학 2학년 때 학생회장으로 선출되었다. 학생회에서 그는 10대 캠퍼스 가수 경연을 시작했고, 이후 항저우 학생연합의 회장이 되었다.

1985년 마윈은 오스트레일리아 뉴사우스웨일스 주의 뉴캐슬 외곽, 뉴 램턴에 있는 집에서 가족과 머물자는 켄 몰리의 초대를 받아들였다. 마윈은 이 여행으로 중국을 처음 벗어났다. 그는 한 달 동안 오스트레일리아에 머물렀다. 중국으로 다시 돌아올 때의 그는 전과는 다른 사람이 되어 있었다.

스티븐 몰리, 마윈, 몰리 가족의 사촌인 앤 리. (루이스 리와 앤 리 제공)

"중국에서는 항상 우리나라가 세상에서 가장 부유한 나라라고 가르쳤습니다." "오스트레일리아에 도착한 저는 세상이 그동안 제가 배워 왔던 것과는 딴판임을 깨달았습니다. 판단을 내리고 생각할 때에는 남의 말을 그대로 수용하는 것이 아니라 자신의 사고로 해야 한다고 생각하기 시작했습니다."

마윈은 외국인들 앞에서 전혀 부끄러워하거나 낯을 가리지 않았

오스트레일리아 사람들에게 쿵푸를 선보이는 마윈. (루이스 리와 앤 리 제공)

다. 오스트레일리아를 여행하는 동안 마윈은 교외의 회관에 모여 태극권을 수련하는 사람들에게 원숭이나 술에 취한 사람의 모습을 흉내 낸 쿵푸 기술을 선보였다. "저는 그에게 술 취한 복싱 루틴을 보여 달라고 부탁하곤 했습니다. 아주 보기 좋았죠."라고 스티븐 몰리가 회상했다.

마윈과 몰리 가족과의 인연이 꽃을 피우기 시작했다. 마윈이 오스트레일리아를 여행한 후, 켄 몰리는 스티븐과 항저우를 방문했다. 마윈의 집이 손님이 묵기에는 좁았기 때문에 마윈은 대학교에 숙소를 마련했다. "우리는 마윈의 가족과 저녁 식사를 한 뒤 자전거를 타고 대학으로 돌아왔습니다." 스티븐이 회상했다. "마윈은 항상 저녁 식사 준비와 요리를 도우면서 우리가 특별한 손님이라는 느낌을 받도록 했습니다."

휴일이면 마윈은 지방 여행을 계획해 두 오스트레일리아 친구들이 중국에서의 모험을 한껏 맛보게 했다. 이동을 위해서 마윈은 픽업 트럭을 준비했다. 그와 운전사는 앞쪽 운전석에 앉고 켄과 스티븐은 마윈이 지붕이 없는 짐칸에 마련한 흔들리는 의자에 앉았다. 어느 날 항저우를 벗어나 지방으로 가는 길에 운전사가 자전거에서 떨어진 사람을 피하려고 급브레이크를 밟자 켄과 스티븐은 운전석 뒤로 나동그라졌다. 다행히 부상은 피할 수 있었다. 그날 저녁 시내로 돌아온 마윈은 축제가 열리는 거리를 내려다보며 지역 관리와 유지들이 함께 즐기는 만찬 자리를 준비했다. 스티븐은 이렇게 회상했다. "그렇게 많은 사람들이 한곳에 모여 있는 것은 처음 보았습니다. 연줄을 필요로 하는 시장과의 저녁 식사 자리를 준비하거나 차량을 섭외하는 마윈을 보면서 그가 네트워커의 자질이 있다는 것을 알게 되었죠."

항저우로 돌아온 마윈을 기다리는 것은 근심 걱정 없는 대학 생활이 아니었다. 너무나 돈에 쪼들렸다. 켄 몰리가 다시 한 번 나서서 그를 도왔다. 대학 학비는 무료였지만 생활비를 최소로 줄여도 마윈의 가족이 감당할 수 있는 범위를 넘었다. "오스트레일리아로 돌아온 우리는 그 문제를 생각해 보았습니다." 몰리가 회상했다. "그리고 도움을 주기로 결정했죠. 큰돈은 아니었습니다. 아마도 일주일에 5~10달러 정도였을 겁니다. 그에게 6개월마다 수표를 보냈습니다."

항저우 사범대학에서 마윈은 장잉을 만났다. 학우였던 장잉(張瑛)은 저장 태생으로 캐시(Cathy)라는 영어 이름을 가지고 있었다. 두 사람의 관계는 마윈의 가족에게는 비밀이었다. 스티븐 몰리는 항저우에서 마윈과 그의 부모와 함께 저녁 식사를 하다가 비밀을 누설하고 말았다. 스티븐은 이 일을 회상했다. "제가 무심결에 '뉘펑유(여자 친구)'라 는 말을 하면서 마윈을 가리켰습니다. 마윈은 몹시 당황한 것

항저우에서 마인(마윈의 여동생), 스티븐 몰리, 켄 몰리, 마윈. (몰리 가족 제공)

켄 몰리의 도움으로 항저우에 마련한 새 아파트 주방에 있는 마윈. (몰리 가족 제공)

같았어요. 아마도 그때 저를 죽이고 싶었을 거예요. 그러다가 마윈과
그의 부모님 사이에 관리들에 대한 토론이 이어졌습니다. 마윈은 아
직도 제가 어릴 때 비밀을 까발린 이야기를 하곤 합니다."

나이 어린 오스트레일리아 친구 때문에 비밀이 드러났는데도 마
윈과 장잉의 관계는 계속되었고 얼마 후 두 사람은 결혼했다. 몰리
가족은 다시 한 번 후한 마음을 보여 주었다. 이 부부에게 신혼집을
구입할 자금으로 2만 2,000오스트레일리아 달러(약 1만 8,000달러)를
준 것이다. 두 사람은 타워 블록 맨 위층의 아파트 두 개를 구입한 뒤
합쳐서 펜트하우스를 만들었다.

마윈은 이후 켄과 주디 몰리가 말로 다할 수 없는 많은 것들을 베
풀어 주었다고 말했다.

켄 몰리는 2004년 9월, 78세의 나이로 숨졌다. 지역 신문의 부고

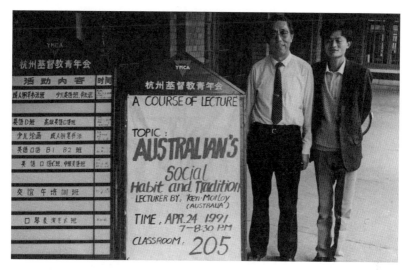

1991년 4월 항저우 YMCA에서 마윈의 멘토, 켄 몰리의 강연을 준비하는 마윈과 동료 강연자.
(몰리 가족 제공)

기사에는 "그는 자녀들을 중국, 쿠바로 데리고 다니며 교육을 받게
하고, 여행을 하고, 정치적인 견해를 키우도록 격려했다. 이 큰 도량
과 너그러운 마음은 가족에게만 한정된 것이 아니었다. 켄은 가난한
중국 젊은이의 친구가 되어 준 것으로 유명하다. 이 젊은이는 현재
중국에서 크게 성공한 회사를 이끌고 있다." 장례식에서 목사는 마윈
이 보낸 메시지를 몰리 가족에게 읽어 주었다. 이 글에서 마윈은 언젠
가 켄과 시베리아 횡단 열차를 타겠노라 계획했었다고 밝혔다. 마윈
은 "켄은 오스트레일리아의 '아버지'이자 멘토"라고 말했다. 그의 아
들 데이비드는 나에게 이런 편지를 보냈다. "지금은 공상일지도 모릅
니다. 유명인이 된 마윈이 신분을 숨기고 다니기란 힘든 일이겠죠.
하지만 언젠가는 아버지 대신 그 여행을 실현하고 싶습니다."

중국 최고의 자본가가 될 사람에게 기회의 문을 열어 주는 데 중

마윈과 켄 몰리가 맥주를 마시고
있다. (몰리 가족 제공)

요한 역할을 했던 켄 몰리가 열성적인 공산주의자였다는 것은 아이러
니가 아닐 수 없다. 광부와 재봉사인 부모 밑에서 태어난 그는 오랫
동안 정치운동을 해 왔으며 오스트레일리아 공산당의 당원으로 사회
주의 동맹 지역선거에 후보로 출마하기도 했다. 그는 사망하기 전에
마윈이 성공을 거두기 시작하는 모습을 보면서, 또 마윈 부부가 그에
게 퍼붓는 돈과 선물에 난처함을 느꼈을 것이다. 하지만 켄 몰리는
마윈 부부가 그의 이름을 따서 첫 아이의 이름을 지어 준 것(켄과 비슷
한 '쿤'이라고 불렀다)을 가장 소중한 일로 여겼다. 중국은 몰리 가족에
게도 영향을 주었다. 수전 몰리는 수년 동안 중국어를 공부했다. 마
윈 가족과 몰리 가족은 지금까지도 절친한 친구이며 휴가를 함께하곤
한다.

부자가 되는 것은 영광스러운 것

1992년 덩샤오핑은 그 유명한 남순(南巡, 남방 경제특구 순시)에 착
수했고, "부자가 되는 것은 영광스러운 것"임을 공표하는 남순강화
(南巡講話)를 남겼다.[5] 덩샤오핑의 공개적인 지지는 사회의 주변부로

밀려났던 중국의 기업가들에게 옛 보금자리로 돌아오라며 보낸 초대
장에 다름 아니었다.

하지만 마윈은 아직 기업가가 아니었다. 1988년 영문학 학사 학위
를 받고 졸업한 그는 항저우 전자공업대학에서 영어와 국제무역을 가
르치는 강사가 되었다. 대학 동기들은 모두 중학교에서 영어를 가르
치는 일을 맡았지만 마윈은 500명 동기 중 유일하게 대학에서 학생을
가르치게 되었다. 하지만 그는 교사직을 넘어서는 미래를 생각하기
시작했다. 마윈은 덩샤오핑의 남순에서 얻은 가르침을 떠올렸다. "당
신은 부자가 될 수 있다. 당신은 다른 사람이 부자가 되는 것을 도울
수 있다." 그는 남은 2년의 계약 기간을 열심히 채워 나가면서 학교
밖에서 기회를 쫓기 시작했다.

학교에서 주간에 일을 마치면 항저우 YMCA에서 영어 수업을 시
작했다. 1992년 이 수업을 듣기 시작한 천웨이에 따르면, 마윈의 영
어 수업은 문법과 단어를 가르치거나 교과서를 읽는 데 시간을 거의
보내지 않았기 때문에 인기가 많았다. 그 대신 마윈은 주제를 선정해
서 대화하는 것을 좋아했다. 학생들은 해외에서 공부하려는 고등학
생부터 대학생, 공장 근로자, 젊은 전문직 종사자에 이르기까지 다양
했다. 마윈은 수업 후에도 종종 차를 마시거나 카드 게임을 하거나
대화를 하며 학생들과 시간을 보냈다.

항저우에는 언어를 연습하는 데 관심이 있는 지역 주민들이 모이
는 잉글리시 코너(English Corner)라는 모임이 있었다. 이들은 매주 일
요일 아침 서호 옆의 식스 파크(Six Park)에서 만났다. 마윈은 여기에
야간 수업 학생들을 데리고 가곤 했다. 하지만 학생들이 좀 더 자주
이 모임에 가길 원하자 마윈은 직접 잉글리시 코너를 시작하기로 마

음먹었다. 세션은 매주 수요일 밤에 열렸다. 어두워서 사람이 잘 보이지 않게 되면 학생들이 남의 시선을 많이 의식하지 않고 서툰 영어라도 자신 있게 내뱉는 되는 것을 마윈이 알았기 때문이다.

하지만 마윈의 교사로서의 활동은 끝을 향하고 있었다. 덩샤오핑의 남순이 부추긴 열정에 휩싸여 서른이 되기 전에 사업을 시작하기로 결심한 것이다. 그는 수업 후에 파트타임으로 새 사업을 했다. 마윈의 첫 회사 이름은 '호프(Hope)'였다.

제 4 장

희망 그리고 미국

중국에는 해외에 물건을 팔고 싶지만 방법을 모르는
백만 개의 회사가 있다.

– 마윈

1994년 1월 스물아홉의 나이에 마윈은 항저우 하이보 번역원을
설립했다. 이 회사는 다섯 명의 직원으로 시작했다. 대부분이 학교를
은퇴한 교사들이었다. 그는 서호에서 멀지 않은 쿤밍 로드 27번지에
방을 두 개 빌렸다. 교회를 개조한 건물에는 이전에 YMCA가 세 들
어 있었다. 지금도 그 건물 밖에는 '호프 번역(Hope Translation)'이라는
간판이 걸려 있다. 번역원이 YMCA 국제 유스호스텔이 된 곳과 가까
운 그 건물에 회의실을 두고 있기 때문이다.

마윈은 야간 영어 수업을 받던 학생들 몇 명을 설득해서 사업을
돕도록 했다. 그들이 하는 일은 주로 클라이언트를 찾는 것이었다.
사업을 개시하던 날, 학생들은 배너를 들고 우린 광장에 나가서 회사
를 홍보했다.

이들 중 몇몇은 결국 회사에서 전임으로 일하게 되었다. 장훙도
이 초기 직원 중 한 명이었다. 그녀는 1993년 YMCA에서 상급 영어
회화를 가르치던 마윈을 만났다. 장훙은 이렇게 회상했다. "다른 사

람들은 이 사업의 가능성을 보지 못했습니다…처음에는 돈을 많이 벌지 못했죠. 하지만 마윈은 포기하지 않고 계속 일을 해 나갔습니다…저는 마윈을 무척 존경합니다. 마윈은 사람들에게 동기를 부여하고 가망 없어 보이는 일도 흥미진진한 가능성을 띠게 하는 뛰어난 능력이 있습니다. 그는 주위 사람들이 신나게 삶에 매진하도록 만듭니다."

마윈의 첫 사업은 지역의 회사들에 해외 고객을 찾아주는 일에 초점을 맞추고 있었다. 마윈은 이후에 이렇게 회상했다. "주간에는 학생들을 가르치는 일을 해야 해서 다른 사람들의 번역 작업을 도울 시간이 없었습니다. 반면에 은퇴한 교사들은 집에서 할 일이 전혀 없었죠. 연금도 적었고요. 때문에 번역 회사를 차려서 중개인이 되고 싶었습니다." 번역이라는 제한된 범위에만 초점을 맞추었다면 마윈은 호프를 통해 상업적인 성공을 거두지 못했을 것이다. 하지만 이 첫 벤처로 인해 마윈은 저장시에 큰 변화를 초래한 기업가 혁명의 일원이 되었고 기업가로서 실험적인 발걸음을 내딛게 되었다.

희망은 중국어로 '하이보(海博)'라고 하며 이를 문자 그대로 번역하면 '바다처럼 넓다'는 뜻이다. 정부가 벌이는 일에서 떠나 민간 부문에 들어가는 것을 당시에는 은어로 '샤 하이'라고 했는데 이는 '바다에 뛰어든다'는 뜻이다.

마윈은 기업가로서의 경력을 시작하고 싶었다. 하지만 교사라는 공공 부문의 일자리를 포기하고 과감하게 사업을 시작할 형편은 아니었다. 지금은 기업 활동이 중국의 비즈니스와 문화에서 자리를 잘 잡고 있기 때문에 지난 몇십 년간 얼마나 큰 변화를 겪었는지 잊기 쉽다.

경제 개혁의 초창기에는 중국에서 기업 활동이 대단히 위험한 것이었고, 심지어는 불법적인 일로 여겨졌다. 당시만 해도 문화혁명 동안 상업 활동을 했다는 이유로 투옥되거나 처형된 사람들에 대한 기억이 생생히 남아 있었다.

1978년, '가구 계약 책임제'가 마련되면서 농부들이 남은 곡식을 공개 시장에서 판매할 수 있게 되었다. 민간기업의 첫 불씨는 향진기업(乡镇企业, 중국의 개혁개방운동에 따라 1978년부터 각 지역 특색에 맞게 육성되기 시작한 소규모 농촌기업. - 옮긴이)과 함께 조금씩 커지기 시작했다. 이후 중국의 민간기업 고용이 급속하게 늘어나면서 불꽃은 커졌다.

1980년대부터 중국 정부는 기업가를[1] 인정하기 시작했다. 초기 기업가, 자영업자(个体户)들은 대부분 농업 노동자였다. 안정적인 정부직을 가진 사람이 사업을 시작할 리는 없었다. 당시의 자영업자는 잃을 것이 없는 사람들이었다. 사회적 위치가 낮다 보니 '보따리장수'라는 경멸적인 용어가 이들을 뒤따랐다. 하지만 자영업자들이 점차 부유해지면서 이들이 거둔 성공에 분개하고 품위가 없다고 비아냥거리는 사람들도 생겨났다. 게다가 초기 자영업자들은 보란 듯이 집 담벼락에 지폐를 바르기도 했다.

현재 손꼽히는 부를 이룬 중국의 사업가들 중에는 이런 미천한 취급을 받던 저장성의 자영업자 출신이 꽤 많다.

알리바바의 부상을 이해하려면 마윈의 고향인 저장이 어떻게 그런 엄청난 부의 원천이 되었는지 아는 것이 도움이 된다.

저장성: 중국 기업가 정신의 도가니

닝보항과 가까운 항저우를 비롯해 저장성 북부와 장쑤성 남부에 산재한 산업 집적지들은 상하이를 중심으로 하는 양쯔강 델타의 경제 발전소를 이루고 있다.

알리바바 전자상거래 제국의 고향인 항저우는 무역 중심지로서 오랜 전통이 있다. 이 도시는 1,770킬로미터에 이르는 대운하(정식 이름은 베이징·항저우 대운하)의 최남단이었다. 이 대운하는 1,000년 이상 중국 남부와 북부를 잇는 교역의 동맥으로서 항저우를 중국에서 가장 번창한 도시로 만들었다.[2]

항저우와 인근의 닝보항은 비교적 평평한 땅에 자리 잡고 있다. 하지만 저장성의 대부분은 산지로 이루어져 있다. 높은 고도와 강들 덕분에 외떨어진 공동체가 되었고 방언이 많이 사용되었다. 교역이 필요했던데다 국가 정치 지도자들의 관심 밖이었던 덕분에 저장은 사기업의 요람이 될 수 있었다. 현재 저장성의 많은 기업가들이 중국 부호 목록의 정상부를 차지하고 있다. 마윈과 마찬가지로 대부분의 기업가들이 먹고 살기 힘든 궁핍한 삶에서 출발했다.

110억 달러의 자산가인 쭝칭허우는 중국 최대 음료 제조업체, 와하하의 창립자이다. 쭝은 네 살 때부터 항저우에서 성장했고 이후 닝보 해안의 한 섬에 있는 소금 농장에서 일하다가 중등학교를 졸업했다. 1980년대에 쭝은 거리에서 하나에 1센트도 안 되는 막대 아이스크림을 팔았다. 20억 달러의 자산을 보유한 리슈푸는 중국 최초로 국영기업이 아닌 자동차 제조사 지리(Geely)를 설립했다. 그는 남는 부품으로 냉장고를 조립하는 일에서 시작해 1988년 오늘날의 지리를 창립했다. 2010년 지리는 스웨덴의 볼보를 매수했다. 70억 달러의 자산가 루관추는 항저우에 기반을 둔 자동차 부품 제조업체 완샹 그룹(Wanxiang Group)의 설립자이다. 그는 농부였고 마을 사람들로부터 고철을 사들이는 것으로 사업을 시작했다.

2015년 12월 중국 당국에 구금되는 사건이 있기 전까지만 해도 추정 자산이 70억 달러에 달했던 마윈의 친구 궈광창은 투자회사 포쑨의 창립자이다. 궈는 곰팡이가 핀 마른 야채를 먹으며 문화혁명에서 살아남았고 이후 상하이의 명문 푸단 대학에 입학했다. 거기에서 궈는 기숙사 방을 돌아다니며 빵을 팔아 생계를 이었다. 2015년 그가 갑자기 종적을 감추기 전 〈파이낸셜 타임스(Financial Times)〉는 포쑨을 '중국의 버크셔 해서웨이'(Berkshire Hathaway, 워렌 버핏이 운영하는 다국적 지주회사.-옮긴이)라고 표현했다. 궈광창은 알리바바가 물류와 금융 분야에 진입하는 것을 적극적으로 지원하고 있다.

제1장 철의 삼각에서 물류 쪽을 다루면서 보았듯이 저장성의 기업가들은 알리바바의 성공에 중요한 역할을 했다. 물류기업들이 모여 항저우 남서쪽 퉁루에 만든 퉁루 갱은 중국에서 배송되는 전체 택배의 절반 이상을 처리하고 있다. 퉁루는 거대 택배기업, 선퉁특송(STO Express)의 설립자, 니에텅페이의 고향이다. 가난한 집안에서 태어난 니에는 돼지와 작물을 기르고, 장작을 팔다가 항저우로 이주해 인쇄소에서 일을 하게 되었다. 그는 삼륜차로 빵을 배달하는 택배원으로 부업을 하다가 20세에 중국 우정을 능가할 수 있는 기회를 감지했다. 항저우에 있는 무역회사들의 통관 서류를 상하이 항구까지 배송하는 일이었다.[3] 니에는 1998년 자동차 사고로 사망했지만 선퉁특송은 계속해서 번성했다. 니에의 친척 두 명과 그의 학교 친구는 퉁루 갱에 세 개의 다른 대형 택배회사를 설립했다.[4]

저장성의 수도인 항저우와 저장성 최대의 항구 닝보는 오래전부터 교역 중심지로 번성했다. 반면 저장성의 다른 두 도시, 원저우와 이우는 해외에는 그리 많이 알려지지 않았지만 중국에서는 새롭게 눈에 띄는 부유한 도시이다. 원저우는 사회에서 기업가의 역할을 합법화하는 데 도움을 주었고 이우는 중국 전체는 물론 세계에까지 이르는 도매시장을 만들었다. 원저우와 이우는 중국의 기업혁명에서 랭커셔가 영국 산업혁명에서 한 것과 같은 중요한 역할을 했다.

마윈은 원저우와 이우를 통해서 사업을 시작해야겠다는 의욕을 품었다. 원저우의 혁신은 알리바바가 훗날 금융 서비스에 진출하는 문을 열었으며 이우의 거대한 도매시장은 중국의 상인을 세계의 구매자들과 연결하는 알리바바의 첫 비즈니스 모델의 원형이 되었다.

이들 도시로 잠시 여행을 떠나 보자.

원저우

원저우는 항저우에서 남동쪽으로 320킬로미터 넘게 떨어져 있다. 한쪽은 산지에 한쪽은 동중국해에 면한 원저우는 언제나 차(茶)와 같은 교역에 의존해 생계를 꾸려 왔다. 1949년 이후, 타이완 독립주의자들과 인접한 원저우의 지리적 조건은 발전에 장애가 되었다. 게다가 상하이와 뱃길로 483킬로미터나 떨어져 있었기 때문에 이 도시는 더 어려움을 겪어야 했다.

원저우에는 경작지가 적어 일거리가 없거나 부족한 농업 노동자들이 많았다. 하지만 덩샤오핑이 1978년 경제개혁을 시작하면서 민간 부문이 활기를 띠기 시작했다. 원저우의 기업가들은 주로 가족들과 간단한 제조업을 시작했다. 이들 중에는 1980년대에 들어 서구 브랜드의 복제품을 비롯한 상품을 처음으로 중국 전역에 판매한 상인들도 있었다. 원저우에서 만들어진 제품은 대부분의 사람들에게 국가에서 생산하지 않은 제품으로서 처음 접해 본 중국 제품이었다.

원저우는 중국 내에서 기업 활동을 합법화하는 데 중요한 역할을 했다. 1984년 원저우 시 정부는 도시의 가장 성공한 민간 기업인들을 회의에 초청했다. 정부는 기업인들의 성공을 널리 알리려는 의도로 만든 자리였지만 체포될 것을 염려해서 많은 기업인들이 참석을 꺼려 했다. 불과 2년 전에 투기 혐의로 체포된 원저우의 많은 기업가들이 여전히 감옥에서 석방되지 못하고 있을 때였다. 정부가 개최한 회의에 나타난 기업가 중에는 구금될 경우를 대비해서 칫솔을 가져온 사람들이 많았다. 하지만 기업가들은 수감되지 않았다. 원저우시 정부는 2년 전 체포된 사람들을 방면한 후 지역 신문에 그 일이 실수였다고 인정하는 글을 게재하는 전례 없는 조치를 취했다. 매사추세츠 공과대학의 야성황(Yasheng Huang) 교수는 "많은 기업가들이 개인적인 안전을 확신하게 한 일로 이 두 일화를 든다."라고 적고 있다.

중국의 국영은행들은 수십 년 동안 민간기업과 개인을 무시하고 정치적인 필요에 따라 국영기업에만 융자를 몰아줘 왔다.[5]

대출에 목마른 원저우의 민간 부문은 민영 신용시장을 만들기 시작했다. 지역 정부는 민간 신용조합, 협동조합, 머니하우스(money house, 지역 금융 브로커의 한 형태)를 설립하여 '원저우 모델'로 알려지게 된 시스템이 형성되는 것을 적극적으로 지원했다. 원저우는 알리바바가 은행업에 진출하도록 길을 닦아 주었다. 알리바바가 2014년 은행업 허가를 받았을 때, 허가를 받은 다른 다섯 업체 중 두 곳이 원저우에 기반을 둔 회사였다.

민간 부문은 기업가 정신과 자본에 대한 접근권을 연료로 삼아 국가를 완전히 소외시키고 원저우의 경제를 지배하게 되었다. 새로운 도로와 다리에 대한 수요가 폭발했을 때에도 원저우의 기업가들은 중앙정부로부터의 자금이나 지시를 기다리지 않았다. 그들은 무정부 상태일 정도로 건설이 급증하는 가운데에서 자력으로 직접 도로와 다리를 건설했다.

1990년에는 기업가들이 독자적으로 공항 건설 자금을 마련했다. 1년 후 이 도시에서 중국 최초의 민간 운송업체 쥔야오 항공이 출범했다. 1998년, 원저우에는 중국 최초의 민자 철도가 만들어졌다.

오늘날 원저우는 부(富)를 상징하는 도시가 되었다. 이 도시의 시민들이 흥청망청 물건을 구입하고 현금으로만 결제하는 쇼핑 행태에 분개하는 사람들도 있다. 이들로 인해 베이징, 상하이, 홍콩, 뉴욕 등의 아파트 가격이 한때 수직 상승하기도 했기 때문이다.

이우

이우는 세계적으로 중요한 교역 거점치고는 다소 의외의 위치에 있다. 이우는 항저우, 닝보, 동중국해와 멀리 떨어진 내륙에 있다. 원저우와 마찬가지로 이곳도 경작지가 적은 무척 가난한 지역이었다. 별다른 방도가 없던 지역 농부들은 16세기부터 교역으로 눈을 돌렸다. 주로 취급한 제품은 흑설탕이었다. 이곳 사람들은 흑설탕을 생강과 함께 졸인 뒤 덩어리로 잘라 낸다. 그들은 이것을 닭 깃털과 교환한 뒤 먼지떨이를 만들거나 비료로 사용했다.

일거리가 줄어들고 음식이 부족한 겨울이면 이 지역 사람들은 대나무 바구니를 어깨에 메고 전국을 돌아다니며 행상을 했다. 그들은 설탕 덩어리, 바늘, 실을 가지고 가서 닭 깃털을 거두어 왔다. 행상들은 걸어 다니면서 북을 쳐서 손님을 끌었다. '설탕 지게꾼'으로 알려진 이들은 지금의 백만 택배 인력의 선도자이다.

곧 이우에는 많은 떠돌이 상인이 생겼고 이들은 행상단을 형성했다. 1700년대에 이 도시에는 행상단에게 물품을 공급하기 위한 첫 도매시장이 등장하기 시작했다. 이렇게 해서 교역이 수백 년 동안 번창했다. 하지만 일본의 침략과 공산당 혁명으로 혼란이 찾아왔다.

이 어둠은 덩샤오핑의 개혁이 효력을 발휘하면서 걷히기 시작했다. 1982년 9월, 상인들이 메운 배수로에 딸린 땅 한쪽에 매대를 세우는 일이 허용되었다. 승인이 떨어지자마자 700개의 매대가 들어섰고, 이우는 혁명 이후 최초로 생긴 도매시장의 대열에 합류했다.

현재 이우에는 세계 최대의 도매시장이 있으며 도시의 인구는 200만 명으로 늘어났다. 매일 4만 명이 도매시장을 방문한다. 700개의 매대가 지금은 이우 인터내셔널 트레이드 센터에 입주한 7만 개의 매장이 되었다. 이 거대한 건물의 넓이는 약 3.7제곱킬로미터에 이르며 연간 60억 달러 이상의 매상을 올린다.

이 안에서 판매되는 제품은 장난감에서 조화(造花), 보석에서 여행가방, 의류에서 가전제품에 이르기까지 약 170만 가지로 중국에서 만들어지는 것이면 어떤 것이든 찾아볼 수 있다. 우리는 모르고 있지만 중국 밖에서 우리가 소비하는 물건 중 엄청난 양이 이우를 거쳐 온다. 그러니 실상 크리스마스도 '메이드 인 이우(Made in Yiwu)'이다. 전 세계 크리스마스 장식품의 60퍼센트 이상이 이 도시에서 만들어진다. 상인들을 불러들이는 주된 요인은 압도적으로 싼 가격이지만, '구씨(Gussi)'와 같이 어디서 많이 들어본 듯한 이름으로 팔리는 핸드백 등 모조 물품의 공급도 이우에 상인들이 몰리는 요인 중 하나이다. 〈파이낸셜 타임스〉의 저널리스트 제임스 킨지(James Kynge)는 2005년 모조품 문제를 취재하기 위해 이우를 여행하면서 그곳의 호텔까지도 모조라는 사실을 발견했다. '하얏트(Hyatt)'가 아닌 '하이얏(Hiyat)' 호텔 옆을 지나게 되었던 것이다.

이우는 세계 각지의 상인들을 끌어들인다. 중동 상인들이 이 도시를 선호하다 보니 이우는 빠르게 성장하는 중국 내 이슬람 공동체의 모태가 되었다.

약 3만 5,000명의 중국, 남아시아, 아랍 출신의 이슬람교도가 있는 이우에는 수십 개의 이슬람 식당과 이란에서 수입한 대리석 등으로 400만 달러를 들여 장식한 화려한 회교사원이 있다.

2014년부터 이우는 세계에서 가장 긴 화물 철도의 출발지가 되었다. 끝에서 끝까지 횡단하는 데 21일이 걸리는 약 1만 3,053킬로미터의 철도가 이우를 마드리드와 연결하고 있다.

이우가 그토록 중요한 교차점인 것은 저장과 양쯔강 삼각주 여타 지역의 수많은 산업 집적지의 상품을 시장에 내놓는 역할을 하기 때문이다. 이들 단일 상품 도시가 생산하는 상품은 중국뿐 아니라 전 세계의 개별 상품 생산에서 80퍼센트 이상을 차지한다. 사오싱은 '섬유 도시'이며 융캉은 '하드웨어 도시'로 매일 3만 개의 철제문과 15만 개의 모터스쿠터를 만들어 내고 있다. 타이저우는 '재봉틀의 도시', 선저우는 '넥타이의 도시'로 알려져 있다. 하이닝은 자칭 '가죽의 도시'이다. 항지에는 '칫솔의 도시'도 있다.

연간 30억 켤레 이상의 양말을 생산해 월마트나 디즈니와 같은 회사에 공급하는 이우는 자칭 중국의 '양말 도시'이다. 하지만 항저우 인근의 다탕도 매년 80억 켤레의 양말을 만드는 자칭 '양말 도시'라 주장한다.

마윈이 사업을 시작한 1990년대 중반에 저장성은 이미 기업가 정신의 발전소가 되어 있었다. 하지만 저장성의 업체들은 보통 노동집약도가 높고 규모가 작았다. 1980년대 초반에는 기업가들을 찾아보기 힘들었으나 1994년 저장에는 분명 대단히 많은 기업가들이 있었다. 4,400만 인구의 저장성에 약 1,000만 개의 기업이 자리 잡았다.

많은 제조업체들이 이윤을 창출할 수 있을 만큼의 고객을 찾느라 고투를 벌였다. 저장의 소규모 공장들은 홍콩과 타이완의 부유한 해외 중국인이 세운 중국 남부의 공장들과는 형편이 달랐다.[6] 소규모 업체들은 고객을 찾고 자금을 마련하기가 대단히 힘들었다. 중국의 국영은행은 그들에게 돈을 내어 주지 않았다. 만성적인 자금 부족으로 윈저우 모델과 같은 민간금융의 혁신이 이루어졌고, 채무자와 채권자를 한데 묶어 특정한 계약을 통해 산출될 것이라 생각되는 이윤을 기반으로 자본을 나누는 산업 클러스터가 등장하였다. 2004년, 중국 100대 민간기업의 절반은 저장성에 기반을 둔 회사였다.

저장성의 자랑스러운 기업가인 마윈은 일찍부터 저장의 장점과 단점을 알아보았다. 2015년 10월부터 그는 저장 기업가총연합회의 초대 회장으로 일했다. 취임 연설에서 마윈은 국내의 600만 저장 출신 기업가와 해외에서 활동하는 200만 저장 출신 기업가들에 대해 이야기했다. "저장 출신의 기업가는 총 800만 명이 넘습니다. 아마도 저장 기업가총연합회는 세계에서 가장 큰 기업가 연합일 것입니다. 그들은 저장의 지역 경제에 또 다른 경제 독립체를 만들었습니다." 그렇더라도 성공이 쉽게 이루어진 것은 아니다. 기업가총연합회 취임 연설에 앞선 저장 상공회의소에서의 연설에서 마윈은 고향이 가진 역동성을 이렇게 요약했다. "저장 출신의 기업가로서, 우리가 가진 가장 큰 장점은 열심히 일하고, 용기가 있으며, 기회를 잡는 데 특출한 점이라고 생각합니다. 우리가 이런 뛰어난 자질을 지닌 것은 우리에게 어떤 것도 그냥 주어지지 않았기 때문입니다. 우리는 석탄이나 광물과 같은 자원이 있는 다른 지역과는 다릅니다. 우리 저장의 기업가들은 시장을 가지고 있습니다…저장이 사람이 머무는 장소인 한, 우리는 항상 기회를 찾을 수 있습니다. 이는 앞으로도 마찬가지일 것입니다."

하지만 마윈이 저장 기업가의 활기를 활용하려던 첫 번째 시도는 성공하지 못했다. 1994년 호프 번역 벤처는 어려움 속에 출발했다. 사무실 월세가 300달러에 가까웠지만 첫 달 수입은 20달러가 간신히 넘는 정도였다. 돈이 필요했다. 희망은 거저 샘솟을지 모르지만 돈은 아니었다. 마윈은 위기를 맞았다. 회사를 유지하기 위해 마윈은 항저우 거리에서 이우에서 떼어 온 물건을 비롯한 여러 가지 상품을 팔기 시작했다. 번역회사는 무역회사가 되었다. 호프 번역원은 선물, 꽃, 책, 심지어는 플라스틱 카펫까지 다양한 아이템을 팔기 시작하면서 타오바오의 전조를 보였다. 마윈은 이렇게 회상했다. "무슨 일이든 했습니다. 이렇게 얻은 수입으로 3년간 번역원을 유지할 수 있었고 결국 거기에서 나온 돈으로 생계를 꾸릴 수 있게 되었습니다. 우리는 그렇게만 계속하면 장래성이 있겠다고 생각했습니다."

하지만 번역 서비스만으로는 기업가로서의 포부를 만족시킬 수 없었다. 예상치 못한 여정이 마윈을 기다리고 있었다. 처음에는 재난으로 보였던 이 여행은 결국 마윈에게 행운을 가져다주었다.

인기 높은 야간 수업과 호프 번역 벤처를 통해서 마윈은 뛰어난 영어 강연자라는 평판을 얻었다. 그 덕에 퉁루현—항저우에서 남서쪽으로 80킬로미터 정도 떨어진 곳으로 이후 물류회사들로 이루어진 통루 갱의 고향이 된 곳—에서 통역사로 새 고속도로 건설과 관련한 미국 회사와의 분쟁을 조정하는 일을 도와달라는 요청이 들어왔다.

1994년 한 미국 회사가 항저우와 통루 간에 건설될 새로운 고속도로에 투자를 제안했다. 교섭이 1년을 넘겼지만 어떤 합의에도 도달하지 못했다. 이 미국의 합작사가 약속했던 초기 자금 제공은 실현되지 못했다. 무슨 일이 일어나고 있는지 알아보고 가능하다면 교착 상태를 타개하는 것이 마윈의 임무였다.

마윈은 우선 홍콩으로 갔고 그곳에서 회사의 자금이 미국에 묶여 있다는 이야기를 들었다. 때문에 마윈은 미국으로의 첫 여행에 나섰다. 그는 한 달 동안 미국에 머물 예정이었다. 통루 정부가 그에게 맡긴 임무는 실패로 돌아갔다. 하지만 그 여행으로 마윈은 인터넷을 처음 접하였고 중국으로 돌아왔을 때 전과는 다른 사람이 되어 있었다.

미국에 가다

마윈의 첫 번째 미국 여행은 통역사의 출장이라기보다는 〈오션스 일레븐(Ocean's Eleven)〉 스타일의 범죄 영화에 가까운 것이었다. 그로부터 5년 후 닷컴 붐이 일면서 매체들이 마윈의 배경에 관심을 가지기 시작했을 때 공개된 버전에 따르자면 그랬다. 로스앤젤레스에 도착한 마윈은 이때까지 통루의 미국 파트너였던 회사의 사장을 만났다. 마윈은 〈이코노미스트(The Economist)〉의 언급대로 곧 "조사하고 있는 회사가 존재하지도 않으며 자신을 초청한 사람이 사기꾼이고, 그 자신이 심각한 위험에 처했다는 것"을 알아차렸다. 마윈은 그의 이름을 언급한 적이 없다. 이후 중국 매체에 "덩치가 큰 캘리포니아 사람"이라고 언급한 일이 있을 뿐이다. 뇌물 받기를 거절한 마윈은 말리부의 별장에 갇혔다. 그를 억류한 사람은 총을 내보였다. 다음에 그는 라스베이거스로 보내져 가택 연금처럼 카지노 꼭대기 층에 있는 호텔방에 갇혔다. 마윈의 개인 비서인 천웨이는 마윈이 이 에피소드를 잊고 싶어 한다고 적은 바 있다. 이 사건이 있고 몇 년 후 알리바바가 국제적으로 명성을 얻게 되면서 마윈은 〈뉴스위크(Newsweek)〉의 베이징 지사장 멜린다 류(Melinda Liu)에게 비슷한 이야기를 들려주었다. "저는 마윈과 단독 인터뷰를 하려고 항저우로 갔습니다. 그는 친절하게도 많은 시간을 할애해서 저에게 알리바바 본사를 보여 주고 인생 이야기를 길게 들려주었습니다. 그중에는 미국으로 처음 여행을 갔을 때의 이야기도 있었습니다. 계약 상대방(미국인)은 마윈을 자신의 뜻대로 다루려는 시도가 실패로 돌아가자 그를 '사실상 납치'를 했다더군요. 당시 마윈은 그 일에 거의 감정이 남아 있지 않은 상태였고 그 일화는 그와 나눈 많은 이야기 중 하나에 불과했습니다. 저는 나중에 그 이야기를 좀 더 해달라고 했습니다. 마윈은 그 일을 더는 떠벌리고 싶지 않다면서 더 이상은 말하지 않겠노라 거절하더군요." 이 이상한 이야기는 마윈이 호텔방에서 도망쳐 나와 카지노 슬롯머신에서 600달러를 딴 이야기로 끝맺는다. 그는 위층에 소지품을 버려둔 채 카지노를 빠져나와 시애틀행 비행기표를 끊었다. 1995년 9월 〈항저우 데일리〉에 게재된 기사에는 이보다 밋밋한 버전의 미국 여행기가 실려 있었다.[7] 이 기사는 마윈이 장모와 처남으로부터 빌린 돈과 저축한 돈 4,000달러를 가지고 미국으로 갔었다고 전하고 있다.

어찌되었든 마윈이 처음으로 인터넷에 로그온한 장소는 시애틀이었다. 그는 1년 전 빌 아호(Bill Aho)라는 항저우의 동료 영어 교사로부터 인터넷에 대한 이야기를 들었다. 빌은 사위가 종사하고 있는 인터넷 관련 사업에 대해 설명해 주었다. 마윈은 빌이 처음으로 인터넷에 관해 이야기한 사람이긴 했지만 "그는 인터넷에 대해서 명확하게 설명하지 못했고 그 이야기는 정말 이상하게 들렸습니다…도대체 무슨 말인지 이해할 수가 없었습니다."라고 회상했다.

시애틀에서 마윈은 빌 아호의 친척인 덜로리스 셀리그의 집에 머물렀다.

마윈은 퀸앤(Queen Anne)을 비롯한 도시의 부촌을 둘러보았다. 덜로리스는 BBC와의 인터뷰에서 마윈이 언덕에 있는 대저택들에 깊은 인상을 받았다고 회상했다. "마윈은 여러 집들을 가리키면서 '저 집을 살래요. 저 집도, 저 집도요."라고 말했습니다. 너무 비싼 집이라 우리는 그냥 웃었죠. 하지만 그는 매우 인상 깊었던 모양이더군요." 빌 아호는 이렇게 기억했다. "당시 그의 수중에는 5센트도 없었습니다."

마윈은 이후 빌 아호의 사위인 스튜어트 트러스티를 만났다. 그는 시애틀 시내 파이크 스트리트 인근 5번가 U.S. 뱅크(U. S. Bank) 건물에 '버추얼 브로드캐스트 네트워크(VBN)'라는 인터넷 자문 회사를 차려 사업을 하고 있었다.

"마윈을 만난 저는 인터넷이 무엇인지 보여 주었습니다." 스튜어트가 회상했다. "당시의 인터넷은 주로 정부나 기업 디렉토리와 다름없었지만 그는 아주 들뜬 것처럼 보였습니다."

마윈에게 시애틀 방문은 인생의 전환점이 된 경험이었다. "미국으로의 첫 여행이었습니다. 키보드와 컴퓨터를 만져 본 것도 인터넷에 접속해 본 것도 평생 처음이었죠. 처음으로 교사 일을 그만두고 회사를 시작해야겠다고 마음먹은 때이기도 했습니다."

마윈은 처음으로 인터넷에 접속했던 때를 회상했다. "제 친구 스튜어트가 말했습니다. '마윈, 이게 인터넷이에요. 인터넷을 통해서 무엇이든 찾아볼 수 있어요.' '저는 정말인가요?' 라고 물었죠. beer(맥주)라는 단어를 검색해 보았습니다. 아주 간단한 단어였죠. 왜 맥주를 검색했는지는 모르겠습니다. 미국 맥주, 독일 맥주는 찾았지만 중국 맥주는 없었습니다. 궁금해졌죠. 그래서 'China(중국)'를 검색했습니다. 중국에 대한 것은 없었습니다. 아무것도요."

호기심이 동한 마윈은 스튜어트에게 도움을 청했다. "스튜어트에게 '중국에 대한 것을 만들면 안 되나요?'라고 말했습니다. 그렇게 해서 우리는 아주 보잘것없는 작은 페이지를 하나 만들었습니다. 그 페이지에 번역원에 대한 것을 올렸죠."

호프 번역원 사이트는 어떤 이미지도 없이 전화번호, 번역 가격을 담은 텍스트로만 이루어져 있었다.

마윈은 이후 찰리 로즈와의 대화에서 이렇게 회고했다. "정말 충격적이었습니다. 그것을 아침 9시 40분에 올렸는데 12시 30분에 스튜어트로부터 전화를 받았습니다. '마윈, 이메일이 다섯 통 왔어요.' 제가 말했죠. '이메일이 뭐죠?'" 세 통은 미국에서, 한 통은 일본에서, 또 한 통은 독일에서 온 것이었다.

마윈은 새로운 사업 아이디어를 만드는 일에 착수했다. 중국 기업들이 온라인으로 수출 경로를 찾도록 돕는 일이었다. 그리고 동업을 하자고 스튜어트의 회사 VBN을 설득하기 시작했다.

마윈 덕분에 태극권에 애정을 갖게 된 스튜어트는—그는 요즘도 애틀랜타에서 태극권을 수련하고 있다—마윈이 일에 집요하게 매달렸다고 회상했다.

"사무실에 가서 일을 한 뒤 요기를 좀 하고 집으로 돌아와서 태극권 연습을 하고⋯매일같이 그런 일상이 반복되었습니다. 다른 활동은 없었습니다."

VBN을 설득하는 일은 쉽지 않았다. 스튜어트는 마윈에게 중국에서 웹 페이지를 만드는 독점권을 주는 대가로 착수금 20만 달러를[8] 요구했다. 마윈이 미국에 오느라 돈을 빌려서 지금은 돈이 한 푼도 없다고 설명하자, 스튜어트는 빌 아호와 아내를 보증인으로 세우게 한 뒤 가능한 한 빨리 돈을 지급한다는 조건으로 착수금 없이 계약서에 서명을 해 주었다. 지역 매체의 보도에 따르면 마윈은 항저우로 돌아오기 위해 미국에 있는 항저우 출신 학생 한 명에게 돈을 빌려야 했다고 한다. 이렇게 겨우 상하이행 비행기를 탈 수 있었다.

퉁루에 있는 클라이언트의 입장에서는 마윈이 고속도로 자금 제공에 대한 어떤 일도 처리하지 못하고 빈손으로 돌아온 셈이었다. 하지만 그의 여행 가방 속에는 인텔 486 프로세서가 돌아가는 컴퓨터가 들어 있었다.

"당시 중국에서는 가장 상위 버전의 컴퓨터였습니다."

항저우에 돌아온 마윈은 온라인 전화번호부 콘셉트를 구축하기 시작했다. 그는 이 사업에 '차이나 페이지(China Pages)'라는 이름을 붙였다. 이 두 번째 벤처를 통해서 교사로서의 일을 뒤로 하고 기업가로서 바다에 뛰어들려는 참이었다.

제 5 장

중국, 접속하다

전통 산업과 전자상거래가 성공적으로 통합된다면
중국 경제 발전의 다음 라운드에는 어떤 한계도 존재하지 않을 것이다.
- 마윈

마윈은 시애틀에서 항저우로 돌아오고 나서 오래지 않아 항저우 전자공업대학의 교사직을 그만두었다. 우연히 학과장을 마주친 마윈은 교사로서의 일을 그만두어야겠다는 깨달음을 얻었다. 학과장은 자전거를 타고 시장에서 채소를 사오는 길이었다. 교사 일을 열심히 하라고 마윈을 격려하던 사람이었다. 하지만 자전거와 채소를 본 마윈은 자신이 언젠가 학과장이 된다고 해도 그런 미래에는 전혀 흥분을 느낄 수 없다는 생각을 했다.

그의 새로운 꿈은 가르치는 일도 번역도 아니었다. 인터넷과의 첫 만남에서 갓 건진 그의 미래는 해외 고객을 찾는 중국 기업들의 온라인 색인을 영어로 구축하는 것이었다.

시애틀의 스튜어트 트러스티가 눈치챘던 대로 마윈은 어마어마한 근면성을 보이고 있었다. 중국 페이지를 항목으로 가득 채우기 위해 그는 기업 정보를 수집해서 영어로 번역한 뒤에 이 자료를 사진과 함께 시애틀의 VBN으로 보내 웹사이트에 업로드하게 하는 일에 온 힘을 기울였다.

1995년 3월, 마윈은 스무 명 남짓한 야간 수업 학생들의 모임을 주선했다. 자신의 사업 콘셉트를 설명하고 조언을 듣기 위한 자리였다. "야간 수업 학생들 중에 가장 적극적이고 능력이 있는 사람들을 집으로 초대했습니다. 저는 두 시간 동안 하는 일을 설명했고 그들은 제 이야기를 들었습니다. 혼란스러운 것이 분명했습니다…결국 많은 사람들이 반대표를 던졌습니다. 스물세 명이 일이 잘될 것 같지 않다고 말했죠. 단 한 사람, 지금은 중국농업은행에서 일하고 있는 단 한 사람만이 이렇게 말했습니다. '선생님이 정말 원하는 것이라면 밀고 나가세요. 하지만 일이 잘되지 않을 때는 가능한 한 빨리 되돌아오세요.'"

마윈은 단념하지 않고 밀어붙였다. 그러고 얼마 전 그만둔 대학의 컴퓨터과학 교사인 친구 허이빙과 함께 차이나 페이지를 론칭했다. 허이빙은 교육을 받으러 싱가포르에 가기에 앞서 영어 공부를 도와줄 사람을 찾던 중 마윈과 만나게 되었다. 허이빙은 싱가포르에서 인터넷을 접했다. 마윈이 시애틀에서 인터넷 회사를 세우겠다는 꿈을 안고 귀국한 후 두 사람은 함께 일하기로 마음을 모았다.

차이나 페이지

그들이 등록한 회사, '항저우 하이보 네트워크 컨설팅(HHNC)'은 중국 최초의 인터넷 전문회사이다. 이 신생 회사의 자금을 대기 위해 마윈은 동생, 처남, 부모를 비롯한 친척들에게 돈을 빌렸다. 마윈의 아내 장잉이 첫 직원이었다.

1995년 4월, 마윈과 허이빙은 위너 로드 38번지에 있는 12제곱미터 사무실 건물에 차이나 페이지의 첫 사무실을 열었다. 자신들의 사업이 견실하다는 것을 보여 주기 위해 마윈과 허이빙은 여러 버전의 명함을 만들었다. 명함마다 직함을 달리 써서 만나는 사람이 누구인지에 따라 달리 이용한 것이다.[1] 두 동업자는 낮 동안에는 클라이언트를 찾아다녔고 저녁에는 '정보 고속도로'에 대한 초급 교육 코스에서 학생들을 가르쳤다. 차이나 페이지의 초기 고객 일부가 이 강좌를 통해 생겨났다.

1995년 5월 10일, 그들은 미국에 차이나페이지닷컴(chinapages. com)이라는 도메인을 등록했고, 7월에는 공식적으로 웹사이트를 론칭했다. 이 웹사이트에는 '차이나 비즈니스 페이지(China Business Pages)'라는 제목 아래 붉은색 틀이 있었고 그 안에 중국이 강조되어 있는 아시아 지도가 자리 잡았다.

이 웹사이트의 홈페이지는 차이나페이지닷컴이 "항저우 가든 시에서 미국 시애틀을 거쳐 제공된다."라고 나타나 있다. 이 사이트에는 '새로운 것!', '멋진 것!', '넷 검색', '넷 디렉토리'와 그의 번역 벤처인 호프로 링크되는 탭 등이 있었다.

차이나 페이지는 가족 회사로 출발했다. 마윈의 아내 장잉, 장잉의 여동생 장징, 허이빙의 여자 친구가 도움을 주었다.

마윈의 제자였던 사람들도 차이나 페이지에 언제라도 재능을 제공하는 대기 부대가 되어 주었다. 몇 년 전 대학에서 마윈이 가르쳤던 장팡이 고객 서비스를 책임졌다. 초창기에 이 회사를 방문했던 사람 중에는 컴퓨터 애니메이션 회사를 경영하는 추이루하이가 있었다. 현재 '차이나 아카데미 오브 아트(China Academy of Art)'에서 강의를 하는 추이는 이렇게 말했다. "마윈의 사무실에 들어가서 처음 보았던 장면이 아직도 기억납니다…방 한가운데 책상이 하나뿐인 텅 빈 공간이었습니다. 아주 낡은 데스크톱 PC를 많은 사람들이 둘러싸고 있었습니다." 추이는 마윈이 가진 돈 거의 전부를 회사를 등록하는 데 써서 하드웨어나 다른 설비를 마련할 돈이 거의 없다는 것을 알게 되었다.

차이나 페이지는 고객이 절실하게 필요했다. 첫 번째 계약을 따낸 것은 장잉이었다. 첫 클라이언트는 8,000위안(960달러)을 지급했다. 5월, 항저우가 '포퓰러 1 파워보트 월드 챔피언십' 개최지로 선정되면서 회사도 활기를 얻게 되었다. 이 행사가 중국에서 열린 것은 이때가 처음이었다. 마윈의 벤처는 이 경주의 공식 웹사이트 제작을 수주했다.

더 많은 클라이언트를 얻기 위해 마윈은 호프 번역에서 이전에 했던 것처럼 옛 제자들에게 연락을 해서 소문을 내고 일감을 얻어 달라고 부탁했다. 그중 두 사람이 호의를 보였다.

마윈의 학생이었던 허샹양은 첸장 법률회사에서 일하고 있었다. 회사의 이름을 인터넷에 올리기가 망설여졌던 그는 일단 마윈에게 자신의 전화번호를 주었다. 놀랍게도 그는 하루 종일 잠재 고객들의 전화를 받기 시작했다. 많은 전화가 해외에서 왔다. 그들은 차이나 페이지에서 그의 번호를 얻었다고 말했다. 회의적이었던 이 변호사는 마윈이 이야기한 인터넷이 뭔가 대단한 것일지 모르겠다는 생각을 하기 시작했다.

역시 마윈의 학생이었던 저우란은 이후 마윈의 비서가 되었다. 저우는 항저우의 레이크뷰 호텔(Lakeview Hotel)에서 일하고 있었고 마윈은 그 호텔이 객실에 새롭게 구비해 놓은 14인치 컬러 TV 사진이 잘 드러나는 웹사이트를 만들었다. 이후 국제연합이 베이징에서 '제4차 세계여성대회(Fourth World Conference on Women)'를 개최했다. 당시 미국 대통령 영부인 힐러리 클린턴을 비롯한 1만 7,000명 이상이 참가하는 행사였다. 이 대회 이후 많은 기관 대표들이 항저우로 출장을 왔다. 그들은 레이크뷰 호텔에 예약을 하면서 호텔 경영진들에게 그 호텔이 온라인으로 찾을 수 있는 항저우 유일의 호텔이라는 이야기를 했다. 이 호텔은 다음 해 첫 3개월 동안 이전 해를 통틀어 판 것보다 많은 객실을 판매했다. 인터넷의 위력을 보여 주는 또 다른 사례였다.

마윈의 제자들이 도움을 주었지만, 차이나 페이지가 생존하려면 더 많은 클라이언트가 필요했다. 하지만 차이나 페이지가 어떤 것인지 보여 주는 데에는 한계가 있었다. 당시의 항저우에서는 인터넷에 접속할 수 없다는 아주 근본적인 문제 때문이었다.

대신 마윈은 대안적인 접근법을 만들어 냈다. 우선 그는 인맥을 이용해서 인터넷이 사업에 어떤 도움을 줄 수 있는지 소문을 냈다. 그 뒤 관심을 보이는 사람들에게 그들의 회사와 제품을 소개하는 마케팅 자료를 요청했다. 다음으로 마윈과 동료들은 그 자료를 번역해서 메일을 통해 시애틀의 VBN에 보냈다. VBN은 웹사이트를 디자인해서 자료를 올렸다. 이후 웹사이트의 스크린샷을 프린트한 뒤에 항저우로 보냈다. 이렇게 인쇄된 자료를 가져가서 그들이 직접 확인할 수는 없지만 웹사이트가 온라인에 있다는 것을 보여 주었다. 하지만 인터넷 접속이 되지 않는 항저우에서는 고객들에게 '온라인'이 실제로 어떤 의미인지를 설명하는 것부터가 문제였다. 인터넷에 대해서 들어본 적조차 없는 사람들에게 그들이 볼 수도 없는 웹사이트를 만들고, 디자인하고, 인터넷에 올리려면 2만 위안(2,400달러)을 미리

내야 한다고 영업을 하는 것은 어려운 일이었다. 마윈은 사람들이 사기라고 생각할까 염려스러웠다. "3년 동안은 사기꾼 취급을 당했습니다."

첫 접속

마침내 1995년 가을, 저장 텔레콤(Zhejiang Telecom)이 항저우에서 인터넷 서비스를 시작했다. 그해 말 저장성을 통틀어 인터넷 사용자는 204명에 불과했다. 하지만 그중 한 사람이었던 마윈은 첫 고객인 레이크뷰 호텔 측에 그가 시애틀에서 여행 가방에 넣어 왔던 486 컴퓨터로 웹사이트를 로딩해 보여 줄 수 있었다. "1면을 다운로드하는 데 3시간 반이 걸렸습니다…저는 완전히 흥분했습니다."

덩샤오핑의 개혁을 시작으로 중국은 기업들의 폭발적인 성장을 경험했다. 이로써 시장이 마르크스주의를 대체하기 시작하면서 이 나라는 '중국적인 특징을 가진' 사회주의 국가가 되었다. 하지만 이것이 공산당이 원칙의 핵심인 정보 통제를 느슨하게 한다는 뜻은 아니었다. 중국은 정보 통제의 오랜 전통이 있다. 하지만 공산당의 지배하에서는 특히 더 심했다. 이렇게 보면 중국이 인터넷에 접속했다는 자체가 놀라운 일이었다. 지배권도 유지하고 싶지만 엄청난 경제적 기회도 놓치고 싶지 않다는 중국 정부의 모순된 욕구를 보여 주는 일이었다.

인터넷이 없었다면 기업가들을 세계시장과 연결시키겠다는 마윈의 비전은 실현되지 않았을 것이다.

1987년 9월 14일, 마윈이 아직 대학생이었을 때 중국에서 최초로 발송된 이메일은 베이징 대학의 첸톈바이 교수가 당시 서독에 있는 카를스루에 대학에 보낸 것이었다. 영어와 독일어로 된 이 이메일의 내용은 '만리장성 너머의 세계로'였다. 이 이메일은 초당 300비트의 속도로 전송되었다. 1,000만이나 1억 bps로 측정되는 현재의 전형적인 소비자 브로드밴드 속도를 생각하면 어처구니없을 정도로 느린 접속이었다. 중국이 인터넷에 제대로 연결된 것은 7년이 흐른 뒤였다.

중국 정부가 이념, 통제, 인프라의 문제와 씨름하면서 인터넷 문제를 어떻게 처리할까 암중모색하는 동안 미국 정부는 공산주의 국가를 온라인으로 끌어들이는 것이 타당한지 고민하고 있었다. 결국 주도적인 역할을 한 것은 정치가가 아니라 태평양 양안의 과학자들이었다.[2] 수년간 노력을 기울인 끝에, 캘리포니아 멘로 파크의 스탠퍼드 선형가속기센터(SLAC)가 9,300킬로미터 떨어진 베이징의 고에너지물리학연구소(IHEP)와 연결되었다.[3]

두 기관 간의 연결이었을 뿐이지만, 이에 다른 과학자들도 연결을 원했다. SLAC-IHEP를 인터넷에 연결한 것은 미국의 다른 지역에서 IHEP로 새로운 링크를 만드는 것보다 훨씬 쉬운 해법이었다. SLAC의 레 코트렐 박사는 이렇게 회상했다. "우리는 이것을 연구하면서 미국의 국방부, 에너지부, 국무부 모두가 우려하고 있다는 것을 알게 되었습니다." 하지만 결국 미국 정부가 동의했다. "그들이 승인을 해주었습니다. 이제 중국이 인터넷을 이용할 수 있게 된다는 점을 인터넷상의 모든 사람들에게 이야기하기만 하면 되는 거였죠."

레는 인터넷상의 '모든 사람들에게 이야기할 방법'이 무엇인지 확신하지 못했다. 결국 특정한 배포 목록에 이메일을 보내는 것으로 의견이 모아졌다. 1994년 5월 17일, 중국으로의 인터넷 연결이 실현되었다.

IHEP가 중국 최초의 웹 페이지를 호스팅하긴 했지만 인터넷은 곧 소립자 물리학자들에게만 주어진 특권의 위치를 넘어서게 되었다. 중국은 '정보화' 정책으로 커뮤니케이션 인프라가 폭발적으로 증가하기 직전이었다. 1990년 중국 공산주의 통치자들은 충격 속에 소비에 트연방의 붕괴를 지켜보았고, 이는 미국과의 기술 격차가 지루할 정도로 커지는 데 상당한 기여를 했다. 1994년 초 중국의 전화선은 2,700만 회선이었고 12억의 인구가 가진 휴대전화는 64만 대였다. 휴대전화의 초기 사용자들은 정부 관리나 2,000달러를 들여 휴대전화를 살 경제력이 있는 자영업자뿐이었고 그 밖에 사람들은 무선호출기에 만족해야 했다.

중국 정부는 이런 상황을 바꾸기로 결심했다. 전기통신의 발전을 대중들에게 제공할 만한 눈에 띄는 선물로 보기 시작한 것이다. 프랑스의 앙리 4세가 백성들의 식탁에 일요일 저녁마다 닭고기를 올려 주며 자신의 지배를 정당화한 것처럼, 중국 공산당의 정보화는 수억의 사람들에게 전화선을, 다음에는 휴대전화를, 그다음에는 브로드밴드 연결을 가져다주는 것으로 시작되었다.

1993년 주룽지(朱镕基) 부총리가 전국에 걸쳐 정보·커뮤니케이션 네트워크를 만드는 '골든 브리지 프로젝트(Golden Bridge Project)'를 시작했다. 1994년, 정부는 우정·통신부(MPT)가 관장하던 전기통신 독점 서비스를 끝냈다. 시장에 경쟁을 도입하기 위해 차이나 유니콤(China Unicom)이라는 제2의 서비스 제공사를 설립한 것이다. 영국을 시작으로 여러 나라가 민간자본을 투자해 경쟁업체들을 만들고 시장을 지배하고 있는 기존의 국영 전기통신회사와 맞붙게 했다. 정보 통제에 집착하는 중국은 이런 방법을 쓸 수 없었기—20년이 흘렀지만 아직도 여전하다—때문에 세 개의 다른 부서와 여러 국영기업이 뒷받침하는 새로운 국영기업, 차이나 유니콤을 론칭하기로 했다. 하나의 정부 부서와 다른 부서들의 연합체가 대항하는 구도를 만드는 것은 전기통신 규제완화 문제에서 중국이 취한 독특한 접근법이다.

독점권을 잃은 데 자극을 받은 MPT의 신임 장관, 우지촨은 전기통신 인프라에 대한 막대한 투자라는 카드로 대응에 나섰다.

최초의 SLAC-IHEP 인터넷 연결 직후 미국 상무장관 론 브라운이 베이징을 방문한 동안 중국은 베이징, 상하이와 미국을 잇는 새로운 인터넷 연결선을 만드는 스프린트(Sprint)와의 합의서에 서명했다. 이것이 마윈을 비롯한 대중을 중국에서 처음으로 인터넷에 접속할 수 있게 만든 인터넷 서비스 제공자 링크 '차이나넷(ChinaNet)'의 시작이었다.

중국 최초의 IT 기업들

중국이 전기통신 인프라에 투자할 것이라는 소문이 퍼지자 중국 최초의 IT 기업들이 등장하기 시작했다. 대부분 미국에서 교육을 받은 엔지니어들이 새로운 벤처를 설립해서 중국의 커뮤니케이션 네트워크를 확장해 나갔다. 가장 유명한 사람이 캘리포니아 대학 로스앤젤레스 캠퍼스에서 정보학 석사 학위를 받은 딩젠(James Ding)이었다. 1989년 6월 톈안먼(天安門) 광장의 민주화 시위가 진압된 후 딩젠을 비롯한 미국에서 교육을 받은 중국인들은 중국의 급진적인 정치적 변화를 바라던 것에서 기술의 힘으로 국가를 모습을 바꾸자는 쪽으로 선회하게 되었다. 1993년 딩젠은 텍사스 공과대학에서 박사 학위를 취득한 베이징 태생의 톈쑤닝(Edward Tian)과 힘을 합해 아시아인포

(AsiaInfo)를 공동 설립했다. 1995년 그들은 회사를 베이징으로 옮겨 차이나 텔레콤 등 중국 통신회사의 데이터 네트워크를 확장하는 일을 했다. 톈쑤닝은 중국 전기통신 시장의 거물이 되었으며, 딩젠과 함께 IT 분야에서 세간의 이목을 끄는 투자자가 되었다.

1995년 또 다른 영향력 있는 중국 IT 회사, UT스타콤(UTStarcom)이 설립되었다. 중국과 타이완의 기업가들이 미국에서 시작한 이 회사는 곧 항저우에 중국 지사를 설립했다. UT스타콤은 리틀 스마트(Little Smart)라고 불리는 저가의 모바일 시스템을 홍보함으로써 중국 전기통신 시장의 성장에 박차를 가하는 데 중요한 역할을 했다. 이 성공으로 투자자들은 항저우를 IT 중심지로 인식하게 되었다.

1995년에 UT스타콤에 투자한 핵심 투자사가 일본에 새롭게 설립된 투자 펀드 소프트뱅크(SoftBank)였다. 이 회사는 5년 후 알리바바의 성공에 대단히 중요한 역할을 하게 된다. 한국계 일본인 갑부 마사요시 손(孫正義, 손정의)이 설립한 소프트뱅크는 UT스타콤의 지분 30%를 인수했다.

UT스타콤은 유니테크 인더스트리(Unitech Industries)와 스타콤 네트워크 시스템(Starcom Network Systems)의 합병으로 설립되었다. 유니테크의 타이완인 설립자 루훙량은 캘리포니아 대학 버클리 캠퍼스에서 마사요시 손과 함께 공부했다. 스타콤의 공동설립자 천시셰이는 이후 '소프트뱅크 차이나 벤처캐피털(SoftBank China Venture Capital)'의 책임자가 되었다. 이 소프트뱅크 차이나 벤처캐피털을 통해 2000년 마사요시 손의 알리바바 투자가 이루어졌다.

1995년 말 중국의 전기통신과 인터넷 확장이 큰 추진력을 얻으면서 차이나넷 서비스가 베이징, 상하이, 광저우에서 시작되었고, 마침내는 마윈과 그의 고객들이 항저우에서 차이나넷을 이용해서 인터넷에 접속할 수 있었다. 이로부터 얼마 지나지 않아 마윈은 그가 새롭게 수석 엔지니어 자리에 앉힌 리치와 함께 미국 시애틀로 가서 VBN을 방문했다. 중국으로 돌아온 이들은 VBN과의 벤처를 그만두고 직접 서버와 새로운 차이나 페이지 사이트를 구축했다.

이로써 비용은 절감되었지만 수익을 높이기는 힘들었다. 1995년 중국에서 팔린 개인용 컴퓨터는 150만 대에 불과했고 구입자는 대부분 기업이나 정부의 사용자들이었다. 약 1,800달러에 이르는 PC는 보통의 중국인들이 한 번에 값을 치르기에는 큰돈이었다. 고정선을 설치하고 인터넷에 접속하는 비용도 높은데다 인터넷이 실제로 어떤 것인지에 대한 인식도 부족했다. 때문에 차이나 페이지는 고객들을 많이 모으기가 힘들었다.

마윈은 인터넷이라는 복음을 전파하는 데 힘을 더 기울였다. 어떤 면에서 보면 빌 게이츠까지 그의 사업에 힘을 보탰다. 1995년 말 게이츠의 책, 《미래로 가는 길(The Road Ahead)》이 출간과 즉시 베스트셀러가 되었고, 곧이어 중국에서도 베스트셀러의 자리에 올랐기 때문이다. 이 책은 사실 월드 와이드 웹(World Wide Web)에 대해서는 거의 언급하지 않았지만[4] 마윈은 잠재 고객들에게 인터넷의 중요성을 확인시키면서 "인터넷은 인류의 모든 측면에 변화를 가져올 것이다."라는 빌 게이츠의 말을 예로 들기 시작했다. 차이나 페이지를 마케팅하는 데 꽤 유용한 말이었다. 마윈은 이후 사실 이 말은 자신이 만든 것이라고 고백했다. "1995년은 세상에 빌 게이츠란 사람이 알려지기 시작한 때였습니다. 만약 제가 '마윈이 인터넷은 인류의 모든 측면에 변화를 가져올 것이라고 말했습니다.'라고 했다면 누가 믿었겠습니까?"

하지만 마윈은 이렇게 덧붙였다. "저는 빌 게이츠도 언젠가 분명히 그런 말을 하리라고 믿었습니다." (그 책이 시장에 풀린 직후, 게이츠는 인터넷의 중요성을 깨닫고 인터넷 쪽에 대한 회사의 노력을 극적으로 끌어올리고 이 분야에 훨씬 더 집중하는 2판을 출간했다.)

한편, 베이징에서는 1995년 5월 중국 최초의 민영 인터넷 서비스 기업을 설립한 기업가 장수신(Jasmine Zhang)이 매체의 관심을 모으고 있었다. 그녀는 자신의 벤처를 영어로 '정보 고속도로'를 뜻하는 'Information Highway'와 중국어 발음이 같도록 잉하이웨이(Yinghaiwei)라고 불렀다. 중국의 많은 IT 기업 설립자들이 자신이 벤처를 시작하는 데 영감을 준 원천으로 그녀를 꼽는다. 한 사람은 내게 이렇게 말했다. "어느 날 차를 몰고 직장으로 가다가 잉하이웨이의 회사 옥외 광고를 보았습니다. '중국은 정보 고속도로에서 얼마나 멀리 있을까요? 1,500미터 앞입니다'라는 카피가 있었죠." 회사 사무실의 위치를 나타내는 문구였다. 이 회사는 칭화 대학과 베이징 대학과 같은 유수의 학문 기관에서 인기가 높은 내부 전자게시판의 전통을 기반으로 삼아, 인터넷(당시는 영어로 된 웹사이트가 대부분이었다)에 친숙하고 인터넷을 통해 중국어로 그들이 연구하고 있는 주제에 대한 의견을 나누는 데 익숙한 수백 명의 사용자들을 대상으로 서비스를 시작했다.

항저우에 돌아온 마윈은 자신의 벤처를 홍보하는 데 힘을 쏟았고 저장성 정부로부터 차이나 페이지에 웹사이트 개설을 의뢰받는 큰 성과를 올렸다. 웹사이트 의뢰를 책임졌던 정부 관리 양젠신은 이후 마윈과의 거래를 이렇게 회상했다. "그가 처음 사무실에 오기로 했을 때 저는 마윈이 인터넷 분야의 권위자라고 생각하고 있었습니다. 때문에 그렇게 젊은 사람을 만나게 될 줄은 몰랐죠." 마윈은 열정적으로 인터넷에 대해 설명하기 시작했다. 양은 마윈이 "쉬지 않고 두 시간 동안" 이야기를 했다고 회상했다. 양은 정부는 영향력을 확인할 수 없는 그런 프로젝트에 돈을 댈 수 없다고 알렸지만, 마윈과 그의 팀은 '항저우 디프 커뮤니케이션(Hangzhou Dife Communications)'이라는 저장 텔레콤 지역 기구의 협조를 얻어—이 두 회사의 합작 관계는 곧이어 극적으로 틀어진다—재빨리 사이트를 만든 후 차이나 페이지에 올렸다. 중국 정부를 온라인에 끌어들인 국가 이니셔티브의 첫 프로젝트였다.[5] 며칠 만에 양은 미국 하원의원들이[6] 보낸 이메일을 비롯해 해외에서 온 여러 통의 축하 이메일을 받았다. 이 일이 보도되면서 마윈의 인지도도 올라갔다. 지역 신문은[7] 마윈의 회사와 그의 극적인 미국 첫 방문 이야기를 특집기사로 다루었다.

하지만 매스컴의 관심을 받으면서 마윈과 의뢰를 한 관리에게 문제가 생겼다. 양의 동료 한 사람이 저장성 정부에 양이 "자영업자와 친하게 지낸다."라고 고발한 것이다. "정부 정보 전파는 심각한 문제이다. 이를 어떻게 일개 자영업자가 처리하고 공개하도록 하는가?"

지방에서 저항에 부딪힌 마윈은 대부분의 시간을 베이징에서 보내기 시작했다. 그곳에서 마윈은 잉하이웨이의 장수선을 만났다. 두 사람은 서로 잘 맞지 않았다. 마윈은 이후에 첫 인상을 이렇게 말했다. "저는 언젠가 인터넷의 종말이 온다면 제 회사보다는 그녀의 회사가 먼저 종말을 맞을 것이라고 생각했습니다. 저도 무척이나 이상주의적이지만 그녀는 더한 사람이었죠."

마윈과 동업자 허이빙은 베이징에서 차이나 페이지의 인지도를 높이는 일을 시작했다. 마윈은 인터넷에 대해 썼던 글들을 가지고 가서 친구들에게 출간을 부탁했다. 베이징에서 한 친구가 소개해준 출판사 운전기사와의 인연 덕분에 그는 〈차이나 트레이드 뉴스(*China Trade News*)〉의 부편집장, 쑨옌쥔을 만났다. 쑨옌쥔은 차이나 페이지에 깊은 인상을 받고 마윈에게 동료들을 대상으로 인터넷에 대한 강연을 해 줄 것을 부탁했다. 그 후 그는 마윈과 차이나 페이지에 대한 기사를 신문 1면에 실었다.

마윈은 많은 주목과 관심을 받았지만 차이나 페이지는 일거리가 많지 않았고 중앙 정부를 통해 문호를 열려는 노력은 수포로 돌아갔다. 1996년 7월, 공영방송인 중국중앙텔레비전(CCTV)이 〈학자 마윈 (*Ma Yun the Scholar*)〉이라는 다큐멘터리를 방영했다. 이 프로그램은 정부 관리에게 퇴짜를 맞는 마윈의 모습을 보여 주었다. 이를 만든 판신만은 진융의 소설 여러 편을 영화화한 유명 감독 장쯔중의 부인이다. 마윈과 마찬가지로 항저우 출신인 판은 그의 이상에 공감했다. 냉대를 받는 마윈을 촬영하는 동안 판은 마윈의 미래에 대해서 점점 관심을 갖게 되었다. "그는 더 이상 항저우에 기반을 가지고 있지 않은데다 베이징에서는 참패를 당했습니다. 파산에 가까운 상태였죠." 다큐멘터리 속에서 마윈은 창문으로 베이징 거리를 내다보며 이렇게 다짐했다. "몇 년 후면 당신들은 나를 이렇게 다루지 못하게 될 거야. 몇 년 후면 당신들은 모두가 내가 무슨 일을 하는지 알게 되겠지. 베이징에서 곤경에 처해 있지만은 않을 거라고."

차이나 페이지의 문제는 그것이 단순한 디렉토리에 불과하다는 것이었다. 회사가 판매하는 물건만을 나열하는 너무나 기본적인 모습이었다. 잠재 고객이 온라인으로 구매를 할 수 있는 방법이 없었기 때문에 차이나 페이지가 서비스에 대한 요금을 청구하는 데 한계가 있었다.[8]

밀려나다

차이나 페이지에는 급여를 지불할 돈도 없었다. 영업 직원들의 봉급을 수수료 기반으로 전환해서 잠시 동안 금전적 압박을 덜었고, 텍스타일 업계의 한 클라이언트로부터 만 위안짜리 계약을 따내 또 잠시 압박에서 벗어났다. 이미 차이나 페이지는 취약한 상태였지만 일은 더 악화되려는 참이었다. 과거 차이나 페이지와 함께 저장 정부 웹사이트, 항저우 디프 커뮤니케이션을 구축하는 일을 했던 회사가 인수를 제안했다.

차이나 페이지는 규모가 작은 민영회사였지만 항저우 디프는 강력한 국영기업, 저장 텔레콤의 자회사였다. 1996년 2월, 두 회사는 디프-호프(Dife-Hope)라는 조인트 벤처가 되었다. 디프는 140만 위안(17만 달러)을 투자해 이 벤처의 지분 70퍼센트를 인수했다. 마윈은 총괄 책임자 직책을 유지했고 차이나 페이지는 60만 위안(7만 달러)에 이르는 나머지 30퍼센트의 지분을 보유했다. 당시 이 합병은 돈에 쪼들리는 작은 회사가 이루어 낸 큰 성과처럼 보였다. 당시 항저우 텔레콤의 관리였던 장신졘은 이를 중국 인터넷 역사상 최초의 인수·합병이라고 말했다. 지역 매체는[9] 이 조인트 벤처에 대해 긍정적인 보도를 내놓았다.

하지만 그 뒤에는 음흉한 속내가 숨어 있었다. 디프는 마윈과 함께 저장 정부 웹사이트에 대한 일을 하면서 www.chinesepages.com이라는 마윈이 만든 벤처의 www.chinapages.com과 아주 흡사한 도메인 이름과 '차이나 옐로 페이지(China Yellow Pages)'라는 새로운 회사를 등록했고, 이는 곧 마윈에게 발각되었다.

하지만 디프가 막강한 국영기업의 자회사였기 때문에 마윈은 저항할 수 없었다. 이를 악물고 지역 매체에 새로운 벤처를 찬양하는 인터뷰를 해야 했다. "디프-하이보의 설립은 장차 차이나 페이지의 입지를 더 튼튼히 할 것입니다." 그는 이렇게 말하면서 말을 맺었다. "우리는 당과 국가의 적절한 정책을 통해, 그리고 사회 내 각계각층의 엄청난 지원을 통해 차이나 페이지가 분명히 엄청난 성공을 거두리라 믿어 의심치 않습니다. 중국의 정보 고속열차는 더 빠르게 달릴 것입니다!"

몇 년 후, 알리바바가 성공하고 난 뒤에야 마윈은 그때의 경험을 제대로 이야기할 수 있었다. 차이나 페이지는 새로운 파트너로 인해 위축되었다. 마윈은 총괄 책임자였지만 허수아비나 마찬가지였다. "조인트 벤처가 설립되고 재난이 뒤따랐습니다. 그들은 이사회에서 다섯 장의 투표권을 가지고 있었지만 우리에게는 두 장뿐이었습니다. 이사회 때 제가 어떤 아이디어를 내면 한 사람이 반대표를 던졌고 나머지는 거기에 따랐습니다. 대여섯 번의 이사회에서 제 아이디어가 통과된 적은 한 번도 없었습니다."

마윈은 자신이 개척한 벤처의 통제권을 잃었다. "당시 저는 스스로를 눈 먼 호랑이 등에 탄 장님이라고 자조했습니다. 저는 기술이나 컴퓨터에 대해서 아무것도 모르는 상태에서 첫 번째 회사를 시작했습니다. 몇 년 동안 끔찍한 경험을 한 후 손을 들었습니다."

차이나 페이지의 일은 마윈에게 중요한 교훈이 되었고 좋은 강연 소재가 되기도 했다. 그는 이 경험을 통해 "개미가 빨리 움직이기만 하면 코끼리라 해도 개미를 밟아 죽이기 힘듭니다."라든가 "좋은 전략이 있으면 분명 살아남을 수 있습니다. 오늘에 이르는 동안 제가 배운 것이 하나 있습니다. 장래에 엄청난 경쟁 상대를 만난다 해도 두려워하지 말라는 것입니다."라는 강연을 할 수 있었다. 그는 이후 세계 무대에서 마윈의 인지도를 높이는 계기가 된, 다윗과 골리앗의 싸움과 같은 알리바바와 이베이의 싸움에서도 이 경험에 의존했다.

마윈은 차이나 페이지가 그가 후속 벤처의 경영 구조를 구축하는 방법에 영향을 주었다고 이야기한다. "그때부터 저는 굳은 신념을 갖게 되었습니다. '장래에 사업을 시작할 때는, 회사를 쥐고 흔들 만한, 직원들을 괴롭힐 수 있을 정도의 지분은 결코 갖지 않을 것이다. 아랫사람들을 이해하고 든든히 지원하겠다.'라고 말입니다. 저는 알리바바를 통제할 만한 수준의 지분을 보유한 적이 없습니다. 저는 이점을 자랑스럽게 생각합니다. 저는 회사의 CEO입니다. 자본이 아닌 저의 지식과 용기와 지략으로 회사를 이끌고 있기 때문입니다."

1997년 11월 마윈은 퉁루의 차이나 페이지 팀과 가진 현장 회의에서 차이나 페이지의 지분을 포기하고 베이징으로 이주할 것이며 동업자 허이빙에게 CEO 자리를 넘기겠다고 발표했다.

마윈이 만들어 낸 "인터넷이 모든 것에 변화를 가져올 것"이라는 말은 틀리지 않았다. 문제는 그가 벤처를 너무 일찍 시작했다는 데 있었다. 마윈은 꿈을 잠시 미루어 두고 베이징의 대외경제무역합작부(MOFTEC) 자회사에 일자리를 구했다. 그곳에서 마윈은 물 밖으로 나온 고기 같았다. 다시 중국 인터넷이라는 기업 활동의 바다로 뛰어들 날만을 기다렸다. 그 바다는 이제 훨씬 더 커질 참이었다.

제 6 장

거품과 탄생

알리바바는 '천(1,000)하고도 한 번(1,001)의 실수'라고 보는 것이 옳다.

하지만 우리가 살아남은 데는 세 가지 이유가 있다.

우리는 돈이 없었고, 우리는 기술이 없었으며, 우리는 계획이 없었다.

- 마윈

세 번째는 행운이 따랐다. 호프 번역과 차이나 페이지로 고초를 겪고 베이징의 정부 기관에서 일을 하면서 마음이 편치 못한 시기를 지낸 마윈은 1999년 초 알리바바를 설립하기 시작했다. 하지만 차이나 페이지에서 헤어 나오고 정부 기관의 일자리에서 빠져나오는 데 2년 이라는 시간이 걸렸다. 그동안 중국의 다른 인터넷 기업들이 관심을 얻기 시작했다. 자신의 벤처가 없는 마윈은 시대에 뒤처질 위험을 무릅써야 했다.

마윈이 차이나 페이지의 통제권을 SOE와 연계된 동업자에게 빼 앗긴 것과 마찬가지로, 베이징의 장수신은 국가 안전부에 연줄이 있 다고 알려진 최대 주주로 인해 잉하이웨이에서 쫓겨났다. 다른 기업 가들, 특히 전화 접속 방식의 인터넷 서비스 제공업체(ISPs)를 설립한 사람들은 차이나 텔레콤과 같은 대형 국영기업에 밀려났다. 베이징 에 기반을 둔 ISP, 센포크(Cenpok)의 원타오는 그런 상황을 이렇게 요약했었다.[1] "아직은 중국에서 인터넷으로 돈을 버는 일은 불가능합니다…지난 몇 년 동안 그 일을 해 본 제가 말씀드리는 것입니다. 저는 지금 피눈물을 흘리고 있습니다."

텔레콤 국영기업들은 민간업체가 자기들의 영역에 들어오는 것을 적극적으로 막아 내고 있었지만, 중국의 국영 미디어 기업들은 인터넷 콘텐츠 사업을 구축하는 기업가들과 겨룰 만한 능력이 없다는 사실이 들통나고 있었다. 중국에서는 미국에서 가속되고 있던 닷컴 붐에서 가장 큰 영향력을 떨치고 있던 야후(Yahoo)로부터 영감을 받은 새로운 세대의 인터넷 기업가들이 부상하고 있었다.

1996년 상장한 야후는 처음에는 투자자들로부터 그리 관심을 끌지 못했다. 투자자들은 자리 잡은 IT 회사들을 선호했다. 주가수익비율과 같은 전통적인 방법으로 가치를 매길 수 있었기 때문이다. 하지만 야후와 그 세대의 닷컴 기업들이 수익을 내기까지는 아직 수 년의 시간이 필요했다. 〈포천(Fortune)〉의 조 노체라(Joe Nocera)는 가치평가의 문제를 이렇게 요약했다. "E(Earning, 수익)가 없을 때는 P/E 비율(주가수익비율)을 따질 수 없습니다."

하지만 1998년 여름부터 이 모든 것이 바뀌기 시작했다. 야후의 주식은 단 5주 만에 80퍼센트 이상 상승했다. 회사의 평가액은 90억 달러가 되었고 스탠퍼드 출신의 공동 창립자 제리 양(Jerry Yang, 楊致遠)과 데이비드 필로(David Filo)는 억만장자가 되었다. 실리콘밸리에서 생겨난 닷컴 기업들은 갑자기 월스트리트가 보내는 관심의 중심에 섰다.

타이완 태생의 제리 양은 중국에서 영웅이 되었다. 대중들은 서른도 되지 않는 미국 이민자가 억만장자가 되었다는 데 매료되었다.

갑자기 야후의 '포털(portal)' 사업 모델과 사용자를 온라인 콘텐츠의 우주로 연결해 주는 디렉토리, 즉 검색 엔진에 관심이 쏟아졌다. 중국 포털[먼후(门户), 문자 그대로의 뜻은 '관문']이 등장하기 시작했다. 중국의 3대 '포털 선구자', 왕즈둥, 찰스 장(Charles Zhang, 장차오양), 윌리엄 딩(William Ding, 딩레이)이 나타났다. 마윈과 달리 이들은 탁월한 학력과 든든한 기술적 배경을 갖추고 있었다. 이들이 설립한 회사는 각각 시나(Sina), 소후(Sohu), 넷이즈(NetEase)였다.

3대 포털 선구자

시나의 창립자 왕즈둥은 포털을 만들기 전부터 여러 인기 있는 중국어 소프트웨어 어플리케이션인 BD 윈(BD Win), 차이니즈 스타(Chinese Star), 리치윈(RichWin) 등을 만들어 중국에 있는 사람들이 마이크로소프트 윈도 운영체제를 사용하기 쉽게 만든 사람으로 이미 잘 알려져 있다. 1967년 중국 광둥성 남부에서 가난하지만 고등교육을 받은 부모 밑에서 태어난 왕즈둥은 수학과 과학을 뛰어나게 잘했다. 그는 베이징 대학에 무난히 합격했고 무선 전자공학을 공부했다. 1997년 왕즈둥은 세 명의 포털 선구자 가운데 처음으로 외부에서 700만 달러라는 상당한 금액의 투자를 유치해 소프트웨어 개발자로서 정평이 난 실력을 바탕으로 '스톤 리치 사이트(Stone Rich Sight)'라는 회사를 차렸다. 1998년 여름 그는 프랑스에서 국제축구연맹(FIFA) 월드컵이 열리는 시기에 맞추어 축구경기 결과를 보여 주는 전문 웹사이트를 론칭했다. 이 사이트는 엄청난 트래픽을 기록했다. 이내 회사는 소프트웨어에서 인터넷으로 초점을 이동시켰으며 이후 다른 회사와의 합병을 통해 시나가 되었다.

소후의 창립자 찰스 장은 시안에서 태어났다. 마윈보다 한 달 일찍 태어난 그는 칭화 대학교에 입학해 물리학을 전공하고 이어 매사추세츠 공과대학(MIT)에 진학했다. 물리학 박사 학위를 취득한 찰스 장은 연구원으로 남아 'MIT 산업 연락 프로그램(MIT's Industrial Liaison Program)'을 통해 미국-중국 관계를 발전시키는 일을 했다. 넷스케이프(Netscape)와 야후의 성공에 자극을 받은 찰스는 인터넷 회사를 시작하기로 결심했다. 본디 계획은 미국에서 회사를 시작하는 것이었지만, 그는 미국 사회에서 중국 이민자들이 매체의 관심을 끌지 못하는 등—매스컴을 싫어하는 다른 두 포털 설립자와는 달리 그는 매체에 특히 애착을 가지고 있었다—주류로부터 배제되고 있다는 느낌을 받았다. "저는 늘 아웃사이더라는 생각을 하고 있었습니다. 예를 들어 중국에서는 인터뷰 요청을 받을 수 있지만 미국에서는 뉴스 프로그램에 출연하지 못할 것 같았습니다. 그래서 돌아왔죠."

찰스는 1996년 베이징으로 왔다. 그는 에드 로버츠(Ed Roberts)—4년 후의 소후 IPO 때 5퍼센트의 지분을 갖고 있었다—를 비롯한 두 MIT 교수들의 격려와 재정적 지원으로 회사를 세웠다. 찰스는 세 명의 포털 선구자 중 유일하게 해외에서 유학을 하다 돌아온 소위 '바다거북('海龟'가 귀국한 유학생 '海归'와 발음이 같아 생긴 명칭. - 옮긴이)'이었다. 그는 미국 기술 분야에 노출되었던 경험을 바탕으로 유리한 출발을 할 수 있었다. 1998년 2월 그는 세 명 중 처음으로 야후에서 직접 영감을 얻은 중국어 웹사이트와 검색 엔진을 론칭했다. 심지어는 벤처의 이름도 야후를 좇아 소후닷컴(Sohoo.com)으로 지었다. 이름은 이후 Sohu.com으로 변경되었다.

윌리엄 딩은 마윈보다 7년 늦게 닝보에서 태어났다. 그는 청두(成

都)공과대학에서 컴퓨터공학을 공부하고 닝보의 집으로 돌아와 차이나 텔레콤 지사에서 일했다. 이후 윌리엄은 미국 데이터베이스 기업 사이베이스(Sybase)에서 일하기 위해 중국 남부의 광저우로 이주했고, 이후 국내 기술 기업에서 일했다. 1997년 그는 벤처를 설립했다. 이 회사는 중국 최초로 무료 이중언어 이메일 서비스를 실시했다. 윌리엄의 벤처는 다른 기업에 이메일 소프트웨어 사용권을 주면서 발생하는 수입으로 곧 수익을 냈다. 1998년 여름 윌리엄은 사업을 소프트웨어 개발에서 인터넷으로 전환하고 웹사이트, 넷이즈닷컴(NetEase.com)을 내놓았다. 처음에는 중국 남부에서 인기를 얻었던 넷이즈는 곧 전국의 이메일 사용자를 끌어모았고, 1999년에는 이용자가 140만 명이 되었다.

왕즈둥과 찰스, 윌리엄이 신나게 닷컴 바다의 파도를 타고 있는 동안 마윈은 칙칙한 정부 기업의 해안에 머물러 있었다. 그의 직함은 중국 국제전자상거래센터(CIECC)가[2]—그 회사도 MOFTEC(대외경제무역합작부)의 자회사였다—설립한 '인포셰어 테크놀로지(Infoshare Technology)'의 총책임자였다. CIECC에서 마윈은 1998년 3월 론칭한 MOFTEC의 공식 웹사이트, www.moftec.gov.cn의 개발을 이끌었다. 다음으로 마윈은 차이나 페이지의 동료들을 불러 1998년 7월 1일 MOFTEC의 또 다른 웹사이트 www.chinamarket.com.cn을 론칭시켰다.

6개 범주로 나뉜 8,000가지 이상의 상품이 실린 차이나 마켓(China Market) 사이트에서는 방문자들을 초대해서 공급과 수요 정보를 포스팅하고, 암호화된 비즈니스 채팅룸(Business ChatRooms)에서 비밀 비즈니스 협상을 진행할 수 있다. 이 새로운 사이트는 MOFTEC

장관인 스광성을 비롯한 정부 관리들의 찬사를 이끌어 냈다. 스광성 장관은 이 사이트를 "중국이 전자상거래 시대로 나아가는 착실한 발걸음"이라고 말했다. 중국의 국영 방송사인 신화통신은 모든 방문자가 정부의 승인을 받은 유효한 기업으로 이루어진 이 사이트의 '정보 신뢰성과 정연한 운용'을 호평했다.

하지만 사실 웹사이트의 등록과 관련된 복잡한 오프라인 요식 체계 때문에 회사들은 이 사이트에 매력을 느끼지 못하고 있었다. 웹사이트에서 주문이나 지불이 불가능한 것도 매력을 떨어뜨리는 주요한 이유였다. 달리 말하면, 이 사이트는 그저 규모가 큰 정부 버전의 차이나 페이지였던 것이다. 마윈은 전자상거래 시대가 열릴 것이라고 굳게 믿고 있었다. 하지만 그와 동시에 전자상거래의 미래가 기업가에게 달려 있다는 것도 알았다. 이후 마윈은 그때 상황을 이렇게 회상했다. "정부에서 전자상거래를 한다는 것은 정말 피곤했습니다… 전자상거래는 민간기업과 함께 출발해야 합니다." CIECC에서는 성깔 사나운 상관 싱웨이를[3] 비롯한 수없이 많은 정부 관리들이 마윈을 옥죄고 있었다.

마윈은 3인의 포털 선구자들이 번창하는 것을 보며 점점 좌절감에 빠졌다. "인터넷 분야에서 일한 지 5년이 되었을 때였습니다." 마윈이 회상했다. "모든 것이 매우 빠르게 변화하고 있었어요. 베이징에 계속 머문다면 정말 큰일은 할 수 없어요. 공무원으로는 제 꿈을 실현할 수 없었습니다."

하지만 정부의 일은 결국 마윈에게 또 다른 행운을 가져다주었다. 야후의 공동 창립자인 제리 양과의 첫 만남이 이루어진 것이다. 이후 마윈과 제리 양의 운명은 더 밀접하게 연결되었다.

인포세어의 총괄 책임자이고 영어가 유창한 마윈은 1997년 중국에서 야후의 가능성을 알아보러 베이징에 온 제리 양과 그의 동료들을 맞이하게 되었다. 항저우에서 자칭 투어 가이드로 활약했던 경험이 도움이 되었다. 제리 양은 남동생 켄과 여행을 할 예정이었고 관광지를 둘러보는 데 관심이 있었기 때문이다. 마윈은 제리 양을 아내 장잉에게 소개시켰다. 마윈 부부는 제리 양과 그의 남동생, 그리고 야후의 부사장 헤더 킬렌(Heather Killen)과 함께 북해공원, 건너편의 자금성, 만리장성을 방문했다. 여기에서 그들은 마윈을 집단에서 빼

제리 양의 만리장성 투어 가이드 역할을 한 마윈. (헤더 킬렌 제공)

당시 국가주석이던 장쩌민(江澤民)의 사진 앞에서 마윈, 그의 상관 싱웨이, 제리 양, 헤더 킬렌. (헤더 킬렌 제공)

내는 데 중요한 역할을 하게 될 사진 한 장을 찍었다. 이 사진은 당시 세계적인 인터넷 제왕과 마윈의 만남을 분명히 보여 준다.

이 방문에서 마윈은 제리 양, 헤더 킬렌과 MOFTEC 차관과의 만남도 주선했다. 마윈의 매력은 중국 정부로서는 바람직하지 못한 결과를 불러왔다. 1998년 10월 인포셰어는 야후의 중국 독점 대리업체로 지정되었다. 하지만 마윈은 이미 정부라는 속박에서 벗어나기 위해 적극적인 대책을 세우고 있었다. 마윈은 만리장성에서 인포셰어

1998년 말 만리장성에서 마윈과 알리바바 공동 창립자 일부. 이들은 몇 개월 후 알리바바를 론칭한다. (알리바바 제공)

의 동료 몇몇과 사외 회합을 가졌다. 알리바바의 비공식 론칭을 축하하는 야유회였다. 마윈은 정부의 일자리를 박차고 나올 경우 계획하는 새로운 벤처가 좋지 못한 영향을 받지 않을까 염려했다. 한 친구는 마윈에게 꾀병을 부리라고 충고했다. 그런 식의 난관에서 벗어나기 위해 중국에서 흔히 쓰는 계략이었다. 마윈은 실제로 몇 개월 후 충수염에 걸렸다. 하지만 그때 그는 이미 항저우로 돌아와 새로운 사업을 잘 진행하고 있었다.

좋은 이름, 알리바바

마윈은 새 벤처를 '알리바바'라고 부르기로 결정했다. 중국 기업으로서는 별난 이름이다.

마윈은 그가 좋아하는 중국 무술이나 전통 문화에서 유래된 이름이 아닌 아랍 이름을 회사명으로 한 이유를 묻는 질문을 수차례 받았다. 그는 중소업체들에 문을 열어 주겠다는 목표를 갖고 있었기 때문에 "열려라 참깨"라는 이미지에 끌렸다고 말했다. 또한 세계 어디에나 잘 적용되는 이름을 찾고 있었는데 알리바바는 여러 언어로 쉽게 발음할 수 있는 이름이었다. 알파벳 순서의 처음에 온다는 점도 마윈이 이 이름을 좋아하는 이유이다. "무엇에 대해서건 알리바바가 항상 맨 앞에 나옵니다."

중국에서는 당시 〈알리바바는 행복한 젊은이(*Alibaba Is a Happy Young Man*)〉이라는 노래가 유행이었다. 하지만 마윈은 샌프란시스코 여행에서 그 아이디어가 떠올랐다고 말한다.[4] "점심을 먹고 있었습니다. 종업원이 다가오기에 제가 물었죠. '알리바바를 아십니까?' 그녀가 '그럼요!'라고 대답했습니다. '알리바바가 뭔가요?' 그녀가 말했죠.

'열려라 참깨잖아요.' 저는 거리에 나가서 10~20명의 사람들에게 같은 질문을 했습니다. 모두가 알리바바, 40인의 도적, 열려라 참깨를 알고 있었어요. 좋은 이름이란 생각이 들었죠."

하지만 문제가 있었다. alibaba.com이라는 도메인 이름을 이미 한 캐나다인이 소유하고 있었는데 이를 양도하는 대가로 4,000달러를 요구한 것이다. 상대방이 약속을 지키지 않을 경우 위험할 수 있는 거래였다. 때문에 마윈은 alibabaonline.com과 alibaba-online.com을 이용하는 알리바바 사이트를 론칭했다.[5] 알리바바의 공동 창립자 루시 펑(Lucy Peng)은 초기 팀 멤버들이 미국의 AOL(America Online, Inc.)을 위해 일하고 있다는 농담을 했다고 회상했다. '알리바바 온라인(Ablibaba Online)'을 'AOL'이라고 줄여 말한 것이다.

마윈은 얼마 후 alibaba.com 도메인 이름을 사기로 결정했다.[6] 알리바바의 수석 부회장 조차이는 이후 마윈이 소유권을 가졌다고 확신하기까지 도메인을 소유하고 있던 캐나다인에게 돈을 송금하는 문제로 속을 태웠다고 내게 말했다. "그만한 돈이 없었기 때문에 여기저기에서 돈을 끌어왔습니다. 마윈은 빈틈이 없는 사업가입니다. 그는 '좋아, 앞으로 이 사람을 믿겠어'라고 하면 그 말을 실행할 줄 아는 능력을 타고났습니다." 마윈은 캐나다인에게 돈을 송금했다. 그 캐나다인은 정직한 사람으로 밝혀졌고 마윈은 alibaba.com의 소유권을 가질 수 있었다.

알리바바가 널리 알려진 이름이었기 때문에 마윈은 마케팅 비용을 많이 절약할 수 있었고, 40인의 도적이나 천일야화 등 미리 마련한 이미지를 이용할 수도 있었다. 그는 지금까지도 이때 사용한 이미지를 종종 그의 강연이나 프레젠테이션에 집어넣곤 한다.

18인의 보통 사람들

마윈은 친구, 후원자, 차이나 페이지나 인포셰어를 통해 만난 사람들과[7] 함께 항저우에서 알리바바를 시작했다.

1999년 2월 21일, 항저우의 레이크사이드 가든 아파트에서 회의가 열렸다. 앞으로의 성공을 자신했던 마윈은 이 회의 장면을 촬영했다. 팀원들이 그의 주위로 반원을 그리며 자리를 잡았다. 썰렁한 아파트의 추위와 습기를 막으려고 코트를 입은 사람들도 있었다. 마윈은 그가 사업에 끌어들인 이 사람들에게 이런 질문을 했다. "5~10년 후 알리바바는 어떻게 되어 있을까요?" 그는 스스로 이렇게 답했다. "우리의 경쟁업체는 중국에 있지 않고 실리콘밸리에 있습니다…우리는 알리바바를 국제적인 웹사이트로 포지셔닝해야 합니다."

포털 게임에서는 이미 지배적인 위치를 점한 시나, 소후, 넷이즈에 뒤져 있기 때문에 마윈은 중국 인터넷 시장의 틈새를 찾아야만 했

1999년 10월 30일, 항저우 레이크사이드 가든 아파트에서 마윈과 알리바바의 공동 창립자 그리고 후원자들. (알리바바 제공)

다. 포털들은 온라인으로 점점 밀려들고 있는 수많은 개인 사용자를 붙잡으려 애쓰고 있었지만 마윈은 자신이 가장 잘 아는 것, 바로 소규모 업체를 고수하기로 했다. 대기업에 초점을 맞추는 미국의 B2B 사이트들과 반대로, 마윈은 '슈림프'(shrimp, 즉 작고 하찮은 것)에 집중하기로 결정했다. 그는 좋아하는 영화 〈포레스트 검프〉에서 영감을 얻었다. 영화에서 검프는 폭풍이 지나간 뒤 새우 낚시를 해서 돈을 번다. "미국 B2B 사이트는 고래입니다. 하지만 바다에 있는 물고기의 85퍼센트는 새우 크기입니다. 저는 고래를 잡아서 돈을 번 사람은 알지 못하지만 새우를 잡아서 돈을 번 사람들은 많이 보았습니다."

1999년 초 마윈이 알리바바를 만들었을 때, 중국의 인터넷 사용자는 200만 명에 불과했다. 하지만 이 숫자가 6개월 후 두 배가 되었고 그해 말에는 다시 두 배가 되어 900만 명에 이르렀다. 2000년 여름 중국의 인터넷 사용자는 1,700만 명이었다.

개인용 컴퓨터는 여전히 1,500달러로 고가였다. 하지만 델(Dell) 같은 회사가 새롭게 시장에 진입해서 매장을 설치하고 파운더(Founder), 그레이트 월(Great Wall), 레전드(Legend, 지금의 레노보) 등의 중국 기업들과 경쟁하게 되면서 컴퓨터 가격이 떨어지기 시작했다. 여전히 기업이나 정부의 사용자들이 대부분이기는 했지만 1999년에는 PC의 판매량이 500만 대를 기록했다.

정부의 '정보화' 정책으로 인터넷 이용 가격이 보다 저렴해졌다. 그럼에도 지역 전화회사를 통해 인터넷에 연결하려면 설치에만 몇 개월이 걸렸고 비용은 600달러에 달했다. 1999년 3월에야 정부가 전화선을 추가로 설치하는 비용을 없앴고 인터넷의 바다를 서핑하는 비용도 낮아졌다. 1997년 한 달 평균 70달러였던 요금이 1999년 말에는

9달러가 된 것이다.[8]

교육수준이 높은 수백만의 젊은이들이 대학과 직장에서 그리고 전국에 우후죽순처럼 생겨난 수천 곳의 인터넷 카페에서 인터넷에 접속했다. 미국 야후의 비즈니스 모델은 성장세에 있는 온라인 광고 시장에서 돈을 버는 것이었다. 3대 중국 포털도 빠르게 성장하는 온라인 광고라는 케이크에서[9] 한몫을 잡을 계획을 세웠다. 온라인 광고 시장의 규모는 1998년 300만 달러에 불과했으나 1999년에는 1,200만 달러로 늘어났다. 하지만 야후조차도 미국에서 손해를 보고 있는 상황에서 중국의 경우는 더 말할 필요도 없었다. 포털의 잠재 수입은 지출을 밑돌았다. 하지만 닷컴 붐의 뒤집힌 논리 안에서는 손실이 단순히 용인되는 데 그치지 않고 명예 훈장처럼 여겨졌다. 손실이 클수록 회사의 포부는 원대해졌다. 벤처캐피털 기업들은 그 손실을 메우는 역할을 했다.

알리바바가 출발선에 서기도 전에 시나, 소후, 넷이즈는 벤처캐피털의 지원을 얻어 새로운 사용자와 투자를 얻기 위한 싸움을 시작했다.

시나는[10] 1999년 12월 왕즈둥의 회사 SRS와 세 명의 타이완 태생 스탠퍼드 대학 학생들이[11] 설립한 미국 회사 시나넷(Sinanet)의 합병으로 만들어진 회사이다. SRS의 초기 투자자인 '월든 인터내셔널 인베스트먼트 그룹(Walden International Investment Group)'의 대니얼 마오(Daniel Mao)가 이 합병을 중개했다. 시나닷컴은 1999년 4월 론칭되었으며, 이어 5월에 골드만삭스, 월든, 일본의 소프트뱅크를 비롯한 투자자들로부터 2,500만 달러의 벤처캐피털을 조달했다.

소후는 1998년 1,000만 달러를 모았고 다음 해에는 중국어 검색 엔진으로 사람들이 몰려든 덕분에 더 많은 자금을 조성했다.[12] 설립자 찰스 장은 중국에서 새롭게 얻은 명사로서의 지위를 즐기고 있었다. 그는 스탠퍼드에서 수학하고 귀국한 빅터 쿠[Victor Koo(古永鏘), 이후 이곳을 떠나 유튜브에 상응하는 중국 사이트, 유쿠(Youku)를 설립했다]를 끌어들여 소후의 경영진을 보강했다. 그는 마윈을 COO로 영입하려 시도하기도 했으나 실패로 돌아갔다.

넷이즈는 창립자 윌리엄 딩이 세 개의 포털 중 벤처캐피털을 이용한 자금 조성에 가장 늦게 뛰어든 회사가 되었다. 자금이 그리 필요하지 않다는 단순한 이유 때문이었다. 딩에게는 개인적으로 개발했던 웹메일 소프트웨어에서 꾸준히 나오는 사용권 수익이 있었다. 2000년 회사가 상장될 당시 윌리엄 딩의 보유지분 비율은 58.5%로 어떤 포털 창립자보다 높았다.

외곽에서 이를 지켜보고 있던 마윈은 벤처캐피털의 관심 속에서 속도를 내고 있는 포털 선구 업체들과의 격차를 따라잡으려면 서둘러야 한다고 생각했다. 알리바바가 번창하려면 관료주의 문화와는 인연을 끊고 강인한 직업의식을 끌어내야 했다. 마윈은 아파트에 모인 사람들에게 "일에 몰두하는 실리콘밸리의 정신을 배워야 합니다…첨단기술 기업은 오전 8시에 출근해서 오후 5시에 퇴근하는 곳이 아닙니다. 그런 식으로는 알리바바가 절대 성공할 수 없습니다."라고 역설했다.

마윈은 맹목적일 정도로 실리콘밸리의 기업들을 좋아했다. 하지만 알리바바가 그들을 해치우고 말 것이라고 호언장담하면서 팀원들의 사기를 높이는 일도 좋아했다. "미국인들은 하드웨어와 시스템에서 우위에 있습니다. 하지만 소프트웨어와 정보 경영에 관해서라면 중국인들의 두뇌도 미국인에 못지않습니다…저는 우리 중국인 한 명이 미국인들 열 명과 맞먹는 능력이 있다고 믿습니다."

알리바바가 출발한 시점은 닷컴의 충성스런 추종자들까지도 부풀대로 부푼 거품이 곧 꺼지지 않을까 불안해하던 때였다. 그는 아파트에 모인 사람들을 안심시키려고 노력했다. "인터넷이 정점에 도달했을까요? 더 이상의 여지가 없는 걸까요?…걱정하지 마세요. 저는 인터넷의 꿈이 꺼질 것이라고 생각지 않습니다. 우리는 앞으로 3~5년 내에 고통스러운 대가를 치르게 될 겁니다." 부대원들의 사기를 높이기 위해 마윈은 3년 내에 IPO를 이루겠다는 목표를 세웠다. "상장회사가 되면, 우리는 한 사람 한 사람이 이런 아파트 한 채가 아니라 이런 아파트 50채를 살 수 있는 돈을 갖게 될 겁니다. 우리는 앞만 보고 나아갑니다. 연대의식이 무엇보다 중요합니다. 앞으로 나아가다가 혹 실패한다 해도 우리에게는 팀이 있지 않습니까? 우리에게는 기댈 수 있는 서로가 있습니다. 도대체 뭐가 두렵습니까?"

마윈과 장잉 두 사람이 대주주였지만 알리바바는 총 18명(그중 6명이 여성이었다)이 공동으로 설립했다. 특권층에 있는 사람이나 유명 대학을 나온 사람,[13] 유명한 회사 출신은 없었다. 마윈의 에너지와 그의 독특한 경영방식으로 묶인 '보통 사람들'의 팀이었다. 마윈은 연대의식을 키우기 위해 좋아하는 진융의 소설을 이용했다. 알리바바 팀원 각자에게 별명을 지어 준 것이다. 자신의 별명은 펑칭양이었다. 진융의 소설, 《검객(Swordsman)》[14]의 주인공인 펑은 검과 쿵푸의 달인이지만 세상을 버리고 은둔하면서 어린 제자들을 영웅으로 키운다. 교사였고, '가끔 종잡을 수 없긴 하지만 사람들을 가르치고 돌보는 것을 좋아하는'[15] 마윈의 성격은 펑과 일치했다.

조차이, 항저우에 오다

1999년 5월, 타이완 태생의 투자자로 당시 홍콩에서 살고 있던 조차이가[16] 마윈을 만났다. 이후 조는 현재까지 17년이 넘는 세월 동안 마윈의 오른팔 역할을 수행하고 있다. 두 사람은 중국 비즈니스계에서 가장 수익성이 높고 또 가장 오랜 동반자 관계를 지속하고 있다.

마윈은 '100퍼센트 중국산'인 것을 자랑스럽게 생각한다. 하지만 조차이를 시작으로 실리콘밸리의 많은 IT 기업에서와 같이 타이완 출신들이 알리바바의 성공에도 공헌하게 되었다.

나는 1999년 알리바바의 여정이 시작된 초창기에 조차이를 만났다. 그가 합류한 직후의 일이었다. 2015년 봄, 나는 무엇이 조차이로 하여금 마윈에게 그러한 도박을 하도록 한 것인지 알아보려고 항저우를 다시 찾았다. 두 사람은 같은 해에 태어나긴 했지만 더 이상 다를 수 없을 정도로 딴판이다. 조차이는 명문가[17] 태생이고 최고의 학력과 경력을 쌓아 온 사람이다.

조차이는 13세 때 영어를 거의 하지 못하는 상태로 타이완에서 미국 뉴저지에 있는 엘리트 기숙학교 로렌스빌 스쿨(Lawrenceville School)로[18] 보내졌다. 조차이는 학과 공부뿐 아니라 라크로스 선수로서도 뛰어났다. 그는 라크로스가 미국 문화에 동화되고 팀으로 일하는 것의 중요성을 배우는 데 도움을 주었다고 생각한다. "스포츠를 통해서 팀워크와 인내와 같은 인생의 교훈을 배웠습니다. 결코 세 번째 미드필드 라인을 넘어서 보지 못했지만 팀의 일원이었던 것은 제 인생 최고의 경험이었습니다."

조차이는 예일 대학에 입학해서 경제학과 동아시아학을 전공하고 예일 법학대학원에 진학했다. 졸업 후 그는 뉴욕의 유명 법률회사,

설리번 앤 크롬웰(Sullivan & Cromwell)에서 사회생활을 시작했고 기업 인수·합병 회사에도 잠시 몸담았다. 하지만 조차이는 아시아 투자 분야의 경력을 쌓고 싶었다. 그는 홍콩으로 이주해 스웨덴 발렌베리(Wallenberg) 가문의 투자회사인 인베스터 AB(Investor AB)에서 일했다. 닷컴 붐이 탄력을 받으면서 조차이는 기업가와 손잡을 기회를 찾기 시작했다.

나는 조차이에게 어떻게 마윈과 이어지게 되었는지 물었다. "신생 IT 기업과 보다 직접적인 관계를 갖고 싶었어요. 투자자를 위해 투자를 하면서 항상 이사회와 경영진 사이에 있는 거리를 느꼈습니다. 마음속으로 저는 사업에 꼭 직접 참여하겠다고 생각했죠."

조차이는 가족과 친구인 제리 우(Jerry Wu)를 통해서 처음 마윈의 이야기를 들었다. 제리는 신생 커뮤니케이션 업체를 운영하는 타이완 출신 사업가였다. 항저우에 다녀온 제리 우는 조차이에게 연락을 해서 "항저우에 있는 마윈이란 사람을 꼭 만나 보세요. 좀 별난 사람인데 엄청난 비전을 가지고 있어요."라고 말했다.

제리 우는 어려움을 겪고 있는 마윈의 사업을 인수해 줄지도 모른다는 생각에 조차이에게 도움을 청한 것이다.

조차이는 그의 부탁을 들어주기로 하고 레이크사이드 가든 아파트에서 마윈을 만나기 위해 항저우행 비행기에 몸을 실었다. "아파트를 처음 보았을 때가 아직도 기억납니다. 타이베이에 있는 제 할머니의 아파트를 연상시켰죠. 건물에 들어서면 낡고 좁은 계단이 보입니다. 아파트 앞에는 10켤레쯤의 신발이 있었습니다. 냄새가 나는 곳이었어요. 저는 양복을 입고 있었습니다. 5월이었는데 몹시 덥고 습했죠."

조차이는 마윈이 알리바바에 품은 야심찬 목표를 어떻게 설명했느지 기억하고 있다. 수백 만의 중국 공장들이 물건을 팔 수 있는 해외 판로를 찾도록 돕겠다는 것이었다. 공장주들은 직접 제품을 마케팅할 기술이 없기 때문에 국가 소유의 무역회사를 통해 물건을 파는 것 외에 다른 방도가 없다는 것이 마윈의 설명이었다. 마윈은 중간상을 없애자는 제안을 했다. 주목하지 않을 수 없는 아이디어였다.

조차이는 '쿵푸 소설에 나오는 사람처럼 의자를 돌려 앉은 채 박수를 치며' 장광설을 늘어놓는 마윈에게 강한 호기심을 느꼈다. 마윈이 힘들이지 않고 북경어와 유창한 영어를 오가는 것을 주의 깊게 들으면서 조는 깊은 인상을 받았다. 그는 마음속으로 이렇게 생각했다. '이 친구 괜찮은데!'

마윈의 북경어 억양은 조차이에게 항저우 인근의 후저우가 고향인 할아버지를 생각나게 했다.[19] 조차이는 북경어로 마윈에게 항저우 방언을 하지 못한다고 사과하면서 대화를 시작했다. 라포(rapport), 친밀감를 형성하는 데 도움이 될지 모른다고 생각한 조차이는 이렇게 덧붙였다. "상해어(Shanghainese)는 할 수 있습니다. 부모님이 상하이에서 성장하셨거든요." 첫 만남을 회상하면서 조차이는 웃음을 지었다. "항저우 사람들이 상하이 사람들을 싫어한다는 것을 몰랐죠. 항저우 사람들은 상하이 사람들이 음흉하고, 상업적이며, 돈을 밝힌다고 생각합니다. 시간이 지난 후에 마윈이 믿지 못하는 세 종류의 사람이 있다고 말해 주었습니다. 상하이 사람, 타이완 사람, 홍콩 사람이라고 말입니다." 하지만 어쩐 일인지 상해어를 하며 홍콩에 사는 타이완 사람인 조차이와 마윈은 마음이 잘 맞았다. "두 사람이 함께 일하게 된 것은 운명이었습니다."

조차이는 홍콩으로 돌아와서 아내 클라라에게 마윈과 알리바바에서 느낀 흥분을 이야기했다. 하지만 보수가 좋은 홍콩의 일자리를 항저우의 신생 회사와 바꾸는 것은 대단히 위험한 일이었다. 특히 클라라는[20] 첫 아이를 임신한 상태였다. 클라라는 일단 항저우를 방문해 보고 싶다고 했다.

마윈은 그들의 방문을 기억하고 있다. 클라라는 마윈에게 남편이 미쳐 있는 알리바바를 직접 보고 싶다고 말했다. "그의 말을 듣고 있자니 저도 제정신이 아니게 되고, 아예 귀를 막자니 평생 저를 원망할 것 같았어요."

조차이라고 해서 이 일에 뛰어드는 것을 가볍게 생각하는 것은 아니었다. "제가 다시 항저우를 찾은 것은 마윈에게서 평범치 않은 무엇인가를 보았기 때문입니다. 비전이나 그의 눈동자에 이는 불꽃만이 아니었습니다. 팀원들, 그를 따르는 추종자들이 있었습니다. 그들은 그 비전을 믿고 있었습니다. '내가 어떤 그룹에 합류하게 된다면 그것은 다름 아닌 이 그룹이다'라고 마음속으로 되뇌었습니다. 그곳에는 확고한 리더가, 모두를 한데 아우르는 접착제가 있었습니다. 저는 마윈에게 강한 친밀감을 느꼈습니다. 그렇지 않고 배길 사람이 어디 있겠습니까?"

"친구가 가족만큼이나 중요하다."라고 말하는 마윈은 조차이가 그동안 만나거나 소문을 들어 온 다른 기업가들과는 아주 다른 사람이란 인상을 주었다. "그가 생각하는 친구란 동료들을 아우르는 것입니다. 스티브 잡스를 예로 들어 볼까요? 마윈과 스티브 잡스는 다른 사람입니다. 그 둘은 속속들이 다른 사람이죠."

조차이는 마윈이 자신의 결점을 숨기지 않는다는 점이 마음에 들었다. "저로서는 현장에 뛰어든 것이 새롭고 신기한 일이었습니다.

저는 재무 쪽을 잘 압니다. 전에는 변호사였죠. 회사 설립을 도울 수도 있고 자본 조달을 도울 수도 있었습니다. 때문에 우리는 만난 그날부터 유대가 형성되었습니다."

나는 처음 조차이를 만나고 그가 대단히 차분하고 내성적인 사람이라는 것을 알게 되었다. 활기 넘치고 예측하기 어려운 마윈과는 여러 면에서 정반대였다. 두 사람과 좀 더 시간을 보내면서 계약 초안을 주의 깊게 작성하는 등의 일에서 발휘되는 조차이의 전문성 덕분에 알리바바가 마윈의 에너지와 열정을 동력으로 삼을 수 있는 구조가 형성되었다는 것을 이해하게 되었다. 나와 의견을 나누었던 또 다른 중국 인터넷 기업 설립자도 이 생각에 동의했다. "특히 초반에는 조차이가 마윈을 통제하는 역할을 했죠."

조차이는 회사에서 자신이 맡은 역할을 내세우지 않는다. 자신을 마윈의 '상담역'이라고 생각하느냐는 질문에, 그는 자신을 마윈의 통역관으로 생각하는 편이 더 좋다고 대답했다. "마윈은 대단히 영리합니다. 하지만 때로 오해를 부르는 말을 하죠. 그래서 제가 그것을 설명하는 역할을 합니다."

마윈은 조차이를 입에 침이 마르게 칭찬한다. 그는 종종 조차이가 1999년 위험을 무릅쓰고 알리바바에 합류한 일을 언급하면서 감사의 마음을 넘어 경의를 표한다. 몇 년 전 타이베이의 청중들 앞에서 마윈은 이렇게 말했다. "그가 한 것처럼 보수가 좋은 일을 마다할 수 있는 사람이 얼마나 되겠습니까?" 그가 덧붙였다. "그건 용기입니다. 그것은 행동입니다. 그것은 진정한 꿈입니다."

조차이는 1999년 큰 도박을 했다. 무모한 베팅은 아니었다. 조차이는 우선 회사가 자본을 조달할 준비를 갖추게 한 뒤 선도적인 위치에서 첫 투자자를 찾음으로써 회사의 성공을 뒷받침했다.

조차이는 이미 인베스터 AB의 상관(그는 현재까지 그 회사에서 일하고 있다)에게[21] 개인 시간을 중국에서 만난 한 기업가를 돕는 데 쓰고 있다고 말했었다.

조차이는 알리바바에서 서류를 정리하는 일을 시작했다. 많은 신생 기업이 그렇듯이 서류 작업이 엉망이었다. "제가 항저우에 도착했을 때는 마윈에게 아직 회사도 없었습니다. 아무것도 설립하지 못한 상태였죠. 달랑 웹사이트가 하나 있었을 뿐입니다."

조차이의 첫 번째 임무는 알리바바의 주주들에 대한 문서를 만드는 것이었다. "저는 마윈에게 전화를 걸어서 이렇게 말했습니다. '법인 설립 작업을 하고 있는데, 주주가 누구누구인 거죠?' 그가 이름이 적힌 목록을 팩스로 보내왔습니다. 입이 떡 벌어졌습니다. 아파트에 있던 사람들이 한 사람도 빠짐없이 그 목록에 있었기 때문입니다. 처음부터 이권의 상당 부분을 거저 나누어 준 것입니다." 하지만 조차이는 18명의[22] 이름을 훑어보면서 엔지니어이든 고객 서비스이든 모두가 팀에서 없어서는 안 될 부분이라는 것을 깨달았다. 공동 창립자 루시 펑의 포테이토(Potato, 감자)라는 별명을 떠올리면서 조차이는 웃음을 터뜨렸다. 그녀는 알리바바의 서구 고객들이 보내는 이메일에 답장을 할 때 이 별명을 사용했다.

다음으로 조차이는 알리바바의 고객들을 파악하고 싶었다. 그는 팀원들에게 고객이 얼마나 되느냐고 물었다. 2만 8,000명이나 된다는 말을 듣고 조차이는 대꾸했다. "엄청나네요!" 그렇지만 모든 고객 정보를 손으로 써서 보관하고 있었다. 종이 한 장에 고객 한 명의 정보가 적혀 있었는데 모두 장부 갈피 속에 쑤셔 박혀 있었다.

알리바바는 수익을 전혀 내지 못하는 상태였고 자본 조달이 시급했다. "물론 당시는 중국에서 끌어 쓸 수 있는 자본이 없었습니다. 모두가 미국의 자본이었죠. 시나, 소후, 넷이즈가 자본을 어떻게 끌어왔는지 검토한 조차이는 해외에 회사를 설립하고[23] 법률 회사 펜윅 앤 웨스트(Fenwick & West)에 2만 달러짜리 개인 수표를 써 주며 벤처캐피털 투자를 받을 기업 구조를 만들었다. 이제 필요한 것은 투자자를 찾는 일이었다. 그는 마윈과 함께 샌프란시스코로 출발했다.[24]

샌프란시스코에 도착한 그들은 유니언 스퀘어 인근의 싸구려 호텔에 짐을 풀고 다음날 아침 벤처 투자자들을 만나러 팔로 알토로 향했다. 회의는 잘 진행되지 않았다. 조차이는 "어떤 일을 하려고 합니까? 당신들의 비즈니스 모델은 무엇입니까?"와 같은 질문 세례를 받았던 것을 회상했다. 그들에게는 홍보 책자조차 없었다. "사업계획서 같은 것을 준비하려고 했었죠." 하지만 마윈은 사업계획서를 쓰지 않았다고 말하면서 조에게 "나는 그냥 가서 사람들을 만나고 직접 사업계획을 이야기하고 싶은데."라고 말했다.

출장은 실패였다. 하지만 싱가포르에 기반을 둔 투자회사 벤처 TDF(Venture TDF)의 토마스 응(Thomas Ng)과 팔로 알토에서 가진 조찬 모임은 기대를 걸 만했다. 벤처 투자자들은 B2B 전자상거래에는 관심이 별로 없었다. 시나, 소후, 넷이즈가 모두 달려드는 야후에 대한 열광과 비교하면 B2B는 부진해 보였다. 아리바닷컴(Ariba.com)과 커머스 원(Commerce One)처럼 벤처캐피털을 끌어들인 B2B 사례가 몇 개 있었지만 미국에 기반을 두고 있었고, 알리바바에 비해 훨씬 성숙한 시장을 대상으로 서비스를 제공했다. 당시 부상하고 있던 중국의 다른 전자상거래 업체들은 자금 조달에 성공하기 시작했다. 그 한 예가 소비자 전자상거래 벤처인 8848.net이었다.[25] 1999년 4월 론칭한 8848은 아마존을 사업 모델로 삼아 책, 소프트웨어, 전자제품과 당시 인기가 있었던 인터넷 전화카드 같이 현지에서 유통되는 품목을 취급했다. 8848에는 46세의 찰스 쉐(Charles Xue)라는 든든한 후원자가 있었다. 쉐는 소프트뱅크의 설립자 마사요시 손과 같은 때 UC 버클리에서 공부했다. 8848의 회장, 왕쥔타오는 중국 미디어로부터 마윈보다 큰 관심을 끌고 있었다. 넷이즈 역시 중국 최초의 온라인 경매를 개최하며 소비자 전자상거래를 실험하고 있었다. 1999년 7월의 첫 온라인 경매에서 넷이즈는 100대의 개인용 컴퓨터를 판매해 15만 달러의 매출을 올렸다. 이베이를 모델로 한 또 다른 신생 회사도 등장하고 있었다. 하버드에서 공부하고 돌아온 뛰어난 젊은이 샤오이보(보샤오로도 알려져 있다)가 이끄는 상하이 기반의 이치넷(EachNet)이었다.

하지만 마윈은 노동집약적인 상품의 최대 공급자인 중국이 B2B 전자상거래를 실행할 준비를 갖추었다고 확신했다. 다만 다른 기업가들도 같은 결론을 내렸다는 것이 문제였다. 캘리포니아에 기반을 둔 한 회사가 미트차이나닷컴(MeetChina.com)이라는 B2B 웹사이트를 론칭하고 벤처캐피털 회사 IDG의 지원을 확보했다. 다음 해쯤 미트차이나닷컴은 4,000만 달러 이상의 벤처캐피털을 조달했다. 알리바바보다 훨씬 많은 액수였다. 미트차이나는 미국과 중국의 정부 지원을 이끌어 내는 데에도 탁월했다.

미트차이나닷컴의 창립자들은 자신들이 힘 있는 정보통신 부처와 특별한 관계를 맺고 있다고 주장했다.[26] 1999년 4월 론칭에서 이 회사는 스스로를 "중국 최초의 정부 지원 B2B 인터넷 포털"이라고 홍보했다. 공동 창립자 케네스 레너드(Kenneth Leonard)는 조지 W. 부시와

젭 부시의 남동생인 닐 부시와 사업적인 관계를 맺고 있어 백악관에 초대되었다며 워싱턴 정계와의 인연을 과시했고, 다음 해 빌 클린턴과 힐러리 클린턴 대통령 부처의 역사적인 베트남 방문 동안 합의서에 서명을 함으로써 아시아 전역으로의 전자상거래를 확장시키는 데 매스컴이 엄청난 관심을 보이고 있다고 떠벌였다.

미트차이나는 중국 내에서의 홍보에도 능숙했다. 공동 설립자의 한 사람인, 톰 로젠탈(Tom Rosenthal)은 〈월스트리트저널〉에 이렇게 말했다. "우리는 중국으로부터 물건을 사는 것을 동네 철물점에서 물건을 사는 것만큼 쉽게 만드는 서비스를 제공합니다." 몇 개월 후 미트차이나닷컴은 던 앤 브래드스트리트(Dun & Bradsteet)와 웨스턴 유니언(Western Union)을 비롯한 다수의 기업과 인상적인 합작 계약을 맺으면서 중국 전역에 9개의 사무소를 열었고 250명이 넘는 직원을 채용했다.

마윈이 설립을 도왔던 차이나닷컴(China.com) 등 중국 정부기관의 지원을 받는 B2B 웹사이트들도 노력을 강화하고 있었다. 알리바바가 저장성의 기업들을 통해 영향력을 키워 가는 것을 지켜본 인근 장쑤성도 웹사이트, 메이드인차이나닷컴(Made-in-China.com)을 출범시켰다.

하지만 막 정부의 손아귀에서 빠져나온 마윈은 고객 우선적 접근법이 정부 관료들을 접대하고 그들의 환심을 사는 일을 우선시하는 다른 웹사이트를 압도할 것이라고 확신했다.

이들 사이트는 결국 알리바바의 적수가 되지 못했다. 알리바바의 최대 경쟁자가 된 것은 이른바 '신경제(new economy)' 기업도 아니었다. 그것은 상업 잡지를 발행하던 구식 출판사였다.

글로벌 소시스(Global Sources)는 30년이 넘는 역사를 가지고 있다.

이 회사는 설립자인 멀 힌리치(Merle Hinrichs)가 경영하고 있었다. 필리핀에 정박되어 있는 50미터짜리 요트를 영업지로 삼아 은둔생활을 하는 미국인인 힌리치는 네브래스카 헤이스팅스 출신이었지만 1965년부터 아시아에서 살았다. 그는 본래 '아시안 소시스 미디어 그룹(Asian Sources Media Group)'이란 회사를 설립했다. 이 회사는 아시아의 전자제품, 컴퓨터 제품, 시계, 장난감, 스포츠용품 제조업체의 광고가 가득한 두꺼운 카탈로그를 대량으로 찍어 냈다. 월마트와 같은 구매업체에 이 잡지를 보내 매년 수억 달러어치의 주문을 받아 냈다.

글로벌 소시스는 수익성이 높은 오프라인 사업의 매출이 감소할까 봐 웹에 진출하는 것을 꺼렸다. 힌리치는 B2B 사이트들을 부정적으로 생각했다. "공급업체와 구매업체는 팩스 머신으로도 만족하고 있었습니다. 값이 싸고 사용법이 간단하니까요."

하지만 인터넷이 확산되면서 알리바바와 같은 회사들은 아시아 비즈니스의 새 얼굴로 회사를 홍보할 기회를 얻었다. 투자자들을 설득하는 데에는 애를 먹었지만 매체 홍보는 성공적이었다. 모두가 마윈의 카리스마와 유창한 언변 덕분이었다.

1999년 4월 17일 〈이코노미스트〉는 "아시아 온라인"이라는 제목의 기사를 게재했다. 리드는 "미국에 제프 베조스(Jeff Bezos, 아마존의 CEO)가 있다면 중국에는 마윈이 있다."는 예언적 진술로 시작하는 기사였다. 조차이는 그 기사를 마윈을 만나러 항저우로 가는 비행기에서 읽고 알리바바에 한층 더 깊은 관심을 갖게 되었다.

그 기사는 당시 홍콩에서 활동하던 크리스 앤더슨(Chris Anderson)이 작성한 것이었다. 나는 그토록 마윈을 극찬하는 기사를 쓰게 된 이유를 그에게 물었다. 10년 동안 〈와이어드(Wired)〉의 편집장 자리를 10년 이상 지킨 크리스는 현재 캘리포니아 버클리에서 살고 있다. 그곳에서 그는 드론 제조업체인 3D 로보틱스(3D Robotics)의 공동설립자 겸 CEO로 일하고 있다.[27] 크리스는 1999년 초 홍콩에서 마윈과 처음 만난 일을 회상했다. "마윈은 알리바바에 대한 아이디어를 들고 저를 만나러 왔습니다. 저는 훌륭한 사업이지만 회사명은 형편없다고 생각했죠. 말할 필요도 없지만 그는 제 조언을 듣지 않았습니다. 하지만 우리는 그때부터 친구가 되었습니다."

크리스는 〈이코노미스트〉 기사에서 마윈을 제프 베조스에 비교한 이유를 이렇게 말했다. "두 사람은 최초로 인터넷의 잠재력을 개발해 부를 키운 영리한 기업가였기 때문입니다. 하지만 닮은 점은 그것이 전부입니다." 물론 마윈이 부자가 되기까지는 한참 시간이 걸렸다. 하지만 크리스가 전염성을 가진 그의 열정에서 깊은 인상을 받았다는 사실은 '마윈의 마법'이 알리바바의 부상에서 얼마나 큰 역할을 했는지 보여 주는 또 한 가지 사례이다.

차이나닷컴

마윈과 조차이는 성과 없이 실리콘밸리에서 아시아로 돌아오고 있었다. 그들은 몰랐지만 중국 인터넷의 골드러시가 시작된다는 것을 알리는 어떤 사건 덕분에 그들의 운명은 큰 전환점을 맞이하고 있었다. 차이나닷컴이 나스닥에 상장된 것이다.

차이나 인터넷 코퍼레이션(CIC)의 차이나닷컴(Chinadotcom)사가 운영하는 차이나닷컴은 피터 입(Peter Yip)이라는 홍콩의 협상가가 이끌고 있었다. 입은 중국 인터넷 기업가 후보로는 어울리지 않는 인물이었다. 그는 중국 출신이 아니었고―싱가포르에서 태어났다―홍콩에 기반을 두고 있었으며 나이도 마윈이나 포털 창립자들보다 열 살 정도 많았다.[28] 중국에서 그의 이름을 듣거나 웹사이트에 대해서 들어본 사람은 얼마 되지 않았다.

하지만 미국에서 닷컴 투자가 극도의 열기를 내뿜기 시작하면서 CIC는 자신들이 대단히 중요한 자산을 가지고 있다는 것을 깨달았다. 차이나닷컴(china.com), 홍콩닷컴(hongkong.com), 타이완닷컴(taiwan.com)과 같은 도메인 이름을 소유하고 있었던 것이다.[29] 입은 이를 지렛대로 별로 연관이 없어 보이는 AOL과 중국의 국영 방송사인 신화통신 등 어마어마한 후원자를 끌어들였다. 그는 AOL에 중국 시장의 게이트키퍼로서의 서비스를 제공했다. 신화통신에는 인터넷에서 바람직하지 못한 콘텐츠를 걸러 내는 '울타리가 있는 정원(Walled Garden)'을 구축하겠다고 약속했다.

입은 자신의 비전을 '차이나 와이드 웹(China Wide Web)'이라고 불렀다. 하버드 대학에서의 강연에서 그는 인터넷상의 콘텐츠 대부분이 "대부분의 중국인과는 관련이 없다."라고 주장했다. 신화통신의 후원을 내세우면서 입은 "중국 정부가 인터넷 전략을 수립했고 나에게 사람들의 참여를 가능하게 하는 수단을 만드는 데 도움을 달라고 청했다."라고 말했다.[30] 차이나닷컴 웹사이트의 뉴스 코너에는 "우리가 여러분 대신 서핑을 해드립니다."라는 무시무시한 태그가 달려 있었다. 하지만 중국의 사용자들은 완전한 인터넷에 접하기를 원했다. 이것은 세 포털 선구자들과 같은 국내 기업가들이 실현하려고 열심히 노력하고 있는 것이기도 했다. 입의 노력은 중국의 인터넷 사용자들을 끌어들이는 데 실패했다. 기술에 밝은 중국의 신세대 인터넷 기업가들의 '노하우'가 인맥을 기반으로 하는 그의 '노 후(know who, 누구를 아는가)'식의 접근법을 물리친 것이다.

하지만 피터 입은 중요한 부분에서 본토의 라이벌들보다 앞섰다. 그는 자금을 조달하는 방법을 잘 알았다. AOL로부터 3,400만 달러의 투자를 확보한 그는 1999년 7월 차이나닷컴을 나스닥에 상장했다.

중국의 인터넷 부문에서 일하는 사람들은 입의 회사와 그의 주장에 대단히 비판적이었다. 나도 그중 하나였다. 나는 〈뉴욕타임스〉에 "차이나닷컴은 중국 내 인터넷 사용자와 다른 생각을 가지고 있다", "그들과 손을 잡은 회사들은 스스로에게 피해를 주고 있다."라고 지적했다. 1999년 6월 나는 차이나닷컴이 '진정한' 중국 포털보다 먼저 상장된다면 그것은 "형식이 본질을 이긴다는 뜻이며 사실상 본토 중국 인터넷 기업의 시장을 망치는 것"이라고 경고하는 보고서를 썼다. 내 생각이 얼마나 짧았던가! 차이나닷컴은 중국 기술 기업의 IPO 기회를 없앤 것이 아니라 오히려 불을 붙였다.

1999년 7월 13일, 차이나닷컴은 나스닥에 상장되었다. 시세 표시기에 오른 회사 이름은 웹사이트만큼이나 기억하기 쉬운 '차이나(CHINA)'였다. 20달러에서 출발한 주가는 그날 67달러로 마감되었다. 이름이 무슨 문제냐고? 중국에 있는 사람들이 거의 들어본 적이 없는 회사임에도 불구하고 차이나닷컴은 IPO로 8,400만 달러의 자금을 끌어들였다. 다음 해 2월의 두 번째 공모에서는 4억 달러라는 어마어마한 자금을 조달했다. 이로써 회사의 시가총액은 50억 달러가 되었다. 이 회사는 너무나 많은 돈을 끌어들인 탓에 최종적으로 파산하기까지 무려 11년이 걸렸다.

차이나닷컴의 IPO로 인한 충격파는 본토에 있는 발생기의 IT 공동체 전체에 큰 파문을 일으켰다. 거의 아무도 들어본 적이 없는 웹사이트를 가진 사람이 하룻밤 사이 그토록 많은 돈을 모을 수 있다니!

이 IPO는 전국의 기업가들이 "차이나닷컴이 할 수 있다면 나도 할 수 있다."는 결론을 내리게 만들었고 광적인 투자와 거래를 촉발시켰다.

제 7 장

후원자: 골드만과 소프트뱅크

인터넷은 맥주와 같다…좋은 것은 아래쪽에 있다.

거품이 없으면, 맥주는 김이 빠지고 아무도 마시려 하지 않을 것이다.

– 마윈

차이나닷컴은 시가총액 160억 달러로 나스닥의 거래 첫날을 마감했다. 연 매출이 400만 달러에 불과하고 900만 달러씩 적자를 내던 회사였다. 피터 입은 주식의 일부만을 상장했기 때문에 투자자들은 다른 중국 인터넷 기업의 주식을 찾으려고 눈에 불을 켰다. 문제는 중국 인터넷 기업의 주식이 전혀 없다는 데 있었다.

벤처 투자자와 기업가들은 기회를 잡기 위해 행동에 나섰다. 홍콩에서는 젊은 기업가와 이들을 후원하려는 투자자들의 모임과 짝짓기가 폭발적으로 늘어났다. 가장 규모가 큰 모임은 '인터넷 앤 인포메이션 아시아(Internet & Information Asia)'로, 줄여서 'I&I'라고 불렸다. 보통은 홍콩의 중심 상업지구 근처 언덕에 있는 란 콰이 퐁의 작은 술집 테이블에 몇 사람이 둘러 앉아 모임을 가졌다. 하지만 차이나닷컴의 IPO는 이 모든 것을 바꾸어 놓았다. 갑자기 I&I에 수백 명의 사람들이 나타났고 은행과 법률회사가 앞다투어 샴페인과 고급 안주를 협찬하겠다고 달려들면서 모임 장소는 리츠 칼튼과 같은 5성급 호텔로 바뀌었다. 홍콩은 당장이라도 계약을 하고 싶었지만 시장과 회사를 구축할 기업가들은 국경 너머 중국 본토에 있었다. 갑자기 베이징과 상하이에는 협상가들이 넘쳐 났다. 중국의 인터넷 거품이 공식적으로 시작되었고 새로운 닷컴 벤처들이 잡초처럼 솟아나기 시작했다. 알리바바는 잡초들 사이에서 햇살을 쬐기 위해 분투해야 했다.

매체의 보도

벤처 투자자들이 등장도 하기 전에 중국 인터넷 붐을 보도하려는 해외 매체들이 먼저 도착했다. 마윈은 전국에서 열리는 기술과 투자자 컨퍼런스의 터줏대감이 되었다. 그가 어찌나 인용하기에 적합한 이야기만 골라 하는지 〈로스앤젤레스 타임스〉는 그를 '방송용 멘트 기계(sound-bite machine)'라고 불렀다.

차이나닷컴의 IPO가 있고 얼마 지나지 않아 〈비즈니스위크〉의 표지 기사는 마윈을 '중국의 웹 마스터'라고 칭했다. 〈비즈니스위크〉는 알리바바가 아직은 의미 있는 정도의 수익을 내지 못하고 있지만, B2B 전자상거래에 대한 투자가 중국의 세 개 포털에 대한 투자보다 훨씬 더 큰 결실을 맺을 것이라고 예견했다.

1999년 8월 31일, 나의 동료 테드 딘이 쓴 기사가 홍콩의 대표적인 영어 일간지인 〈사우스 차이나 모닝 포스트〉에 실렸다.[1] 테드는 그로부터 1년 전쯤에 마윈을 만났다. 마윈이 아직 정부의 일을 하고 있을 때였다. 기사에서 테드는 B2B 전자상거래에서 알리바바가 '세계의 발전소가 될 것'이라고 내다보았다. 마윈은 자신의 야망을 내보였다. "중국에서 1위가 되는 것을 원치 않습니다. 우리가 원하는 것은 세계 1위입니다."

내가 운영하는 작은 투자 컨설팅 회사는 그런 종류의 이야기들을 수도 없이 듣고 있었으며 벌써 닷컴 붐에 약간은 냉소적인 입장으로 돌아서는 중이었다. 하지만 그 며칠 전 항저우에서 마윈과 인터뷰를 한 테드는 내게 마윈에게는 다른 어떤 것이 있다는 언질을 했다. 그를 만나야겠다는 생각이 들었다.

마윈의 초대에, 나는 상하이에서 기차를 타고 항저우로 향했다. 나는 샹그릴라 호텔을 예약했다. 마윈이 소년 시절에 영어를 연습하기 위해 데이비드 몰리에게 접근했던 그 호텔이었다. 체크인을 한 후 택시를 타고 레이크 가든 아파트로 갔다.

나는 곧 마윈의 전염성이 강한 열정과 매력에 끌려 들어 갔다. 코미디 루틴이 포함된 전통 예술인 핑탄을 연습하는 부모 밑에서 성장한 데서 영향을 받았음이 분명했다.

테드는 기사에서 마윈의 말을 인용했다. "계획을 세우면 지고 계획을 세우지 않으면 이깁니다." 5개년 계획의 땅인 베이징에서 빠져나오자, 마윈의 즉흥성이 원기를 되찾은 듯 보였다. 외국의 전문가들이 마윈의 세력권으로 들어오기 시작했고 이로써 설립 몇 개월 만에 알리바바는 중국을 벗어나 세계적인 분위기를 띠게 되었다.[2] 알리바바는 실리콘밸리에 기반을 둔 많은 기업들과 달리 설립 멤버 중 1/3이 여성이었던데다 여성 중역들이 회사에서 중요한 역할을 맡고 있었다.[3]

골드만의 투자

한편, 성공적이 못했던 실리콘밸리로의 자금 조달 여행 직후 조차이는 홍콩에서 싱가포르 기반의 펀드, 트랜스팩(Transpack)과 협상을 시작했다. 그들은 곧 알리바바의 기업 가치를 700만 달러로[4] 평가하는 거래 조건에 합의했다. 하지만 트랜스팩이 부담스런 조건을[5] 고집하자 조차이는 발을 빼고 싶어졌다.

그는 이후 골드만삭스의 셜리 린에게 전화를 걸었다. 조차이와 셜리 린은 십년지기 친구였다. 셜리 린은 조차이와 마찬가지로 타이완에서 태어나고 미국에서 교육을 받았다. 이 둘의 만남은 결국 알리바바의 운명을 바꾸어 놓았다.

2015년 여름 나는 뉴욕에서 셜리 린을 만나 1999년 골드만삭스의 알리바바 투자에 대한 이야기를 나누었다. 셜리와는 1999년부터 알고 지낸 사이였다. 우리는 대학을 졸업하고 바로 투자은행인 모건 스탠리에 들어가 입사 동기로 만났다. 나는 모건 스탠리에 머물렀고 셜리는 몇 년간 일하다 골드만삭스로 자리를 옮겨 아시아 전역의 IT 업계에서 투자를 성사시키기 시작했다.

알리바바와의 거래가 있기 10년 전, 셜리와 조차이는 타이베이에서 뉴욕으로 가는 장거리 비행 중에 우연히 만났다. "저는 하버드로 돌아가고 있었고 그는 예일로 돌아가는 길이었죠. 자리가 가까웠습니다." 셜리는 조가 거의 비행시간 내내 헌법 책에 머리를 박고 있었던 것으로 기억했고, 조는 셜리가 〈월스트리트저널〉을 처음부터 끝까지 샅샅이 읽고 있었던 것으로 기억하고 있었다. 잠시 후 그들은 대화를 시작했다. 대학에서 그들을 기다리는 책과 시험들을 생각하면서 "우리 두 사람은 곧 서로의 운명을 안타깝게 걱정해 주게 되었습니다."라고 셜리가 내게 말했다.

마윈과 조차이가 이미 알고 있던 대로 아시아에는 IT 기업에 경험이 많은 투자회사가 많지 않았다. 1999년 셜리는 이미 중국의 인터넷 기업에 부지런히 베팅을 하고 있는 중이었고[6] 결국 세 포털 업체 모두에 투자를 하였다. 골드만은 시나와 넷이즈에는 직접, 소후에는 간접적으로[7] 투자를 했다.

골드만은 셜리와 팀에 많은 재량을 허락했다. 그녀는 500만 달러 이하의 투자를 결정할 권한이 있었다. 1995년에서 2000년까지 자기 자본투자 부서의 기술 기업 투자액이 10억 달러(아시아에 있는 기업에 이루어진 투자액의 1/4)에 달하는 골드만으로서는 이 정도는 새발의 피였다.

아시아 지역에 펀드 회사가 거의 없다 보니 셜리에게는 닷컴 부자의 새로운 물결에 편승하고자 하는 하버드 동기와 친구들의 투자 요청이 줄을 이었다. 사업계획의 질이 너무 낮고 단순히 자료를 복사해다 붙인 경우도 많았다. 셜리와 팀은 엄청난 서류를 읽으며 밤낮없이 일을 했다. 그 많은 투자 요청 중에 투자가 이루어지는 것은 1/1,000도 되지 않는 것 같았다.

대학 동기나 친구인 지인이 적어도 한 사람쯤은 있는 회사에 투자를 하는 것이 쉽겠지만, 셜리는 중국에서 나고 자란 재능 있는 사람을 찾았다. "중국에서 투자를 하려면 중국 시장을 잘 아는 사람이어야 한다고 생각했습니다."

하지만 중국의 신생 기업을 찾아다니는 데에는 한계가 있었다. 지방 도시의 비포장도로를 오가면서 셜리는 투자 은행가라기보다는 아시아개발은행(ADB)의 대출 담당 직원이 된 듯한 느낌이었다. 사람들이 그녀를 진지하게 대하지 않는다는 어려움도 있었다. "골드만에서 왔다고 소개를 했지만, 중국인들은 우리가 무얼 하는 사람인지도 몰랐습니다. '골드만 부인이신가요? 회사 소유주와 결혼을 하셨나요?'라고 묻는 사람도 있었죠. 중국인들은 골드만과 삭스, 두 사람이 회사를 소유하고 있고 저는 그중 한 사람과 결혼한 것이라고 생각했습니다."

이런 내력 때문에 그녀는 중국인 기업가가 항저우에서 경영하는 신생 기업의 이야기를 조차이에게 전해 듣고 관심을 두게 되었다. 조차이가 회사에 합류할 계획이라는 말에 더 관심이 갈 수밖에 없었다. 셜리는 홍콩에서 항저우로 가서 1999년 9월 말에 마윈을 만났다.

그녀가 회상했다. "마윈은 영락없는 중국인이더군요."

"스물넷인가 스물일곱 명이 일하고 있는 아파트로 올라갔습니다. 악취가 고약했죠. 마윈의 아이디어는 완전히 독창적인 것은 아니었습니다. 다른 나라에서 시도된 것이었죠. 하지만 마윈은 그것을 중국에서 성공시키려고 모든 것을 쏟아붓고 있었어요. 깊은 인상을 받았습니다."

조차이가 그랬듯이 셜리도 사업 자체보다는 구성원들로부터 깊은 인상을 받았다. 그녀가 투자를 결정한 진짜 이유도 거기에 있었다. 그들은 어떤 사람들일까? 그들은 어떤 역사를 가지고 있을까? 조차이를 알기 때문에 하나의 의문이 해소되었고, 마윈과 그의 팀이 활동하는 것을 보고 두 번째 의문이 해결되었다. "마윈과 그의 사람들이 회사의 전부였습니다." 셜리는 마윈의 아내, 장잉이 대단히 열심히 일하고 있는 것이 인상 깊었다고 한다. "장잉과 마윈은 '혁명 동지'처럼 피땀을 흘려 가며 일을 하고 있었습니다." 알리바바에는 다른 투자자들도 접근했지만, 셜리는 골드만의 뒷받침이 무명의 중국 신생 업체에 다른 투자자들과 비교할 수 없는 큰 영향을 미칠 것이라고 생각했다. 그들은 차를 마시면서 투자를 논의했다. 그녀는 마윈과 조차이에게 골드만이 투자를 할 경우, 그녀가 직접 책임을 지고 알리바바가 세계적인 명성을 얻도록 하겠다고 말했다. 미트차이나와 같은 B2B 경쟁업체들이 비상할 때를 엿보면서 자금 확보에 적극적으로 나서고 있는 상황에서 구미가 당기지 않을 수 없는 제안이었다. 셜리는 500만 달러에 알리바바의 최대 지분을 얻는 협상을 타결 지었다. 그녀는 홍콩으로 돌아왔다. 동료 폴 양과 올리버 와이즈버그가[8] 투자에 따르는 주요 거래 조건을 마련했다.

그다음 주에 셜리는 홍콩섬 남쪽의 리펄스 베이 비치에서 가족들과 수영을 하고 있던 중에 전화 한 통을 받았다. 마윈이었다. 그는 거래를 성공으로 이끌고 싶은 마음은 간절하지만 자신의 지분을 좀 더 남겨 줄 수 없겠느냐고 부탁했다. 골드만이 지배적 지분을 차지하게 되면 진정한 기업가가 아닌 것 같은 기분일 것이라고 설명했다. 마윈은 그 벤처에 자신의 모든 것을 쏟아부었다고 말했다. "이건 제 인생입니다." 마윈이 말했다. 셜리가 대답했다. "이게 당신의 인생이라는 건 무슨 뜻인가요? 이제 겨우 시작했을 뿐인데요." 마윈이 설명했다. "하지만 이건 벌써 제 세 번째 벤처거든요." 마윈은 결국 그녀를 설득했다. 투자를 위한 거래 조건은 이미 작성되었다. 하지만 숫자들은 괄호로 남아 있어서 쉽게 변경시킬 수 있었다. 골드만은 회사 주식의 절반인 50만 주에, 주요 결정에 대한 거부권을 얻는 대가로 500만 달러를 투자하기로 했다.

마윈과 통화를 하며 새 조건에 동의한 직후, 셜리는 휴대전화를 실수로 바다에 빠뜨렸다. 그녀는 혼자 생각했다. '꼼짝없이 500만 달러를 내주게 됐네.'

마윈은 유명 투자사와의 투자 계약 성사에 성공했다. 이것은 알리바바 역사에서 중요한 한 페이지가 되었다. 하지만 마윈은 회사 지분의 너무나 많은 부분을, 그가 결코 다시 만회할 수 없는 지분의 50퍼센트를 팔아 버린 것을 후회하기도 했다. 하지만 사실 마윈에게는 선택의 여지가 거의 없었다. 중국의 한 지방 도시에 기반을 둔 입증되지 않은 기업가인 그가 엄청나게 큰 규모의 세계적 금융기관과 협상에 임했으니 말이다. 공동 창립자들에게 이미 많은 지분을 분배했고 남은 부분의 50퍼센트를 투자자에게 제공했기 때문에 그의 회사 지분은 대부분의 동료들보다 훨씬 적었다. 마윈은 이후에 농담 반 진담 반으로 이 계약을 "내가 한 최악의 계약이었다."라고 말했다.

셜리는 자금 투자를 감독하는 투자위원회에 이 거래를 회부하고서 예상치 못했던 문제와 맞닥뜨렸다. 위원회가 이 거래를 승인해 주지 않았다. 골드만이 500만 달러 이상을 투자할 경우에는 투자자들의 승인이 필요하다. 그들은 이렇게 말했다. "조금 빼도록 해요." 그렇게 해서 셜리는 골드만의 지분을 33퍼센트로 줄였다. 이제 다른 17퍼센트를 투자할 투자자들을 빨리 찾아야 했다.

지금이라면 알리바바의 지분 17퍼센트(현재 가치가 수백억 달러인)를 170만 달러에 살 사람을 애써 찾으러 다녀야 한다는 자체가 터무니없는 이야기일 것이다. 현재는 100억 달러의 가치가 있으니 말이다. 결국 그녀는 벤처 TDF의 토마스 응을 끌어들였다. 그해 여름 팔로 알토에서 마윈과 조차이를 만났던 그는 50만 달러를 투자했다. '피델리티 그로스 파트너스 아시아(Fidelity Growth Partners Asia)' 역시 50만 달러를 투자했다. 조차이는 이미 그의 상관, 갈레아초 스카람피에게 회사를 떠나겠다고 말한 후였다. 그가 투자자를 찾았고 알리바바에 합류할 예정이라고 이야기하자 인베스터 AB 역시 한몫을 차지했다. 트랜스팩이 170만 달러의 나머지를 채웠고 이로써 골드만의 330만 달러와 함께 500만 달러를 맞추었다.

벤처 TDF와 피델리티를 포함한 일부 투자자들은 2014년 알리바바의 IPO 때까지 지분을 보유하고 있었고 이들의 지분은 수십억 달러의 수익을 냈다.

골드만이 이끄는 라운드가 1999년 10월 27일 마무리되었고, 이 투자로 조차이는 마윈의 오른팔로서 자리를 잡았다.

골드만이 이끈 500만 달러 라운드는 시작이었다. 하지만 투자자들이 줄을 선 중국의 세 개 포털이 지닌 활동 자금에 비하면 쥐꼬리만한 액수였다. 나스닥의 아찔한 상승세로 중국 포털사들의 가치는 8개월 만에 80퍼센트가 올라 2000년대 초 이들 세 개 회사의 시가총액은 도합 6조 7,000억 달러에 이르렀다.

중국판 야후가 되고자 했던 회사들에 이목이 집중되었다. 야후도 중국에 대한 조치에 나섰다. 1999년 9월, 당시 시가총액 360억 달러이던 야후는 중국 본토를 겨냥해 당시 중국 최대의 PC 제조업체였던 파운더(Founder)와의 제휴를 발표했다.[9] 동시에 소후, 시나, 넷이즈의 자금 조달도 늘어났다.

시나는 1999년 11월 골드만삭스와 소프트뱅크를 포함한 투자자들로부터 6,000만 달러를 조달한 것을 비롯해 세 개 포털 중 가장 많은 자금을 조성해 미국 IPO에서 우위를 점했다. 소후는 3,000만 달러를 조달했다. 창립자 찰스 장은 당시의 분위기를 이렇게 표현했다. "돈을 쓰는 게임이었어요. 얼마나 빨리 돈을 쓸 수 있는지 겨루는 것이었죠." 넷이즈의 윌리엄 딩조차 골드만삭스를 비롯한 투자자들로부터 두 라운드에 걸쳐 2,000만 달러를 조성하는 데 동의했다. 하지만 윌리엄 딩은 "사람들은 새로운 제품에 대해서는 전혀 물어보지 않습니다…그저 'IPO는 언제인가요?'라는 질문만 하죠."라며 불만을 토로했다.

10월 7일, 알리바바는 홍콩에서 열린 기자회견을 통해 새로운 버전의 웹사이트와 미국이나 홍콩 증권거래소에 설치가 논의되고 있는 성장기업시장(GEM)에 대한 IPO를 계획 중이라고 발표하여 세상의 이목을 끌고자 했다.

홍콩의 들뜬 분위기에 휩쓸린 알리바바는 본사를 항저우에서 홍콩으로 옮기겠다고 선언했다. 마윈은 홍콩에서 조차이 그리고 골드만의 컨퍼런스 룸에서 찾아낸 새 직원들과 대부분의 시간을 보내고 있었다. 항저우에 있는 알리바바의 초라한 2층 아파트와 빅토리아 하버가 내려다보이는 경관이 훌륭한 시티뱅크 플라자(Citibank Plaza)의 새 사무실은 비교도 되지 않았다.

셜리는 골드만의 포트폴리오에 새롭게 편입된 이 회사를 지원하기 위해 홍콩에서 일련의 매체 인터뷰를 소화했다. 알리바바를 알리기 위해 지역 텔레비전 방송국에도 출연했다. 그녀는 "당시 제 광동어 실력이 형편없었기 때문에 자막 처리를 해야 했습니다."라고 회상했다.

골드만이 억만장자 리카싱(李嘉誠)이 새로 지은 청쿵센터 꼭대기의 더 화려한 사무실로 이전했을 무렵, 알리바바도 호화로운 사무실을 임대했다. 은행에 들어온 골드만의 500만 달러에서 처음으로 큰 지출을 한 것이었다. 이제야 본격적으로 사업에 나설 수 있게 되었다.

알리바바의 사업은 단순했다. 중국에서 선두적 B2B 웹사이트가 되는 것이었다. 판매자와 구매자를 연결하기 위해 알리바바는 회원의 포스팅을 '의류와 패션', '전자와 전기', '산업용품' 등의 27개 산업 부문별로 정리했다. 사용자는 무료로 사이트에 가입하고 무역 거래에 대한 통지를 받은 뒤 부문이나 지역에 따라 매도나 매수 제안을 검색한다. 1999년 10월, 4,000명 이상의 사용자가 알리바바에 가입했다. 이제 가상의 게시판에 올라오는 메시지의 질을 유지하면서 훨씬 더 많은 사용자를 모아야 했다.

사이트 내의 판매자 대부분이 중국의 수출 혹은 무역 업체였다. 그중 저장 기업가들이 이끄는 업체들이 두각을 나타내고 있었다. 인터넷은 아직까지 대부분의 업체들에 생소한 존재였다. 하지만 그들은 빠르게 알리바바닷컴의 충성스런 사용자가 되었다. 대부분의 업체가 규모가 작았고 국가 소유의 무역회사에 닿을 만한 연줄이 없었다. 외진 곳에 위치해서 칸톤 페어(Canton Fair, 중국출구상품교역회) 같은 무역박람회에 참가하려면 많은 비용이 부담스러운 업체들도 있었다. 그들 사이에서 성장했고 호프 번역과 차이나 페이지를 통해 서비스를 제공했던 마윈은 이런 소규모 업체들에 필요한 것이 무엇인지 잘 파악하고 있었다. "대부분의 중소업체들은 매우 가변적입니다. 오늘은 T-셔츠를 팔다가도 내일은 화학물질을 최급할 수 있죠."

구매자를 끌어들이려면 판매업체의 목록을 정확하게 영어로 번역해야 했다. 알리바바는 항저우의 대학 졸업생 중에서 영어를 할 수 있는 편집자들을 고용하기 시작했다. 이들이 게시판에 있는 포스팅에 모든 요소가 잘 갖추어져 있는지, 이해할 수 있게 쓰여 있는지, 적절하게 분류되었는지를 확인했다. 마윈은 베이징 MOFTEC에서 얻은 인맥을 이용해서 무역 노하우를 갖춘 직원들을 고용했다. 이들에게는 외국인 바이어들이 매력을 느끼게끔 웹사이트를 만드는 임무가 주어졌다.

구매자와 판매자가 사이트에 포스팅을 하는 것은 무료였다. 이것은 커리어 내내 마윈이 지킨 중심 신조였다. "만들어 놓으면 그들이 올 것이다."라는 그의 접근법 덕에 모든 경쟁자를 깔끔하게 정리할 수 있었다. 마윈은 알리바바닷컴을 방문한 사람들로 인해 새로운 교역 모델이 주도권을 잡게 되면 웹사이트에 대한 그들의 충성심이나 '점착성'이 동시에 커질 것이라고 생각했다.

무료 정책은 사용자에게 더없이 좋은 것이지만 비즈니스 모델로서는 쉽지 않은 것이었다. 인터넷 분야에 대한 자금 지원의 광풍이 잦아드는 시기가 닥치면 알리바바는 특히 큰 영향을 받게 될 터였다. 게다가 웹사이트의 트래픽이 극적으로 늘어나면서 포스팅의 질을 유지하는 것도 큰 문제가 되었다. 알리바바가 주의를 기울이지 않았다면 주체를 못하게 될 수도 있었다. 또 다른 문제는 인재를 둘러싼 경쟁이 치열해졌다는 점이었다. 닷컴 붐 속에서 숙련된 직원이 라이벌 벤처로 이동하거나, 커지고 있는 벤처 펀딩의 풀을 활용해서 자신의 사업으로 운을 시험해 보는 일이 끊임없이 일어났다. 알리바바의 상품을 만드는 데 필요한 소프트웨어 개발자, 웹디자이너, 프로젝트 매니저를 비롯한 인재들에게 들어가는 비용이 치솟기 시작했다.

알리바바가 어려움을 이겨 내고 목표를 향해 나아갈 수 있었던 데에는 두 가지 중요한 요인이 큰 영향을 끼쳤다. 바로 항저우와 마윈이었다. 베이징이나 상하이의 회사들이 자격을 갖춘 직원들의 이직률 때문에 골치를 썩이는 것과 달리, 항저우는 이제 막 대학을 졸업한 젊은이들이 넘쳐났고, 고용주는 매우 적었다. 알리바바는 항저우가 비교적 고립된 위치에 있는 덕을 보았다. 항저우에는 직원들을 노리는 라이벌이 사실상 없었다. UT스타콤이나 이스트콤(Eastcom)과 같은 다른 기술 기업 몇 곳이 시내에 있기는 했지만 닷컴의 광풍 속에서 이들은 금방 '구(舊)경제' 벤처가 되고 있었다. 알리바바는 항저우가 상하이와는 먼 거리(당시 2시간 거리)라는 점에서도 혜택을 보았다. 빠르게 성장하는 인터넷 벤처에서 일하고자 하는 항저우의 젊고 재능 있는 엔지니어들에게 알리바바는 안성맞춤의 직장이었다.

이 때문에 인건비를 낮게 유지할 수 있었다. 베이징이나 상하이에서라면 엔지니어 한 명을 고용할 돈으로 알리바바는 두 명을 고용했다. 마윈은 실리콘밸리와 비교할 경우 그 격차가 더 극적이라고 지적했다. "실리콘밸리의 경우 프로그래머 한 명을 데려오려면 5만에서 10만 달러가 필요합니다. 그 정도의 돈이면 저는 10명의 똑똑한 프로그래머들을 만족시킬 수 있습니다."

'2선' 도시인 항저우는 부동산 가격도 저렴했다. 알리바바는 2000년 초 1만 8,600제곱미터 규모의 사무실로 이전했지만 임대료는 연 8만 달러에 불과했다. 당시의 베이징과 상하이의 임대료에 비교하면 푼돈이었다. 마윈은 베이징과 거리가 멀어져 있는 것을 좋아했다. "상하이만큼 인프라가 좋지는 못해도 중앙 정부와 가능한 한 멀리 있는 것이 낫습니다."

크레이지 잭

마윈은 팀을 꾸리면서 학교에서 최고의 성적을 거둔 사람보다는 한두 단계 아래에 있었던 사람들을 고용했다. 대학의 엘리트들은 실제 세상에서 어려움에 맞닥뜨리면 쉽게 좌절감을 느낀다는 것이 마윈의 설명이었다. 알리바바에서 일하기 위해서 고향을 등진다는 것은 간단한 일이 아니다. 우선 봉급이 적었다. 초기 직원들은 한 달에 간신히 50달러를 벌었다. 그들은 하루에 열 시간씩 휴일도 없이 일을 했다. 마윈은 통근하는 데 귀중한 시간을 낭비하지 않도록 사무실에서 10분 이상 걸리지 않는 숙소를 찾으라는 요구까지 했다.

처음부터 알리바바는 모든 직원에게 4년 단위로 회사의 주식 매수 선택권이 주어지는 실리콘밸리 스타일을 바탕으로 움직였다. 중국에서는 아직까지도 찾아보기 힘든 모습이다. 전통적으로 중국의 민영기업은 황제와 같은 사장이 직원을 사용 후 버리는 일회용 물건으로 취급하고 봉급은 독단적으로 지급하는 식으로 운영되었다.

무료 서비스 제공 덕분에 알리바바닷컴 웹사이트가 인기를 모으면서 항저우의 팀은 쏟아져 들어오는 이메일을 소화하기 위해 고투를 벌였다. 알리바바의 고객 서비스 팀은 때때로 컴퓨터를 어떻게 재부팅시키느냐와 같은 질문에 대답하는 무료 기술지원팀 역할도 해야 했다. 하지만 '고객 우선'의 신조에 집착하는 알리바바는 두 시간 내에 모든 이메일에 답을 하기로 했다.

공동 창립자 사이먼 셰(Simon Xie)는 마윈은 팀이 집중력을 잃지 않게 만드는 '문화이자 중심'이었다고 회상했다. 마윈은 정신이 번쩍 들게 하는 냉철한 메시지로 새 직원을 맞이했다.[10] 그가 잘 꺼내는 말은 이런 것이었다. "오늘은 혹독하고, 내일은 더 혹독하지만, 모레는 아름다울 것입니다. 하지만 대부분의 사람들은 내일 밤에 죽을 것입니다. 그들은 모레의 태양을 볼 수 없습니다. 하지만 알리언은[11] 모레의 태양을 반드시 보게 될 것입니다."

알리바바의 공동 창립자로 첫 인사 책임자 직책을 맡았고 이후에는 '최고 인력관리 책임자'가 된 루시 펑 역시 고용 과정과 회사 문화 형성에 중요한 역할을 했다. 2000년 하버드 경영대학원이 실시한 알리바바에 대한 사례 연구에서 그녀는 "알리바바의 직원들에게는 경험이 필요치 않습니다. 그들에게 필요한 것은 건강한 몸과 건전한 정신과 좋은 머리입니다."라고 말한 바 있다.

웹사이트의 회원이 늘어남에 따라 중국의 기업들은 사이트를 이용해 외부 세계와 접촉하는 것은 물론 그들 서로 간에 유대를 구축하기 시작했다. 이에 지역 간 교육의 단초를 찾는 중국 내 도매업자들을 위한 중국어 시장이 출범했다.[12]

그러나 알리바바는 여전히 전자상거래 쪽으로 전향하는 사람들을 찾는 데 어려움을 겪고 있었다. 컴퓨터를 사는 비용이 높아서 망설이는 사람도 있었고 IT에 대해 충분한 지식을 가진 인력을 찾지 못한 사람도 있었다. 더 큰 장애물은 전반적인 신뢰의 부족이었다. 공급업체들은 만난 적도 없는 고객이 주문 대금을 지급하지 않으면 어쩌나 걱정했다. 반면에 해외의 구매자들은 흠이 있는 물건이나 모조품이 올까 봐 혹은 수송 자체가 이루어지지 않을까 봐 염려했다.

마윈이 매체에서 "우리는 사업가들이 만날 수 있는 플랫폼일 뿐입니다. 법적인 책임은 지지 않습니다."라고 말하면서 강조했듯이, 이것은 마술 지팡이를 흔들어서 사라지게 할 수 있는 위험이 아니었다. 알리바바는 기업들을 위한 플랫폼으로서의 역할에 계속 집중했다. 하지만 미트차이나와 같은 다른 업체들은 시장조사, 공급업체에 대한 신용조사, 품질검사, 운송, 보험, 결제 등의 영역으로의 확장을 홍보했다.

마윈은 시기상조라고 주장했다. "중소업체들은 아직 온라인 거래를 신뢰하지 못하고 있습니다. 우리는 소규모 업체는 기존의 은행 시스템만으로도 충분하다고 생각합니다. 회원사들은 오프라인 거래가 쉽다고 여기는 한 오프라인 거래를 선호할 것입니다."

알리바바는 투자자들이 이해할 수 있는 방식으로 스스로를 규정하기 위해 애를 썼다. "우리는 아직 명확하게 규정된 비즈니스 모델을 갖고 있지 않습니다."라고 마윈은 솔직히 인정했다. "야후는 검색 엔진, 아마존은 서점, 이베이는 경매센터라면, 알리바바는 전자시장입니다. 야후와 아마존이라고 해서 완벽한 모델은 아닙니다. 우리는 무엇이 최선인지 알아내기 위해 계속 노력 중입니다."

골드만의 돈이 도움이 됐지만 무료 회원들을 대상으로 한 사업에 전념하려면 더 많은 자금이 필요했다. 새로운 홍콩 사무실과, 알리바바가 중국의 새로운 본사 역할을 할 것이라고 발표한 상하이 사무실 개설은 큰 부담이 되었다. 알리바바는 더 많은 고객을 유치하기 위해 호텔 연회장을 빌려 중소업체들의 모임을 개최하고 비슷한 업계에 속한 회사들끼리 같은 테이블에 앉도록 조정했다.

인터넷 붐의 정신없는 속도와 거품이 곧 꺼질 것 같다는 필연적인 느낌에도 불구하고, 마윈은 불안한 징조들을 등지고 나아갔다. 나는 1999년 말과 2000년에 항저우를 여러 차례 방문했고 알리바바가 레이크사이드의 아파트에서 자라나 일련의 커다란 사무실로 성장해 가는 모습을 지켜보았다.

항저우를 방문하는 것은 언제나 즐거웠다. 마윈과 시간을 보내는 것은 예외 없이 아주 재미있었다. 여러 번의 방문에도 도시 여러 곳을 관광하는 재미를 놓치지 않았다. 한번은 마윈의 아내 장잉이 용정차(龍井茶) 농장으로 데리고 갔다. 인근의 대나무 숲을 걸으며 베이징 방문 후 모처럼 신선한 공기를 만끽하기도 했다.

마윈은 현재 업계와 투자 관련 컨퍼런스에서 강연을 하며 대부분의 시간을 항저우에서 멀리 떨어져 보낸다. 2000년 1월 우리 두 사람은 하버드 대학에서 한 학생이 마련한 행사에서[13] 강연을 요청받았다. 나는 컨퍼런스에 앞서 마윈을 만났다. 찰스 강 둑을 따라 걷던 중에 나는 마윈의 수행원 중 한 명이 그 장면을 촬영하고 있는 것을 알아차렸다. 이후 그 사람이 그 일을 오래 전부터 해 오고 있다는 것을 알게 되었다.

컨퍼런스에는 다른 많은 중국 인터넷 기업가들이 참석했다. 대부분이 마윈보다 뛰어난 학문적 배경을 가지고 있었다. 하버드를 졸업한 이력을 가지고 있는 이치넷의 샤오이보와 같이 최근 중국으로 돌아온 이들도 있었다. 차이나닷컴의 피터 입도 그 자리에 있었다.

하지만 그 행사의 스타로 떠오른 것은 마윈이었다. 알리바바의 비즈니스 모델이 무엇인지 전혀 모르겠다고 청중들에게 털어놓고 "그런데도 골드만삭스의 투자를 받았죠!"라고 덧붙였을 때 청중들은 열광적인 반응을 보였다.

마윈은 하버드에서 주목을 받았다는 사실에 매우 기뻐했다. 〈타임〉지가 그 직후 그에게 지어 준 '크레이지 잭(Crazy Jack, 미친 마윈)'이라는 별명도 무척 마음에 들어했다. 그는 특히 한때 하버드 입학을 거절당했지만 이후 연사로 초청을 받은 인생 역전에 대해서 이야기하며 즐거워했다.[14] "저는 하버드에서 교육을 받지는 못했지만…하버드에 가서 그들을 가르쳤죠."

마윈은 경영대학원을 경멸했다. "MBA 공부는 필요 없습니다. 대부분의 MBA들은 쓸모가 없어요…MBA를 마치고 나서 학교에서 배운 것을 잊어야지만 쓸모 있는 사람이 될 겁니다. 학교는 지식을 가르치지만 사업을 시작하는 데는 지혜가 필요하기 때문입니다. 지혜

는 경험을 통해 얻어집니다. 지식은 열심히 일을 함으로써 얻을 수
있습니다."

소프트뱅크의 투자

마윈이 하버드에서 그토록 기분이 좋았던 것은 알리바바에 일어
난 또 다른 획기적 사건을 발표하기 직전이었기 때문이기도 했다. 일
본의 투자회사인 소프트뱅크로부터 2,000만 달러의 펀딩을 받게 된
것이었다.

이것과 이후의 투자로 소프트뱅크는 알리바바의 최대 주주가 되
었다. 이 거래가 시작된 것은 알리바바에 투자한 골드만삭스 덕분이
었다. 소프트뱅크가 중국에 투자할 기회를 엿보고 있을 무렵, 당시
'골드만삭스 재팬'의 사장 마크 슈워츠(Mark Schwartz)가 소프트뱅크의
창립자 마사요시 손에게 골드만이 중국 IT 분야 투자를 늘리고 있다
는 이야기를 전했다.

1999년 10월, '소프트뱅크 차이나 벤처캐피털(SoftBank China
Venture Capital)'의 사장 천시셰이는 중국 신생 기업들과 일본의 억만
장자 마사요시 손 간의 만남을 주선했다. 여기에 초대된 여러 기업가
중에는 마윈도 있었다. 두 사람은 베이징에 있는 푸화 맨션에서 만
났다.

웨딩케이크를 연상시키는 푸화 맨션은 지속적인 파트너십의 시작
을 알리는 만남의 장소로 아주 적합했다. 이 두 회사의 관계를 통해
마사요시 손은 일본 최고의 갑부가 되었고, 닷컴 붕괴 몇 달 전에 이
루어진 손의 지원으로 알리바바의 운명은 바뀌었다.

마사요시 손

친구들에게 '마사'로 불리는 마사요시 손은 마윈과 몇 가지 공통점이 있다. 두 사람 모두 키가 작고 포부가 매우 큰 것으로 유명하다.

손은 마윈보다도 더 어려운 환경에서 성장했다. 일본 최남단의 섬 큐슈에서 태어난 손은 주소조차 없는 판잣집에서 살았다. 아버지는 돼지를 치는 농사꾼이었고 부업으로 밀주를 제조했다. 손은 한국 핏줄이라는 이유로 괴롭힘을 당했고 일본 성(姓)인 야수모토(Yasumoto)로 개명을 강요당했다. 손은 16세에 밝은 미래를 찾아 북부 캘리포니아로 이주했다. 친구, 가족들과 그곳에 머물며 샌프란시스코 남쪽의 데일리 시티에 있는 세라몬테 고등학교에 다녔고, 이후 캘리포니아 대학 버클리 캠퍼스에 입학했다. 그곳에서 손의 기업가로서의 경력이 시작되었다. 그의 가장 성공적인 벤처는 공항 키오스크에서 팔리는 음성 작동 번역장치를 만든 것이었다. 손은 그 기술을 고안하고, 장치를 만들어서 50만 달러에 샤프전자에 팔았다. 손은 미국에 팩-맨(Pac-Man)과 스페이스 인베이더(Space Invader) 게임 콘솔의 초창기 모델을 수입했다. 이들 게임 콘솔이 인기를 끌자 손은 콘솔을 노스 버클리의 스시바, 요시(Yoshi's, 현재 베이 에리어의 유명 재즈 클럽이다) 등 그 지역의 술집과 식당에 대여했다. 버클리에서 그는 루훙량을 만나 고용하기도 했다. 루훙량의 벤처, 유니테크 인더스트리[Unitech Industries, 1994년 유니테크 텔레콤(Unitech Telecom)으로 이름을 바꾸었다]는 이후 1995년 소프트뱅크가 투자했던 항저우 기반의 기술 벤처 UT 스타콤의 일부가 되었다. 1980년대 초 일본으로 돌아간 후, 손은 소프트웨어 유통 회사를 시작했다. 벤처를 시작하면서 그는 마윈의 억누를 수 없는 긍정주의를 떠올리게 하는 장면을 연출했다. 당시 두 명뿐이었고 두 사람 모두 파트타임으로 일하던 직원들 앞에서 배송 박스에 올라가 그들의 새로운 벤처가 10년 안에 500억 엔(30억 달러)의 매출을 올리게 될 것이라고 단언했다.

처음 마윈을 만났을 때 손은 이미 엄청난 부호였다. 그는 신속한 결정을 내리는 것으로 유명했다. 그가 최고의 선견지명을 발휘한 것은 1995년의 야후 투자였다. 야후가 1996년 상장되었을 때 소프트뱅크는 37퍼센트의 지분을 가진 최대 투자자였다. 손은 소프트뱅크가 야후의 일본 내 독점 파트너가 되는 협상도 성사시켰다. 이 계약은 그에게 또다시 수백 억 달러를 안겨 주었다.

손을 만난 마윈은 마음이 맞는 사람을 찾았다고 느꼈다. "우리는 매출에 대해서 이야기하지 않았습니다. 비즈니스 모델에 대해서도 말하지 않았죠…우리는 서로가 공유하고 있는 비전에 대해서만 대화를 나누었습니다. 우리 모두 판단이 빠른 사람들이죠." 마윈이 회상했다.

"마사요시 손을 만나러 갔던 날 저는 양복을 입고 있지 않았습니다…5~6분 후 그는 나에게 호감을 보이기 시작했고 저도 그에게 호감을 갖기 시작했습니다…주위에 있는 사람들은 우리가 소울 메이트라고 말했습니다."

첫 만남에서 마윈이 10만 회원을 거느리고 있는 알리바바에 대한 설명을 마치자, 손은 바로 소프트뱅크가 얼마를 투자할 수 있는가에 대한 이야기로 대화를 전환했다. "저는 마윈 씨의 이야기를 5분간 듣고 그 자리에서 알리바바에 투자하겠다는 결정을 내렸습니다." 손이 회상했다. 손은 마윈의 프레젠테이션을 중단시키고 그에게 소프트뱅크가 "돈을 즉시 내놓을 생각이니 알리바바는 소프트뱅크의 돈을 빨리 받아야 할 것"이라고 말했다. 2014년 알리바바의 IPO가 있을 즈음에 손은 2000년 마윈에게 베팅을 하게 한 이유가 무엇이었느냐는 질문을 받았다. "그의 눈빛이었습니다. 그것은 '동물적인 감각'이었습니다…직원이 대여섯에 불과한 야후에 투자했을 때와 마찬가지였습니다…저는 제 감각에 의존해서 투자를 합니다."

이런 충동성은 손을 대표하는 특징이었다. "마사는 마사입니다. 그는 ADD(주의력결핍 과잉행동장애)를 가지고 있고 한 자리에 가만히 있지 못하죠. 그는 당신에게 돈을 주고 싶을 뿐입니다. 당장…당장 말입니다!" 이전에 손과 함께 사업을 했던 사람의 말이다.

베이징에서 첫 만남이 있고 몇 주 후, 손은 계약을 마무리 지으려고 마윈을 도쿄로 초청했다. 조차이가 동행했다.

두 사람이 손의 사무실에 들어서자마자 협상이 시작되었다. 마윈은 후에 이 회의를 무술을 빗대 설명했다. "협상의 고수들은 이야기를 하지 않고 듣기만 합니다. 이야기를 많이 하는 사람들은 이류입니다. 진정한 고수는 이야기를 듣습니다. 그가 검을 움직이자마자 상대는 완전히 무너지죠."

이 여행 전에 소프트뱅크 차이나의 천시셰이를 만났던 조차이는 나에게 회의에 대해 자세히 이야기했다. "골드만과 다른 펀드들은 알리바바의 가치를 1,000만 달러로 평가하면서 회사 주식의 절반인 500만 달러를 투자했었습니다. 마사는 회사의 40퍼센트로 2,000만 달러를 제의하면서 협상을 시작했습니다. 이는 알리바바의 '투자 후 기업가치'를 5,000만 달러, '투자 전 기업가치'를 3,000만 달러로 평가한 것입니다. 단 몇 주 만에 골드만의 투자가치가 세 배로 늘어났죠."

조차이와 마윈은 서로를 쳐다보면서 '와, 세 배나 되잖아!'라고 생각했다. 조는 이렇게 회상했다. "하지만 이후 우리는 주식을 지나치게 많이 포기하고 싶지는 않다고 생각했습니다. 그래서 마윈이 '마사, 저희는 거기에 동의할 수 없습니다.'라고 말했죠. 마사는 계산기를 가지고 있었습니다. 그는 말 그대로 그 자리에서 계산기를 두드렸습니다. 여전히 마사는 40퍼센트를 원했습니다. 그러더니 이렇게 말했죠. '그렇다면 액수를 두 배로 하면 어떻겠소. 40퍼센트에 4,000만 달러를 넣겠소.' 그 액수는 투자 전 기업가치를 6,000만 달러로 본다는 의미였습니다."

마윈과 조차이는 더 생각할 시간을 갖자고 제안했다. 중국으로 돌아온 마윈은 손에게 4,000만 달러의 투자를 거절하는 이메일을 썼다. 대신 그는 30퍼센트에 2,000만 달러를 제안했다. 그리고 이렇게 덧붙였다. "이 조건에 동의하신다면 일을 추진하겠습니다. 그렇지 않다면 계약은 이것으로 끝입니다." 마윈은 이후 엄청난 액수의 투자를 거절한 이유를 설명했다. "제게 왜 그런 큰돈이 필요할까요? 저는 그것을 어떻게 써야 할지도 몰랐습니다. 분명 문제가 되었을 겁니다." 손의 답장을 오래 기다릴 필요는 없었다. 답장은 한마디였다. "추진하시오."

마윈은 "그런 투자자를 찾는 것은 대단히 어려운 일입니다."라고 인정하면서 손과 연결된 것은 행운이었다고 말했다. 마윈은 그들 관계의 역학에 대해서 이렇게 말했다. "저는 마사를 세계 최고의 사업가라고 생각합니다. 투자에 대해서 대단히 예리하죠." 하지만 마윈은 손이 훌륭한 운영자(operator)이기도 하다고 덧붙였다. "투자자에서 운영자로 전환하는 것은, 그것도 좋은 투자자의 역할을 하는 동시에 운영자 역할을 하는 것은 쉽지 않은 일입니다. 제 경우는 운영자일 뿐이죠. 저는 기업가인 것이 좋습니다. 저는 좋은 투자자는 아닙니다."

마윈은 외모에 대해서도 농담을 하곤 했다. "저와 손 사이의 차이는 저는 대단히 똑똑해 보이지만 사실 그렇지 않고, 그는 전혀 똑똑해 보이지 않지만 대단히 현명한 사람이라는 데 있습니다."

알리바바의 초기에 직원으로 일했던 서우위안은 두 창립자 겸 CEO 사이의 관계에 대해 흥미로운 의견을 내놓았다. "손은 자신감이 대단히 강해서 거만하기까지 합니다. 하지만 아주 얌전하고 겸손해 보이죠. 그는 미치광이입니다. 마윈 역시 미치광이죠. 미친 사람들이 서로에게 끌리는 것은 아주 흔한 현상입니다."

계약을 발표하면서 손은 그 투자를 엄청난 성공을 거둔 야후에 대한 투자와 비교했다.

"우리는 알리바바를 제2의 야후로 만들고자 합니다…저는 알리바바가 글로벌 브랜드가 되는, 세계적으로 대단한 성공을 거두는 최초의 중국 인터넷 기업이 될 것이라고 확신합니다. 그런 일을 할 생각에 매우 설렙니다."

두 회사는 알리바바 코리아(Alibaba Korea)를 위한 조인트 벤처가 2000년 6월에 출범할 것이라는 발표도 덧붙였다. 이 벤처는 한국 업체들의 공격을 막고 일본 사이트 구축 계획도 마련할 예정이었다.

이 계약은 알리바바로서는 전환적인 사건이었고 축하할 일이었다. 회사를 설립한 지 채 1년이 되지 않아 마윈과 조차이는 세계에서 가장 크고 유명한 투자사로부터 2,500만 달러를 유치했다.

대가가 따르지 않았던 것은 아니다. 소프트뱅크에 대한 30퍼센트의 지분 매각은 골드만삭스에 대한 50퍼센트 지분 매각의 바로 뒤에 이루어졌고 이는 마윈의 지분이 심각하게 줄어들었다는 의미였다.

하지만 소프트뱅크의 알리바바 투자는 중국에서 세 개의 중국 인터넷 포털이 미국 IPO의 준비를 마쳤다는 소식만큼이나 큰 반향을 불러일으켰다. 소프트뱅크와의 계약은 알리바바에게 보험의 역할도 해 주었다. IT 투자 붐이 얼마나 계속될지 누구도 확실히 예측할 수 없었다. 소프트뱅크의 2,000만 달러 투자로 알리바바는 이륙에서 미래의 수익 달성에까지 이르는 훨씬 긴 '활주로'를 마련할 수 있었다.

마윈은 실리콘밸리에서도 주목을 받고 싶어 했다. 소프트뱅크로부터 2,000만 달러 투자를 유치한 직후, 마윈은 야후의 고향인 캘리포니아 산타클라라로 향했다. 존 우(John Wu)—마윈이 차이나 페이지에서 일할 때 처음 만났던 야후의 중역—를[15] 만나 알리바바의 최고 기술책임자 자리를 제안하기 위한 여행이었다. 야심찬 권유였다. 마윈은 봉급이 50퍼센트나 적은 항저우의 위험한 신생 업체를 위해 실리콘 밸리에서 가장 핫한 회사를 떠나라는 제안을 했다.

존은 마윈에게 불안감을 숨기지 않았다. "야후는 잘나가고 있었습니다. 부모님도 미국으로 이민을 왔죠. 그런 가능성을 생각해 본 적이 없었습니다." 특히 가족을 떠나 중국으로 돌아가는 것만은 피하고 싶었다. 마윈은 캘리포니아 프리몬트에서 알리바바의 R&D 팀을 운영하는 일을 제안했고 존은 그 제안을 받아들였다.

영어 교사 출신인 마윈은 기술에 대한 자신의 무지가 알리바바에서 복제되지 않도록 하는 데 만전을 기했다. "일류 회사가 되려면 일류 기술이 필요합니다. 존이 온다면, 저는 발을 뻗고 잘 수 있을 겁니다." 존 우를 고용함으로써 마윈은 자신의 벤처에 야후의 황홀한 매력을 좀 더 얹을 수 있었다. 기자회견장에서 마윈의 옆에 앉은 존은 알리바바를 새로운 형태의 야후라고 표현했다. "야후의 검색 엔진은 수백만의 사람들이 인터넷의 바다를 서핑하는 방식으로 형성되었습니다. 이제 알리바바의 전자상거래 플랫폼은 사람들이 온라인으로 사업을 하는 방식을 근본적으로 변화시킬 것입니다." 〈로스앤젤레스 타임스〉는 "실리콘밸리의 주전을 끌어들인 중국 신생 업체의 능력 덕분에 업계의 최고 지성들에게도 중국이 인터넷 분야에서 궁극의 미개척지라는 주장이 먹혀들게 되었다."라고 논평했다.

존은 야후에서 알리바바로 옮겨 간 이유가 알리바바의 아이디어가 독창적이었기 때문이라고 설명했다. "중국의 다른 선구적 인터넷 기업의 경우, 거의 모든 기업들이 미국에 이미 존재하고 있는 비즈니스 모델을 복제하고 있습니다." 골드만삭스의 셜리 린은 알리바바가 가진 '지역성'에 끌렸다. 존 우도 같은 장점을 발견했다. "미국에서 공부하고 중국으로 돌아온 사람들이 시작한 인터넷 회사는 많습니다. 마윈은 다릅니다. 그는 평생 중국에 있었죠."

새롭게 들어온 자금과 인력, 그리고 웹사이트에 가입한 15만 명이 넘는 188개국의 회원으로 알리바바의 사정은 아주 좋아졌다. 그러나 차오를 대로 차오른 거품은 이제 붕괴 일보 직전이었다.

제 8 장

거품의 붕괴,
다시 중국으로

마지막까지 버티는 사람이 되자.

– 마윈

2000년 봄, 하루에 1,000명 이상의 회원이 알리바바에 가입하고 있었다.

중국의 공급업체를 세계의 구매자와 연결한다는 것은 좋은 아이디어임이 분명했다. 하지만 같은 아이디어를 내세운 다른 회사들이 급증하고 있었고 그중에는 적극적으로 자금을 조달하는 곳도 있었다. 미트차이나는 1,100만 달러를 조달했고(그중 일부는 소프트뱅크에서 나온 것이었다) 그해 매출 목표를 1,000만 달러로 잡고 IPO 계획을 발표했다. 무역 전문 잡지를 발행하던 글로벌 소시스(Global Sources)는 골드만삭스를 고용해서 나스닥 IPO를 준비하고 있다고 발표했고 중국에서의 고용을 강화했다.

알리바바가 자본 조달에 성공하는 것을 본 후 다른 도전자들의 가담이 늘어났다. 많은 기업가들이[1] B2B 전자상거래 쪽으로 선회하고 있었다.

경쟁이 심해지고, 자금에 여유가 넘쳤던 알리바바는 확장에 박차를 가했다. 소프트뱅크의 투자가 있고 몇 개월 후, 회사는 중국 본토,

홍콩, 새로 영입한 CTO 존 우가 미국 진출을 위해 전초기지로 만든 캘리포니아 프리몬트의 직원 채용에 나섰다.

정부의 모호한 입장

IPO에 대한 억측은 늘어 갔다. 하지만 상장 가능성이 가장 높은 회사들, 즉 세 개의 중국 포털들은 문제에 직면했다. 그들의 성공으로 소비자 인터넷이 정부가 예상했던 것보다 빠르게 보급되었다. 400만의 인터넷 사용자는 13억 인구에 비교하면 새발의 피였다. 하지만 포털, 특히 이메일과 뉴스가 대중화되는 상황이 오자 대중의 통제에 신경을 곤두세우고 있던 정부는 점점 불안해졌다.

중국 공산당 내에서 인터넷을 어떻게 다루어야 하느냐를 두고 논란이 불붙었다. 보수주의자들은 인터넷이 미국 방위기관의 프로젝트에서 유래되었다고 지적했다. 그들은 전기통신 분야와 출판, 라디오, 영화, TV 부문에 대한 외국인 투자가 극히 제한적으로 이루어지는 상황에서 단지 새롭다는 이유만으로 인터넷 기업들을 그런 구속에서 예외로 할 수 없다고 주장했다. 인터넷을 관장하는 '인터넷부'가 없고 인터넷이 너무도 많은 분야를 건드리다 보니 기존 규제기관들 사이에서 영역권 다툼이 시작되었다. 중국의 규제기관들은 영역 표시를 위해 기관별로 규칙적으로 규제에 나서고 있다. 이를 보여 주는 것이 중국의 '만리장성 방화벽(Great Firewall of China)'이다. 인터넷이 중국에 상륙한 이래 정부는 국가나 공산당의 지배에 위협이 된다고 생각하는 콘텐츠를 걸러 내기 위해 만리장성 방화벽을 구축하고 있었던 것이다.

그러나 또 한편으로, 정부는 전기통신 인프라에 대한 대규모 투자를 통해 중국 경제의 발전에 필수 요소인 정보화(informatization, 信息化)를 적극적으로 지원하고 있었다. 거의 모두가 엔지니어 교육을 받은 무소불위의 공산당 중앙위원회는 중국에 '지식경제'가 필요하다는 데 합의하고 있었다.

새로운 기술에 적응하는 데 무능하다는 것은 곧 재난을 의미할 수 있다. 청 왕조의 몰락은 현대적인 군사와 산업기술에 적응하지 못해 서구 강대국의 힘에 밀려 취약해진 데에도 원인이 있었다. 일부 중국인들은 소비에트연방이 쓰러진 이유도 반도체, 컴퓨터, 소프트웨어 산업과 같은 실리콘밸리의 기술 발전을 따라잡지 못했기 때문이라고 말한다.

하지만 중국 정부는 인터넷이 '정보사회'라는 서구적 개념을 도입할 것이라는 생각을 거부하고 공산당에 실제적인 위협이 될 것이라고 확신했다.

해외 투자가 없다면 어떻게 중국 인터넷 기업가들이 벤처를 일굴 자금을 마련할 수 있을까? 그들을 국내 자금 루트에만 제한하는 것은 비현실적이었다. 중국의 벤처캐피털 시장은 유아기였고 주식시장은 국영기업이 지배하고 있었다. 어쨌든 상하이와 선전증권거래소에는 적어도 연혁이 3년 이상인 수익성이 있는 기업이 필요했다. 중국의 인터넷 기업들은 모두가 신생 업체였고 적자 경영을 이어 가고 있었다.

중국은 실리콘밸리이되, 정부가 요구하는 조건을 기반으로 하며, 통제가 가능한 실리콘밸리를 원했다. 하지만 인터넷은 전반적인 원칙보다 세부적인 데에서 출발하며 광역성을 갖기 때문에 중국의 전통적인(제국주의와 레닌주의 모두에서) 정보 관리에는 해가 되는 존재였다. 그런데 온라인으로 몰려드는 사람들에게는 바로 이점이 인터넷의 주된 매력이었다.

베이징의 고에너지물리학연구소와 스탠퍼드 대학 사이의 첫 연결을 성사시킨 쉬룽성 교수는 인터넷의 영향을 중국에서 폭발한 '정보 폭탄(information bomb)'이라고 표현했다. 또 다른 주목할 만한 발언은 "인터넷은 신이 중국에 준 선물"이라는 말이다. 이 말은 투자자들과 반체제 인사² 모두의 공감을 얻었다.

정부는 인터넷을 멈출 수는 없지만 성장을 돕자니 두려웠다. 그렇다면 어떻게 해야 할까?

외국 회사로 분류되지도 않고 중국 내 기업과 분리되지도 않은 중국 인터넷 기업가들은 해외에서 어떻게 자금을 조달해야 할까? IPO에 대한 정부의 승인을 확보하면서 이 모순을 해결하기 위해 세 개 포털은 갖가지 왜곡된 수완을 발휘했다. 심지어 자신들이 인터넷 기업이 아니라고 주장하기도 했다.

몇 달에 걸친 논란 끝에 'VIE' 즉 '변동지분실체(variable interest entity)'라는 결론이 도출되었다. 이 복잡한 개념은 많은 수임료를 끌어낼 수 있어서 중국의 기업 변호사들에게 많은 사랑을 받았다. 현재까지도 사용되고 있는 이 개념으로 중국 정부는 인터넷의 번성을 허용하면서도 통제를 유지할 수 있게 된 것이다. 알리바바 투자자들 사이에서는 VIE가 실제로 투자자들을 보호하고 있는지에 대한 논쟁이 계속되고 있다. 이 구조를 이용하면 해외 투자자들은 중국 기업이 창출하는 수익에 대해 어느 정도의 지배권을 허용받고(복잡한 연동계약 마련을 통해), 중국 기업은 중국 기업 창립자들의 개인적인 참여를 통해 계속 중국 회사로 남을 수 있다.

시나(Sina)와 신식산업부(Ministry of Information Industry, MII)의 중

개로 다른 기관들 사이에서 타협이 이루어졌다. MII 장관 우지촨은 이전에 모든 포털의 IPO를 막았다. 하지만 VIE는 그러한 정체를 해소시켰다. '정보화' 추진의 설계자인 우지촨은 큰 영향력을 행사하고 있었다. '정보화' 계획을 통한 인프라 투자 없이는 중국의 인터넷 붐은 불가능했을 것이다. VIE는 아이러니하게도 몇 년 전 우지촨이 선두에 서서 해체한 다른 복잡한 투자 구조에서[3] 유래된 것이다.

2000년 4월 13일, 세 개 중국 포털 중 하나가 처음으로 IPO에 성공했다. 시나는 나스닥에서 6,800만 달러를 조달했고 넷이즈와 소후도 곧 그 뒤를 따랐다.

하지만 포털이 공개 기업으로 태어나는 과정은 몹시 힘들었다. 거품이 꺼졌기 때문이다.

거품 무도회 그리고 파열

2000년 3월을 정점으로 나스닥은 2년간 연패의 늪에 빠졌다. 시장에서 수조 달러가 증발하고 그와 함께 많은 IT 기업이 해체되었다. 넷이즈의 주가는 2000년 거래 첫날 20퍼센트 하락했다. 소후는 7월에 간신히 IPO에 성공했지만 그 이후 3년 이상 중국 인터넷 기업의 상장은 없었다. 투자자들이 다시금 수익과 이윤을 우려하게 되면서 알리바바를 비롯한 다른 중국 인터넷 기업의 IPO 기회는 사라졌다.

시장이 막 무너지기 시작하던 때, 나는 베이징의 인터넷 월드 컨퍼런스의 부가 행사로 캐피털 클럽이라는 비즈니스 클럽에서 파티를 열었다. 장난삼아 파티의 이름을 '비눗방울(Bubble Ball)'이라고 붙였다. 사람들은 거품이 꺼질 때까지는 스스로가 거품 안에 있다는 것을 결코 모른다고 말한다. 하지만 2000년 봄, 모든 것이 급정거 직전이라는 인식이 커지고 있었다.

내가 생각하는 거품 파열의 계기는 〈타임〉이 2000년 2월 28일 중국 인터넷 시장을 다룬 표지 기사 "스트러글닷컴(struggle.com)"을 싣고 몇 주 후 발생한 사건이었다. 이 기사는 〈타임〉의 저널리스트 테리 매카시에게 내가 직접 전한 이야기로 시작되었다. 내가 포털 선구자 중 한 사람과 처음 가진 만남에 대한 에피소드였다.

중국 최대의 인터넷 포털, 넷이즈의 윌리엄 딩은 지난 여름 베이징의 한 식당에 친구와 함께 있었다. 어딘가 불편해 보이던 그는 친구에게 신경을 건드리는 게 있다고 이야기했다. 냉방이었다. 너무 추웠다. 독학으로 컴퓨터를 익힌 딩은 대화를 이어 가며 전자수첩을 꺼내더니 방 건너편의 에어컨을 향해 들고 온도를 조절하기 시작했다. 친구의 입이 떡 벌어졌다.

〈타임〉의 기사가 실리고 몇 주 후 상하이에 있는 식민 시대 스타일의 맨션에서 화려한 디너파티가 벌어졌다. 이 자리에서 한 투자자가 내게 와서 믿을 수 없는 이야기를 들려주었다. 〈타임〉에 실린 이야기에 등장하는 '딩의 그 친구'가 바로 (내가 아닌) 그 파티의 주최자라는 것이다. 투자은행의 고위 간부이기도 한 그 파티의 주최자가 자신이 바로 딩의 '그 친구'라고 털어놓는 광경을 목격했다며 그는 흥분을 감추지 못했다. 황당한 기분은 둘째 문제였다. 은행가들이 기업가와의 친분을 지어내야 할 정도라면 인터넷 붐이 끝날 날이 머지않았다는 생각이 들었다.

거품이라는 표현은 내가 상상했던 것보다 훨씬 더 적절했던 것으로 드러났다. 마윈도 그 파티에 와서 새벽까지 춤을 추었다. 소후의 찰스 장, 넷이즈의 윌리엄 딩을 비롯한 400명이 파티에 참석했다. 이 행사는 결국 오래가지 못한 개츠비 스타일 파티의 마지막을 장식하게 되었다. CNN과 오스트레일리아 방송사 ABC가 그곳에서 파티 장면을 담았다. 지금 보면 선명치 못한 그 영상은 그때가 얼마나 오래전이었으며 동시에 얼마나 윤택함이 흘러넘쳤는지 돌아보게 한다.

거품의 파열은 알리바바에게 좋은 기회였다. 마윈은 이렇게 말했다. "저는 항저우에 있는 사무실에 전화를 걸어서 '그 흥미진진한 나스닥 소식은 들었어?'라고 말했습니다…샴페인으로 축배라도 들고 싶은 심정이었습니다. 시장의 건전성에는 좋은 소식입니다. 우리 같은 기업들에게는 아주 좋은 일이죠."

그는 IPO의 문이 닫혔기 때문에 벤처 투자자들이 알리바바의 경쟁자들에게 자금을 대는 일도 끝날 것이라고 확신했다. "다음 3개월 동안 중국 인터넷 기업의 60퍼센트 이상이 문을 닫을 것입니다." 그러면서 마윈은 알리바바는 조성한 2,500만 달러 중 500만 달러만 썼을 뿐이라고 덧붙였다. "두 번째 라운드의 펀딩에는 손도 대지 않았습니다. 우리 탱크에는 기름이 가득 차 있죠."

인터넷 분야의 개방과 함께 알리바바는 외국인 직원의 고용을 늘려 회사를 해외 구매자들에게 알렸다. 마윈은 전 세계를 여행하면서 무역박람회에 참석하고 상공회의소 사람들을 만났다. 마윈은 미국에 아주 익숙해진 상태였다. 하지만 유럽으로의 첫 여행에서 큰 문화적 충격을 받았다. 나는 알리바바의 유럽 확장 전략에 자문을 하면서 마윈에게 내 친구인 스위스인, 아비르 오리비를 소개했다. 그는 알리바바의 유럽 사업을 8년 동안 관리했다. 마윈은 런던 첫 방문에서 그 유명한 콘노트 호텔을 예약했지만 왜 그렇게 오래된 건물에 묵어야 하는지 이해하지 못했다. 취리히에서 마윈과 장잉은 모든 상점이 문을 닫은 데 당황했다. 아비르는 일요일이라고 설명했지만 "아 그렇군요. 오늘은 모두 부업을 하는가 봐요."라는 장잉의 대답을 들어야 했다. 쉬지 않고 일하는 중국 문화에 익숙한 장잉은 가게 주인이 하루 온종일을 쉰다는 것을 상상할 수 없었다.

알리바바는 광고도 강화했다. 회사의 상징인 오렌지 색상이 인쇄 매체와 포털을 비롯한 중국의 온라인 매체를 순식간에 뒤덮었다. 알리바바는 CNBC와 CNN에 화려한 텔레비전 광고를 냈다. 중국에 기반을 둔 신생 기술 기업으로서는 최초였다. 최근 홍콩 알리바바에 합류한 미국인 임원, 토드 다움(Todd Daum)은 이 광고 비디오의 제작을 감독했다. 마윈은 장난삼아 그에게 이 비디오가 "내가 포레스트 검프 다음으로 좋아하는 비디오"라고 말했다.

마윈은 TV 광고 캠페인과 함께 알리바바의 가장 효과적인 마케팅 수단으로서의 역할을 계속했다. 닷컴의 침체에도 불구하고, 사람들은 그의 강연을 들으러 밀려들었다. 2000년 5월, 홍콩 푸라마 호텔에서 열린 I&I(Internet & Information Asia) 행사에서 연설을 할 때는 500명 이상의 사람들이 참석했다. 스페인 바르셀로나에서 열린 인터넷 행사에는 세계적인 인터넷 전문가로 참석하면서 마윈의 해외 인지도도 높아졌다. 알리바바의 회원이 30만을 넘으면서 마윈은 〈포브스 글로벌〉 표지에 등장했다. 여기에서 알리바바는 글로벌 소시스와 함께 "최고의 B2B 전자상거래 웹"이라고 소개되었다. 이어 〈이코노미스트〉는 "마윈, 왕이 될 자(The Jack Who Would Be King)"라는 제목으로 마윈을 소개했다.

주식시장의 하락세가 계속되면서 모든 종류의 인터넷 기업에 대한 열의가 시들기 시작했다. 2000년 8월, 넷이즈의 주식은 IPO 가격의 1/3까지 추락했고 소후 역시 1/2대로 떨어졌다. 중국의 포털, 탐닷컴(Tom.com)은 억만장자 리카싱의 지원으로 홍콩 IPO에서 큰 성공을 거두었지만 불과 5개월이 흐른 7월 말 80명의 직원을 해고했다. 차이나닷컴이 곧 그 뒤를 따랐다.

인터넷 컨퍼런스가 뜸해지기 시작했다. I&I도 인터넷이란 말을 뺏고, 이후 이 행사에 참석했던 많은 업체들과 함께 망각 속으로 사라졌다. 닷컴은 닷-밤(dot-bomb)이 되었다.

그해 가을 홍콩에서 벤처캐피털 투자자 컨퍼런스가 열렸다. 마윈은 특별 연사 중 한 명이었다. 몇 개월 전만 해도 마윈이 엄청난 청중을 끌어모았던 것과는 극적으로 달라진 분위기였다. 골드만삭스는 빈 회의장을 메울 청중을 찾느라 애를 써야 했다. 한 투자자는 회의적인 청중을 앞에 두고 연단에 선 마윈이 두 손을 오므려 얼굴 앞에 대고 눈을 가늘게 뜨면서 "저는 터널의 끝이 보입니다."라고 말했다고 전했다. 하지만 커질 대로 커진 투자자들의 냉소적인 태도 앞에서는 마윈의 마법도 통하지 않았다.

한편, 존 우의 주도로 이루어지고 있는 캘리포니아의 R&D 센터 설립도 문제에 부딪혔다. 회사의 이질적인 소프트웨어 플랫폼들을 점검하고자 알리바바는 새로운 프리몬트 사무실에 30명 이상의 엔지니어를 고용했지만 15시간의 시차가 나는 중국의 동료들과 조정하며 일을 하는 것이 문제로 부상했다. 캘리포니아에 있는 중국어를 모르는 동료들을 위해 영어를 사용해야 하는 중국인 엔지니어들은 소통에 애를 먹었다. 항저우와 프리몬트에서 각기 다른 상품의 개발을 주장하면서 팀에 균열이 생기고 감정이 격해졌다. 인프라를 업그레이드한 후에 알리바바닷컴 사이트 전체가 다운되었다. 당시 마윈은 프리몬트를 방문 중이었다. 그가 개인적으로 관여해서 두 팀 간의 협력을 강화함으로써 문제를 해결해야 했다. 태평양을 사이에 두고 두 개의 기술팀을 운영하자는 계획은 명백한 실패였다. 알리바바는 핵심 기능을 항저우로 옮기기 시작했다. 알리바바는 새로운 방어 전략, 'B2C(Back to China, 다시 중국으로)'에 착수했다.

첫 번째 투자자인 골드만삭스를 선두로 마윈에게 알리바바가 실제로 돈을 벌 수 있다는 것을 입증하라는 압력이 거세졌다. "알리바바닷컴은 오늘과 내일 그리고 모레의 매출 계획을 가지고 있습니다."라고 마윈이 밝혔다. "오늘 우리는 온라인 마케팅 서비스에서 나오는 수익에 초점을 맞추고 있습니다. 내일은 외부 서비스 제공업체와의 공유를 통해 수익을 늘릴 것입니다. 그리고 모레에는 거래 기반 수익이 추가될 것입니다."

알리바바는 투자자와 팀을 안심시키기 위해 신용, 운송, 보험 서비스와 같은 외부 서비스 제공을 검토하는 데 합의했다. 이 부문의 매출은 세계 교역 전체의 연매출 7조 달러에서 3천억 달러를 차지한다. 이 큰 파이에서 작은 조각만 손에 쥘 수 있어도 엄청난 수익을 기대할 수 있다.

이는 이미 미트차이나가 내세운 전략이었다. 미트차이나는 7만 이상의 중국 공급업체와 1만 5,000의 잠재 구매자들이 이 사이트에 가입했다고 주장했다. 온라인으로 중개된 거래는 많지 않았지만, 미트차이나는 전체 거래의 2~6퍼센트가 미트차이나닷컴 사이트에서 이루어지게 할 것이라고 밝혔다. 미트차이나는 투자 침체에 맞서 새롭게 3,000만 달러의 벤처캐피털을 끌어들여 총투자금을 알리바바보다 1,500만 달러가 많은 4,000만 달러로 만들면서 시장을 놀라게 했다. 공동 창립자인 토마스 로젠탈(Thomas Rosenthal)은 기자들에게 이렇게 말했다. "나스닥의 변동성이 민간 자금 조달을 비교적 쉽게 만들었습니다. 놀고 있는 돈이 많이 있습니다." 신임 CEO, 렌 코디너(Len Cordiner)는 이 미트차이나 사이트를 "구매자만 찾을 수 있는 곳이 아니라 온라인으로 협상할 수 있는 곳"으로 만들겠다는 비전을 실현하기 위해 노력했다. 하지만 미트차이나는 중국에서 그리 큰 진전을 보지 못했다. 이 일을 성공시키는 것보다는 3자와의 파트너십을 떠벌리는 것이 훨씬 쉬웠다. 대부분 제휴는 파트너 웹사이트에 링크가 있는 정도를 넘어서지 못했다. 미트차이나에서 일했던 한 직원은[4] 이후에 그곳에서의 경험을 "중국 기업들이 인터넷을 사용하도록 교육시키는 데" 3,000만 달러를 쓴 것이라고 요약했다. 결국 이 회사는 동남아시아로 눈을 돌려 미트필리핀닷컴(MeetPhilippines.com)과 미트베트남닷컴(MeetVietnam.com)을 론칭하고(클린턴 대통령 앞에서), 인도, 인도네시아, 대한민국, 타일랜드와 제휴 협약을 맺은 후 결국 사업을 접었다.[5]

　마윈은 오랫동안 경멸해 온 미트차이나가 결국 사업에 실패하자 이제 총구를 알리바바의 가장 큰 라이벌이 된 글로벌 소시스와 창립자 메릴 힌리치 쪽으로 돌렸다. 마윈은 글로벌 소시스가 온라인 교역의 성격을 잘못 이해한 '구(舊)경제'의 회사라고 말했다. "그들은 그저 잡지를 발행하는 회사일 뿐입니다." 이에 메릴 힌리치는 알리바바를 "폭은 1마일에 깊이는 반 인치"라고 깎아내렸다. 글로벌 소시스의 주식(최근에 상장된)[6] 가격이 나스닥에서 크게 떨어지면서 회사는 오프라인 인쇄 사업에서 나온 수익에 의존해 연명하고 있다.

2000년 홍콩에서 열린 인터넷 컨퍼런스에서는 마윈과 힌리치 두 사람이 모두 연사로 섰다. 마윈은 힌리치라는 이름을 직접 입에 올리지는 않았지만 '아름다운 요트'를 가지고 있는 라이벌의 이야기를 꺼냈다. 그 라이벌이 기조 연설자가 되기 위해 5만 달러를 낸 뒤에 마윈이 한 푼도 내지 않고 기조 연설자로 초대되었다는 것을 발견했다는 내용이었다. 마윈의 이야기는 계속되었다. "컨퍼런스의 주최 측은 제 라이벌에게 '당신은 기조 연설자가 되기를 원했지만 청중은 마윈의 연설을 원했기 때문'이라고 설명했습니다. 이 말에 제 라이벌은 이렇게 말했죠. '제 요트를 홍콩으로 보내서 컨퍼런스의 모든 연설자를 초청해서 선상 파티를 열겠습니다. 하지만 한 가지 조건이 있습니다. 마윈은 초대하지 않는 것입니다.'" 메릴 힌리치의 사무실은 이 말에 어떤 언급도 거절했다. 철학자 CEO인 마윈은 라이벌 관계에 훨씬 깊은 의미를 부여했다. "상대를 용인할 수 없다면 결국 상대에게 지게 될 것입니다…상대를 적으로 대한다면 게임의 시작부터 지고 들어가는 것입니다. 상대를 표적으로 보고 그에게 다트를 던지는 연습을 매일 한다면 그 적 하나와만 싸울 수 있게 될 뿐입니다…경쟁은 그 어떤 것보다 즐거운 놀이입니다. 다른 사람과 겨루는 것이 당신에게 점점 더 많은 고통을 가져다준다면 당신의 경쟁 전략에는 무엇인가 잘못이 있는 것입니다."

하지만 2000년 하반기에는 알리바바의 전략에도 문제가 있는 것처럼 보였다. 2,500만 달러의 자금을 조성하고 50만 이상의 회원을 모았지만 그해 수익은 100만 달러도 되지 않았다. 알리바바는 일부 회원의 웹사이트 구축과 호스팅을 도우면서 수수료를 받기 시작했지만 수입보다는 지출이 훨씬 빠르게 늘어났다. 알리바바의 대규모 고용이 만들어 내는 문제가 해결하는 문제보다 더 많았다. 보고와 예산 시스템이 자리를 잡기 전에 새 직원들이 들어왔기 때문이었다. 비즈니스의 국제적인 성격도 클라이언트를 다루거나 인력을 관리하는 부분 양쪽에서 문제가 되었다. 아랍식 이름을 가진 중국 회사를 미국과 유럽에 있는 클라이언트에게 마케팅하는 것은 쉽지 않았다. 마윈은 "언어와 문화적 격차가 있는 다국적 조직을 관리하는 것은 쉽지 않은 일"이라고 인정했다.

기술계의 침체는 2001년까지 이어졌고, 마윈과 조차이는 변화가 필요하다는 것을 인식했다. 2001년 1월, GE에 근무했던 52세의 사비오 콴(Savio Kwan)을[7] 최고운영책임자로 영입했다. 그는 회사에 대한 솔직한 평가를 내놓았다. "우리는 알리바바를 현실에 뿌리내린 회사로 만들어야 합니다."

다시 중국으로

콴의 출현은 내부적으로 '4O(Four O's)'라고 알려진 CEO 마윈, CFO 조차이, CTO 존 우, COO 사비오 콴의 새로운 경영 구조를 예고했다. 마윈은 변화를 얼마나 진지하게 궁리하고 있는지 회사에 알리기 위해 항저우에 있는 자신의 사무실을 둘로 나누어서 반을 콴에게 주었다.

콴은 '다시 중국으로(Back to China)' 전략에 따라 경비 절감을 추진하며 지출을 절반까지 삭감했다. 한국의 조인트 벤처는 폐기했고 실리콘밸리에 있는 알리바바의 규모를 대폭 줄였다. 봉급이 높은 외국인 직원 대부분을 내보냈다. 돈이 많이 드는 광고 캠페인은 포기하고 입소문 마케팅으로 대체했다. 해외의 지출을 줄이자 알리바바는 국내 고용을 늘려 비용이 적게 드는 항저우의 인재 풀을 활용할 수 있게 되었다. 영업팀의 규모를 빠르게 늘려 신용 정보와 인증 서비스를 제공하는 트러스트패스(TrustPass)나, 알리바바 영어 웹사이트에 중국 수출업자를 소개하는 골드 서플라이어(Gold Supplier) 등의 유료 서비스를 홍보하는 데 초점을 맞추었다. 수출업체가 3,600달러를 내고 골드 서플라이어로 등록하면 회사의 제품과 가격이 알리바바 영어 사이트에 등록되고 알리바바의 검색 엔진과도 연계된다. 골드 서플라이어는 글로벌 소시스가 온라인 리스팅에 설정한 연간 수수료(1만~1만 2,000달러)보다 저가에 서비스를 공급하도록 고안되었다.

새로운 수입원들은 초기 전망이 밝았으나 그럼에도 알리바바는 참패를 겪고 있었다. 주식이 투기 저가주로 전락한 세 개 포털과는 다른 입장이었다. 여전히 비상장기업이었기 때문에 회사에 대한 부정적인 정서로 입은 손해가 돈으로 환산할 수 없는 정도였다.

〈비즈니스위크〉는 2001년 4월 "알리바바의 마법 양탄자가 추락하고 있다."는 제목의 기사를 실었다. 이 기사는 "회사가 성적 불량으로 낙제하지 않게 하려면 전직 영어 선생이 열심히 일을 해야 할 것"이라고 마무리했다. 알리바바는 상황을 호전시킬 심산으로 구조조정을 시작했다. 하지만 닷컴 거품이 꺼지고 몇 년 동안 알리바바의 장래는 매우 불투명한 상태를 벗어나지 못했다. 심지어는 마윈이 마흔이 되기 전에 교직으로 돌아가기 위해 사업을 그만둘 것이라는 소문이 퍼졌다.

마윈은 가장 암담한 시기의 고투를 마오쩌둥이 대장정(大長征) 이후 겪은 고난에 비유했고, 알리바바를 새로운 궤도에 올리기 위해 '정풍운동(整風運動)'이 필요하다고 표현하기도 했다. "미국의 잘 알려진 관리자들 여럿이 알리바바에 와서 부사장이 되었습니다. 그들은 각기 의견을 가지고 있었습니다…당시에는 동물원과 같았죠. 어떤 이는 달변가였던 반면 과묵한 사람도 있었습니다. 때문에 우리는 정풍운동의 가장 중요한 목적은 알리바바가 공유하는 목표가 무엇이며 우리가 추구하는 가치가 무엇인지 정하는 일이라고 생각합니다."

알리바바의 반전은 극적이었다. 하지만 그것도 마윈과 조차이의 유대를 깨뜨리지는 못했다. 나는 조에게 모든 것이 절망적일 때에도 알리바바를 떠나지 않은 이유를 물었다. 그는 이렇게 설명했다. "알리바바는 제가 네 번째로 일한 직장이었습니다. 저는 이 일이 성공하기를 바랐습니다." 조차이는 세 개의 포털과는 달리 IPO를 하지 않은 것을 알리바바의 장점으로 보았다. "저는 그 모든 것이 거품이라는 것을 알고 있었습니다. 2000년에 상장을 했다면 우리도 마땅히 책임을 지며 살아야 했을 것이고, 평가 가치를 높여야 했을 겁니다. 그것은 부당 소득입니다."

2001년과 2002년의 암울한 시기는 이후 알리바바가 겪은 경험의 일부가 되었다. 마윈은 이후 팀에게 한 격려 연설 중에 이 시기를 이렇게 언급했다. "당시 제 슬로건은 '마지막까지 버티는 사람이 되자'였습니다. 쓰러져도 가장 마지막에 쓰러지는 사람이 되자는 것이었죠. 무릎을 꿇고 버틸지언정 무너지지 않고 말입니다. 저는 당시에도 제가 힘들다면 분명 더 힘든 사람이 있을 것이라고 굳게 믿었습니다. 제가 힘든 시간을 보내고 있다면 적들은 더 힘든 시간을 보내고 있을 거라고요. 버티고 이겨 내는 사람이 결국 이기는 법입니다."

닷컴 붕괴에 이어 몇 년간 알리바바는 비용을 줄이고 수익을 꾸준히 늘리는 방법을 찾았다. 벤처캐피털 시장이 완전히 말라붙었음에도 불구하고 알리바바는 혼자 힘으로 설 수 있었다.

2003년 론칭한 새로운 사업 덕분에 알리바바는 마윈조차 상상해 보지 못한 정도의 성공을 앞두고 있었다.

제 9 장

재탄생 : 타오바오,
그리고 이베이의 굴욕

중국의 선두적 사업가 중에서도 마윈은 과장된 언변으로 유명하다.
그는 늘 이베이를 과녁으로 삼으면서도 동시에
이베이를 가장 우러러보는 기업 가운데 하나라고 추켜세운다.
– 〈샌프란시스코 크로니클(San Francisco Chronicle)〉

"개척자들은 화살을 차지하고 정착자들은 땅을 차지한다." 이것은
미국 서부의 정복을 표현하는 데 자주 사용되는 말이다. 인터넷이라
는 새로운 미개척지가 중국에 펼쳐지면서 마윈은 정착자의 한 사람이
되기로 결심했다. 그는 1995년 시애틀에서 인터넷에 접속한 경험으
로 개척자가 되었다. 하지만 그의 첫 인터넷 벤처, 차이나 페이지로
인해 국가 소유의 합작기업에 화살을 빼앗겼고, 포털 개척자들(시나의
왕즈둥, 소후의 찰스 장, 넷이즈의 윌리엄 딩)의 IPO로 인해 정착자의 자
리마저 넘겨주고 말았다. 그 격차를 만회하기 위해 마윈은 2000년 9월
무술을 테마로 '서호의 진검 토론'이란 이름을 붙인 항저우 비즈니스
컨퍼런스를[1] 열고, 세 명의 포털 설립자와 소비자 전자상거래 벤처
8848의 회장인 왕쥔타오를 초청했다. 나는 그 행사에서 항저우를 '실
리콘 파라다이스'로 홍보하는 원탁 토론의 사회를 맡았다. 마윈은 알
리바바의 중국 본사를 상하이에서 다시 항저우로 옮길 것이라고 발표

했다. 현지 고위 관리로 참석한 저장성 성장(省長)과 항저우 시장의 환심을 사려고 연출된 일임이 분명했다. 하지만 나는 곧 그 행사가 특히 인터넷 분야의 거물 네 명을 참석시킴으로써 알리바바가 중국 인터넷 부문에 계속 관여할 것이라고 언명하는 데 목적이 있다는 점을 간파했다. 알리바바의 IPO를 확신할 수는 없지만 마윈은 세상의 관심을 잃고 싶지 않았던 것이다. 마윈은 어린 시절부터 그의 영감의 원천이었던 홍콩의 작가 진융을 VIP로 초청하는 영리한 아이디어로 이런 바람을 이루었다. 그는 진융이 다른 인터넷 기업 창립자들의 관심까지 끌 수 있는 흥행 보증수표라는 것을 알고 있었다.

마윈의 항저우 행사 직후, 네 명의 중국 인터넷 선구자 가운데 두 명이 쓰러졌다. 소비자 전자상거래를 개척한 8848의 왕쥔타오는 인력과 물류 문제를 극복하기 위해 쌓인 비용에 불안해진 투자자들에 의해 퇴출되었다. 시나의 창립자 왕즈둥은 친위 쿠데타로[2] 폐위되었다. 균열이 생긴 까다로운 주주 기반에 희생된 것이다.

자신이 세운 회사의 키를 놓치지 않고 있는 것은 마윈과 윌리엄 딩, 찰스 장뿐이었다. 알리바바는 살아남아 있었지만 그가 따르기로 선택했던 B2B 전자상거래 모델은 매우 힘든 것으로 판명되고 있었다. 2002년의 마지막 달, 알리바바의 수익이 서서히 증가하고 있는 가운데, 마윈은 새로운 방향을 모색하기 시작했다. 중국 소비자 전자상거래 시장을 표적으로 삼게 된 것이다. 미국의 소비자 전자상거래 시장에는 두드러지는 두 개의 모델이 있었다. 아마존과 이베이가 그것이었다.

아마존을 흉내 낸 8848은 이미 실패한 상태였다. 하지만 보일러 제조업체에서 통역가이자 비서로 커리어를 시작한 후 뉴욕 대학에서

MBA 공부를 한 공동 창립자 페기 유(Peggy Yu)가 경영하는 당당닷컴 (Dangdang.com)과 킹소프트의 레이 쥔(Lei Jun)이 설립하고 다이앤 왕 (Diane Wang)이 경영하는 조요닷컴(Joyo.com), 이 두 개의 국내 e-테일 러(e-tailer, 온라인 소매업체-옮긴이)가 1999년 설립되어 성공적으로 벤처캐피털을 끌어들이고[3] 책을 비롯한 상품을 정가에 팔며 생존하고 있었다.[4]

샤오 이보

이베이는 1988년 9월 IPO에서 투자자들에게 엄청난 투자 이익을 안겼고, 20억 달러였던 평가액은 2000년 3월에 300억 달러로 늘어났다. 중국의 수많은 기업가들이 중국의 이베이가 되기를 염원하며 벤처를 설립했다. 그중 눈에 띄는 것이 상하이의 카리스마, 신동 샤오 이보이다. 그는 하버드 경영대학원을 졸업하고 1999년 6월 중국으로 돌아온 후 이치넷을[5] 설립했다. 이치넷은 곧 이베이를 모방한 다른 중국 회사들을 따돌리고 선두에 섰다.

마윈은 소비자 전자상거래 공격을 개시하기 위해, 이베이의 노선을 따르기로 하고 이치넷과의 경쟁을 시작했다. 하지만 샤오 이보(친구들은 그를 보라고 불렀다)라는 적수 앞에서 마윈은 어려움에 처하게 되었다.

보는 평범한 가정에서 성장했다. 부모는 교사였다. 그의 아버지는 카드 한 벌로 보의 수학에 대한 관심에 불을 붙였다. 보가 회상했다. "52장의 카드 한 벌을 더하는 게임이었습니다. 킹에 13점을 주는 식이었죠. 이렇게 카드 한 벌의 점수를 모두 합하면 364였습니다. 아버지는 카드 한 장을 숨기고 나머지 점수를 합하라고 하셨습니다. 정답을 맞히면 숨겨진 카드가 무엇인지 알게 되죠."

보는 끈질기게 연습을 했다. 12살에 그는 카드 한 벌을 12초에 더할 수 있게 되었다. 전국 고등학교 수학경시대회에서 10여 번 이상 우승한 후 보는 전액 장학생으로 하버드 대학에 입학 허가를 받은 중국 본토의 첫 학생이 되었다.[6] 졸업 후 그는 '보스턴 컨설팅 그룹(Boston Consulting Group)'에서 2년간 일을 하고 하버드로 돌아가 경영대학원에 입학했다. 마윈이 이미 B2B 전자상거래에 정착했을 때 보는 중국에서도 성공할 만한 미국 인터넷 비즈니스를 살피고 있었고 자신을 '흥분시키는 유일한 비즈니스 모델은 이베이'라는 것을 발견했다.

보스턴을 떠나기 전, 보는 가지고 가고 싶지 않은 물건들을 이베이에서 경매로 처분했다. 그리고 1999년 6월, 당시 26세이던 보는 상하이로 돌아와 중국의 이베이를 설립했다.

중국 땅을 밟기도 전에 그는 이미 50만 달러의 펀딩을 받은 상태였다.[7] 그럼에도 "부모님은 좋은 직장과 미국 영주권을 버리고 자기 사업을 하겠다는 저를 바보라고 생각했습니다."라고 보는 회상했다. "저는 대단히 순진했고 전반적으로 사업을 할 준비가 전혀 되어 있지 않았으며 특히나 혼자 힘으로 신생 업체를 이끌고 가는 어려운 일을 해낼 채비가 되지 않았었죠."

보는 상하이에 싸구려 아파트를 빌리고 고등학교 동창을 첫 직원으로 고용했다. 무직이었던 그 친구 외에는 더 사람을 고용할 여력이 없었다. 많은 돈을 주고 좋은 엔지니어를 쓸 수 없었던 보는 상하이 전기국의 직원 두 명에게 일을 맡겼다. IT 경험은 좀 있었지만 웹사이트를 만들어 본 적이 없는 이 두 사람이 부업으로 일을 했다. 이들은 오후 5시에 본업에서 퇴근하고 이치넷 아파트로 와서 새벽 1시까지 일을 한 후 그곳에서 잠을 자고 주간 업무를 하러 출근했다. 곧, 보는 상하이 태생의 하버드 경영대학원 동기, 탄하이인을 설득해 공동창립자로 끌어들였다. 경영대학원에 진학하기 전에 탄은 상하이 매킨지의 초창기 직원이었다. 하버드를 졸업한 그녀는 뉴욕의 메릴린치에 일자리를 잡았다. 보가 전화를 걸어 그의 사업에 합류할 뜻이 있는지 물었을 때 탄은 중국 출장 중이었다. 그녀는 제안을 받아들였고 그대로 중국에 남았다.[8]

보는 일찍부터 외국 매체의 주목을 끌었다. 〈워싱턴 포스트〉는 "이치넷이 이베이가 미국에서 한 것보다 훨씬 더 큰 지배력을 갖게 될 것"이라는 그의 말을 인용했다. 보는 곧 투자자들의 주의를 끌었다. 순식간에 650만 달러의 엔젤 투자가 뒤따랐다.[9]

나는 보를 상하이로 돌아온 직후에 알게 되었다. 우리는 과거 상하이의 프랑스 조계지였던 형상 로드에서 이웃해 살고 있었다. 보는 완전무결한 이력을 가진 사람답지 않게 부모의 집에서 평범하게 살고 있었다. 이 점은 잘생긴 하버드 경영대학원 출신의 남성이 아직 미혼이라는 사실에 지역 매체들이 엄청난 관심을 보이는 와중에서도 그가 겸손함을 잃지 않았다는 것을 드러내 준다.

중국 인터넷 판에 비교적 늦게 발을 디뎠지만 보는 거의 즉각적으로 대성공을 거두었고 라이벌들을[10] 노련하게 압도했다. 보는 바보들에게 관대하지 않았다. 2000년 우리 두 사람은 상하이의 인터넷 컨퍼런스에서 연사로 참여했다. 보는 무대 위에서 웹사이트 트래픽을 부풀리고 거래 데이터를 과장해서 프레젠테이션을 했던 라이벌을 혼쭐을 냈다. 보는 침착한 태도로 그 발표자의 계산과 논리에 있는 오류를 모두 꼬집어 냈다. 청중들이 닷컴 거품에서 헤어 나오지 못한 이 운 나쁜 경쟁자를 동정할 정도였다.

반면에 이치넷은 침체에 맞서서 2000년 10월 2,050만 달러라는 막대한 투자를 받아 모두를 놀라게 했다. 주된 자금원은 프랑스의 부호인 LVMH 그룹 회장, 베르나르 아르노(Bernard Arnault)였다. 그는 닷컴 투자 자회사인 유로팻웹(Europatweb)을 통해 이치넷에 투자했다. 하지만 시장이 폭락하자 펀드는 겁을 먹고 완전히 발을 빼려 했다. 결국 이 회사는 500만 달러를 내놓았다. 보는 주식시장이 계속해서 하향세인 와중에도 기존 투자자를 비롯한 사람들로부터 나머지 1,500만 달러를 끌어들이면서 뛰어난 설득력을 입증했다. 중국은 '인터넷의 겨울'에 접어들었지만 이치넷은 엄청난 도토리 더미를 모았다.

하지만 이치넷을 독자 생존 가능한 기업으로 만드는 것은 보에게도 쉬운 일이 아니었다. 이베이 모델이 정말 중국에서도 성공할 수 있을까? 미국에서 이베이는 온라인 경매를 통해 물건을 내놓는 것으로 인기를 얻었다. 중국의 경우, 사람들이 흥정을 좋아하기는 하지만 중고 물건을, 그것도 온라인으로 거래한다는 것이 흔한 일이 아니었다. 사람들은 새롭게 발견한 소비의 자유를 막 행사하기 시작한 참이었다. 팔 만한 물건을 많이 가진 사람도 별로 없었다.

미국에서 이베이는 1억 명이 넘는 온라인 인구를 거느리고 있었으며 잘 발달된 신용카드 시장과 믿을 만한 전국적 배송 서비스에 의존할 수 있었다. 중국에서는 1,000만 온라인 소비자 시장도 기적이었다. 2000년은 '철의 삼각'을 구축하기에 너무 이른 시기였다. 온라인으로 결제를 하거나 믿을 만한 배송 서비스에 접근할 수 있는 사람이 거의 없었다. 은행업 규정이 신용카드의 발전을 제한했기 때문에

1999년에야 신용카드 사용이 허용되었고, 그나마 은행에 돈을 예치해 둔 소비자만이 카드를 사용할 수 있었다. 직불카드가 인기를 얻기 시작했으나 은행마다 각자 전용 은행 카드를 발행했고 상인들을 위한 중앙 처리망이 없었다. 온라인 결제는커녕 오프라인에서 신용카드로 결제하는 것도 엉망이었다. 계산대에 대여섯 개의 각기 다른 POS 기계를 연결하는 전원 공급 전선이 얽혀 나뒹구는 것이 보통이었다. 온라인 결제가 일반적으로 가능해진 것은 몇 년이 더 지나서였다. 배송망도 개별 도시에 한정되어 있었다. 그저 지역 시장들이 되는 대로 묶여 있을 뿐 '중국 시장'이라고 말할 만한 것이 없었다. 하지만 소비자 전자상거래가 받아들여지는 데 무엇보다 큰 장애물은 신뢰의 부재였다. 보는 이 점을 다음과 같이 설명했다. "미국에서는 응찰을 하는 것이 곧 계약입니다. 경매에 이기면 법적으로 그 거래를 완성시켜야 하는 의무가 생깁니다. 매우 확실하고 분명하죠. 사람들은 계약을 지키지 않으면 고소를 당한다고 생각하고 두려움을 갖습니다. 중국에서는 그런 문제에 개의치 않죠. '응찰은 했지만 난 이제 그 물건을 원하지 않아. 거 참 운도 없군.' 하면 그만입니다."

이런 문제를 해결하기 위한 이치넷의 초기 전략은 상하이에 고객들이 만나는 실제 거래 부스를 만들어 두고 그 지역으로 거래를 제한하는 것이었다. 처음에는 온라인으로 연결이 되지만 이후에는 사기의 가능성을 염두에 두고 직접 만나 판매 상품을 감정하고 물건 대금을 건네는 방식을 택한 것이다. 이치넷은 상하이 전역에 여러 개의 거래 부스를 임대해서 운영해야 했다. 오래 지속할 수 있는 전략은 분명 아니었다. 2001년 초 모든 거래 부스는 문을 닫았다.

이치넷은 돈을 벌 새로운 방법을 찾아야 했다. 때문에 휴대전화

유통업체 하나를 인수해 넷이즈와 시나에 경매 플랫폼을 론칭했다. 광범위한 사람들의 관심을 끌기 위해 이치넷은 우표와 유아복을 팔기 시작했다.

하지만 새로운 벤처캐피털 자금이 들어오지 않자 보에게도 결제, 배송, 상품의 질, 사람들의 신뢰 등 온라인 쇼핑의 장애물을 피해 갈 방법을 찾는 것 외에 다른 옵션이 남지 않았다.

결제와 배송을 결합하는 것이 대중적인 방법이었다. 배송되었을 때 현금을 지급하면 소비자들이 돈을 내기 전에 물건을 확인할 수 있다. 이치넷은 배송업체들이 수금원의 역할을 할 수 있는 시스템을 마련했다. 현금은 임시방편이었다. 하지만 2002년이면 은행 카드가 실행 가능한 결제 옵션이 될 예정이었다. 중국의 신용카드 침투율은 여전히 매우 낮은 수준이었지만 직불카드의 사용이 폭발적으로 늘어나고 있었다. 은행 카드는 이치넷이 출범했을 때의 1억 5,000만 장에서 2002년 말에는 5억 장으로 늘어났다. 은행의 IT 시스템 역시 서로 연동되기 시작했다. 2002년 중국의 은행 규제기관이 차이나 유니언페이(China UnionPay)라는 통합 카드처리 시스템을 내놓았기 때문이다. 현재는 전 세계 매장의 쇼윈도나 ATM에서 유니언페이의 붉은색과 푸른색, 녹색의 로고를 흔히 볼 수 있다. 유니언페이는 중국 상인들이 안고 있던 가장 큰 골칫거리를 해결했다. 오프라인이나 온라인 모두 어떤 은행이 발급한 것인지에 상관없이 고객의 카드를 받을 수 있게 된 것이다. 하지만 이 과정이 하룻밤 사이에 일어난 일은 아니었다. 수년 동안 이치넷은 적극적으로 활동하는 고객들에게 4대 은행의 신용카드를 발급받아 온라인으로 구매를 완결할 수 있게 할 것을 권해야 했다.

보가 지적했듯이, 중국의 법 체계에는 고객이 이미 배송된 상품의 대금을 지급하지 않을까 봐 걱정하는 상인이나 구매한 상품이 배송되지 않을까 걱정하는 고객들을 보호할 수단이 거의 없었다. 이를 해결하기 위해 이치넷은 고객으로부터 자금을 모아서 배송이 이루어진 후에 대금이 지급되도록 하고 여기에 3퍼센트의 수수료를 부과하는 에스크로(escrow) 서비스를 시작했다. 하지만 가입한 고객은 얼마 되지 않았다. 이치넷은 미국에서 페이팔이 성공한 것을 보고 중국에도 그에 상응하는 것을 만들겠다는 계획을 세웠다.

제품의 질 역시 극복하기 까다로운 문제였다. 미국의 경우, 이베이는 고객이 상인을 평가하는 시스템을 개척했다. 하지만 중국에서는 부도덕한 상인들이 수많은 가짜 계정을 이용해서 긍정적인 평가를 끌어올리고 부정적인 평가를 희석시키는 방법으로 대응했다. 이치넷은 한 명의 사용자가 포스팅할 수 있는 평가의 수를 제한하고 사기에 대응해 고객 불만을 조사하는 팀을 꾸리는 노력을 했다. 하지만 이두 가지 모두 곧 실패로 돌아갔다. 제재는 고사하고 플랫폼상에서 구매자와 판매자를 가리는 것부터가 문제였다.

이치넷은 많은 시간과 노력을 기울였지만 2005년까지도 수익을 내지 못했다. 이치넷의 새로운 벤처캐피털 투자 유치에 대한 전망은 점점 더 어두워졌다. 보와 투자자들은 이치넷을 중국의 이베이로 만드는 가장 좋은 방법이 이베이에 이치넷을 매각하는 것임을 깨달았다.

이베이, 중국에 오다

2001년 가을 이베이의 CEO 멕 휘트먼(Meg Whitman)이 보를 만나려고 중국에 왔다. 2002년 3월, 이치넷은 획기적인 계약으로 시장을 다시 한 번 놀라게 했다. 3,000만 달러를 받고 33퍼센트의 지분을 이베이에 넘긴다는 발표가 나왔다.

이치넷이 맞서고 있는 여러 문제에도 불구하고, 이베이는 자신들이 본 것에 깊은 인상을 받았다. 이치넷 웹사이트는 300만 명 이상의 사용자가 있었고, 그중 10만 명 이상이 매일 사이트를 방문했다. 이 회사는 상하이에서 시작해서 베이징과 광저우까지 확장되어 있었다. 사업의 절반 이상이 이들 도시 외부의 기업과 관련되어 있었다. 사이트에는 의류에서 부동산에 이르는 5만 가지 이상의 항목이 고정가나 경매로 나와 있었다. 한 달 거래량은 200만 달러가 넘었다.

이치넷은 이베이에 비하면 규모가 아주 작다. 하지만 중국이라는 매력이 휘트먼에게 가장 큰 결정적 요인이었다. 그녀에게는 투자자들을 안심시킬 좋은 소식이 절실히 필요했다. 바로 한 달 전 이베이가 일본 시장에서 마사요시 손의 소프트뱅크가 뒤에 있는 야후 재팬에 밀렸다는 발표가 있었기 때문이다. 이베이를 '진정으로 세계적인 시장'으로 키우겠다는 휘트니의 야망이 일격을 당한 것이다. 이베이는 2001년의 세계 매출 7억 5,000만 달러를 2005년 30억 달러로 끌어올리는 것이 목표였다. 16억 달러 이상의 상품이 거래되는 일본은 이를 달성하기 위한 중요한 단계였다. 하지만 이베이는 파티에 늦고 말았다.[11] 2000년 2월의 론칭은 야후 재팬보다 5개월 늦은 것이었다. 이베이의 전략은 처음부터 엉망이 되었다. 일본에서 이베이는 수수료를 받았지만 경쟁업체인 야후 재팬은 무료로 플랫폼을 제공했다. 일본도 아직 신용카드가 많이 보급되지 않은 상황이었지만 이베이는 고객들에게 사이트 등록을 위해서는 신용카드를 사용할 것을 요구했다. 이베이는 일본인 CEO와 인터넷 분야에 경험이 거의 없는 지역 파트너(NEC)를 선택해서 현지 실정과 맞지 않는 계획을 세웠다. 2001년 여름까지 이베이에 가입한 회원은 시장의 3퍼센트에 불과했다. 2002년 2월 이베이는 사업을 중단했다. 라이벌 야후 재팬이 350만 가지 상품을 제공하는 데 반해 이베이 사이트가 제공하는 제품은 2만 5,000개뿐이었다. 해가 떠오르는 동쪽 나라였으나 이베이의 야망을 비추는 해는 이미 진 뒤였다. 회사는 직원을 해고했다.

이베이는 한국과[12] 타이완에서는[13] 상당한 성공을 거두었다. 하지만 중국에서만은 진전이 없었다. 2002년 중국의 인터넷 인구는 2,700만으로 늘어나 세계 5위에 오른 상태였다.[14] 휘트먼은 실리콘밸리의 어떤 기업보다 먼저 중국의 중요성을 간파했다. "중국은 엄청난 인구와 믿기 힘들 정도의 변화를 통해 세계에서 가장 큰 전자상거래 시장이 될 것으로 예상됩니다." 그녀는 매체 인터뷰에서 2006년까지 전자상거래 매출이 160억 달러가 될 것으로 전망했다.

이베이는 일본에서 현지 고객의 니즈를 파악하는 데 실패했다. 휘트먼은 중국에서는 그 경험을 되풀이하지 않겠다고 마음먹었다. 그들은 현지 시장의 선두 업체를 지원하고자 했다. 이치넷은 확실한 표적이었다. 이베이의 수석 부사장 빌 콥(Bill Cobb)은 이후 이렇게 논평했다. "보는 이베이를 철저히 연구했고 이베이 원칙의 많은 부분을 시장에 적용하려고 노력해 왔습니다." 보가 하버드 경영대학원 출신으로 멕 휘트먼과 동문이라는 점도 당연히 긍정적인 영향을 끼쳤다.

그러나 이베이는 단순히 이치넷을 지원하는 데서 그칠 생각은 아니었다. 이베이는 이치넷의 인수를 원했다. 초기 협상은[15] 1억 8,000만 달러에 회사의 1/3과 회사에 대한 전권을 넘기는 것(15개월 후 이베이는 이치넷을 장악했다)이었다. 이베이 이치넷으로 리브랜딩된 회사는 중국에 대한 이베이의 포부를 이루기 위한 수단이 되었다. 이치넷을 완전히 인수하겠다는 결정은 알리바바가 승리를 거두고 이베이가 굴욕을 맛보는 무대를 마련한 셈이었다.[16]

처음에는 상황이 좋아 보였다. 이치넷을 통해 이베이는 중국 소비자 전자상거래 시장의 90퍼센트를 점유했다. 하지만 2년 만에 이베이는 중국에서 입지를 완전히 잃었고 또 한 번 아시아에서 당혹스런 퇴각을 해야 했다.

그렇게 빨리 상황이 반전된 까닭은 무엇일까? 휘트먼은 보에게 넉넉한 옵션을 제공했지만, 이치넷은 이베이의 자회사가 되면서 이베이 관리자들로 인해 역할에 큰 변화를 겪어야 했다. 인수 직후, 가족과의 문제로 보는 캘리포니아로 이주했고 보가 2015년 내게 말했듯이 멕 휘트먼은 너그럽게 보의 편의를 봐주었다. 그는 계속 사업에 관여했지만 산호세와 상하이의 먼 거리는 틈을 만들었다. 보가 더 이상 상하이에 없는 상태에서 미국의 마케팅 책임자가 중국의 마케팅 팀에게 지시를 내렸다. 기술팀 책임자도 마찬가지였다.

이치넷을 인수한 후, 이베이는 이치넷의 기업 문화를 훼손시켰다. 이 폐해는 다른 기업이 이 판에 들어오면서 드러났다. 알리바바였다. 더구나 알리바바는 야후 재팬의 이베이 함락을 지휘한 소프트뱅크의 지원을 받고 있었다.

인수 후 몇 년간 고생을 하고 있던 이치넷의 수석 엔지니어는 중요한 문제를 다음과 같이 요약했다. "이베이는 이 일을 다 된 밥으로 생각했습니다. 하지만 그렇지 않다는 것이 드러났죠." 이베이는 처음에는 선도적인 위치에 있었지만 시장은 너무나 빠르게 성장했고 이 때문에 새로운 수백만 온라인 쇼핑객을 붙잡는 것이 무엇보다 중요해졌다. 기존 사용자가 아니라 새롭게 유입되는 사용자가 가장 중요했다.

마윈은 B2B 사업인 알리바바닷컴에서 글로벌 소시스의 메릴 힌리치를 상대로 화력을 키우는 훈련을 했다. 새로운 소비자 전자상거래 벤처를 시작하면서 마윈은 더 큰 표적을 조준했다. 실리콘밸리의 아이콘인 이베이와 CEO 멕 휘트먼이었다.

싸울 자세를 취하다

알리바바는 2002년 중국의 소비자 전자상거래 시장으로 들어갈 준비를 시작했다. 처음에는 이베이의 진입으로 인해 방어적인 자세를 취했다. 이후 마윈은 "알리바바를 지키기 위해서는 이베이를 저지시켜야 했다."라고 말했다. 이치넷은 알리바바가 서비스를 제공하는 기업이 아닌 소비자를 타겟으로 하고 있었지만, 마윈은 이치넷에서 적극적으로 활동하는 상인들이 알리바바의 영역을 침범할 수도 있다고 생각했다. "당시 중국에 온라인 시장을 이해하는 회사는 이베이와 알리바바, 단 두 개뿐이었습니다. 저는 특히 이베이의 파워 셀러들이 사업을 키워서 B2B 영역에서 경쟁하게 되지 않을까 염려되었습니다."

소비자들을 겨냥한 마윈의 계획은 알리바바 내에서 저항에 부딪혔다. B2B 사업도 아직 수익을 내지 못하고 벤처캐피털 시장의 문도 닫혀 있는 상태였다. 아직도 B2B 분야에서 고전을 면치 못하고 있는 회사에 과연 새로운 사업을 시작할 여력이 있는가? 마윈이 미쳐 버린 것이 아닐까?

CTO 존 우는 그 생각에 단호하게 반대했다. 새로운 프로젝트를 시작하기 전 한밤중에 마윈을 찾아갔다. 존은 그 결단이 알리바바에 피해를 입힐 수도 있다고 경고했다. "도대체 이베이에 어떻게 맞선단

말이에요?" 마윈은 시장이 아직 열려 있다고 대답했다. "1억 명의 인
터넷 사용자가 있지만 온라인 쇼핑을 하는 사람은 500만에 불과해
요." 마윈은 알리바바에 야심 찬 계획들을 가지고 있었고 그의 시각은
다른 사람들과 차원이 달랐다. "이베이는 중국 시장을 사고 싶어 하지
만 우리가 원하는 것은 중국 인터넷 거래 시장을 만드는 것입니다."

마윈은 저장에서 소규모 업체를 직접 운영했던 경험으로 이베이
의 위협이 실제적이라는 것을 잘 알고 있었다. "중국에는 소규모 업
체들이 너무나 많아서 사람들이 업체와 소비자를 명확하게 구분할 수
없습니다. 소규모 업체와 소비자의 행동은 대단히 비슷합니다. 전체
조직의 모든 결정을 한 사람이 맡죠." 마윈은 이베이가 느끼는 유혹
도 이해하고 있었다. "우리가 타오바오를 론칭한 것은 돈을 벌기 위
해서가 아닙니다. 그러나 이베이는 미국에서 소규모 업체들로부터
대단히 많은 수입을 얻은 경험이 있죠. 언젠가 이베이도 우리와 같은
방향으로 오게 될 것입니다."

결정이 내려졌다. 알리바바는 소비자 전자상거래 시장을 겨냥하
기로 했다. 마윈은 2002년 도쿄 출장에서 마사야시 손이 자신감에 차
있는 것을 보고 힘을 얻었다. 몇 년간 닷컴은 형편없이 평가 절하되
었지만 야후 재팬은 이베이를 몰아내면서 소프트뱅크의 입지를 강화
했다. 소프트뱅크는 알리바바의 새로운 벤처에 8,000만 달러를 지원
하기로 약속했다.[17]

이 프로젝트는 극비로 진행되었다. 알리바바에서도 새로운 웹사
이트의 코딩을 맡은 팀 이외에 중국 소비자를 표적으로 하는 이 사업
의 아이디어가 완성되었다는 것을 아는 사람은 거의 없었다. 알리바
바가 창립된 원래의 레이크사이드 아파트에 알리바바의 공동 창립자

토토 순을 포함한 몇 명의 직원을 격리해서 비밀이 새어 나가지 않게 했다.

2년 후 마윈은 몇 명의 직원만 사무실로 불렀다. "우리 COO, CFO, 인사 부문 부사장과 제가 전부였습니다. 그 사람들을 한 사람씩 불러 이야기했죠. '회사가 당신을 프로젝트에 파견하기로 결정했다. 집에서 나와 있어야 하고 가족이나 애인에게도 말하지 말아야 한다. 그렇게 할 수 있겠어요?'" 그들은 아파트에 숨어서 일을 해야 했다.

이베이와의 대결에서 마윈은 놀라움이란 요소를 집어넣고 싶어했다. 전략을 설명하면서 그는 무술을 비유로 들었다. "많은 사람들이 소림사 앞에서 '소림사를 빼앗아라!'라고 고함을 지릅니다. 저는 그게 말도 안 된다고 생각합니다. 당신과 싸우려 문 앞에 이른 상황이라면 이미 저는 당신과 싸워 이긴다는 자신감에 차 있을 겁니다. 굳이 소리를 지를 필요가 없어요. 문 앞에 버티고 있다는 것만으로도 사람들은 겁을 집어먹을 테니까요."

프로젝트 내내 마윈은 자신들의 목표가 이치넷이 아닌 이베이임을 강조했다. 프로젝트가 공개되자 그는 그 싸움을 다윗과 골리앗의 싸움처럼 보이도록 만들려 했다. 팀원 한 명은[18] 그때의 분위기를 이렇게 회상했다. "우리는 시골의 무지렁이들이었고 우리 경쟁자는 이베이였습니다." 로이터(Reuters)는 이후 이런 문화를 '관객을 가미한 쿵푸식 운영'이라고 요약했다.

기죽지 않으려고 소그룹의 소프트웨어 엔지니어들은 코딩 중간에 비디오 게임을 하거나 운동을 했다. 마윈은 물구나무서기를 권했다. 그는 어린 시절에 세상을 거꾸로 보면서 삶에 대한 다른 시각을 갖게 되었다고 설명했다.

새 사업에는 '보물찾기(중국어로 '타오바오')'라는 이름을 붙였다.[19] 타오바오닷컴의 슬로건은 "찾을 수 없는 보물은 없다. 팔 수 없는 보물은 없다"였다.

타오바오는 2003년 5월 10일 공식 론칭되었다. 그 후로 이 날을 '알리데이'라고 명명하고 매년 '가족을 직장으로 데려오는 날'이자 회사의 '합동결혼 축하의 날'로 삼고 있다. 알리데이에는 직원들로 하여금 예기치 못한 시험을 이겨 내게 한 알리바바 특유의 공동체 의식을 기념한다.

사스의 공격

2002년 중국 남부에서 사스(SARS, 중증급성호흡기증후군) 바이러스가 출현하기 시작해 전 세계적으로 엄청나게 확산되면서 8,000명의 감염자와 800명의 사망자를 냈다. 감염자 중 7,000명의 사망자 대부분이 중국 본토와 홍콩에서 나왔다.

항저우에서는 알리바바 본사 직원인 키티 송(Kitty Song)이 SARS 의사(擬似) 환자로 진단을 받으면서 직원 400명이 자체적으로 자택 격리에 들어갔다. 그녀는 연 2회 개최되는 칸톤 페어에 알리바바 팀의 일원으로 참석하기 위해 바이러스 발생지인 광저우에 출장을 갔었다.

SARS는 그렇지 않아도 폐쇄적인 중국을 더욱 폐쇄적으로 만들었다. 발생 원인과 영향이 완벽하게 알려지지 않은 SARS는 무서운 경험이었다(당시 나는 베이징에서 이 사태를 직접 겪었다). 그러나 한편으로 SARS의 발생은 사람들의 협력을 더욱 공고하게 했다.

5월 초, 마윈은 회사가 전 직원에게 배포한 마스크를 착용하고 일주일 동안 모든 직원을 집에 있게 하는 계획에 착수했다. 직원들을 집으로 보낸 후 의사 환자에 대한 노출로 감염될 위험을 없애기 위해 알리바바의 사무실을 봉쇄했다. 그날 직원들에게 보낸 글에는 사기를 북돋우고 회사의 목표에 집중하게 하는 마윈의 능력이 여실히 드러나고 있다. "우리는 서로를 보살피고 지원해야 합니다. SARS라는 장애물 앞에서도 알리바바에서의 임무와 책임을 잊지 말아야 합니다. 재앙과의 싸움이 우리가 사랑하는 회사를 위한 싸움을 저지할 수는 없습니다."

수천 명의 사람들이 병에 걸렸고 거의 800명의 사람이 목숨을 잃었다. 하지만 알리바바를 비롯한 중국 인터넷 부문은 SARS의 등장으로 혜택을 입었다. SARS는 디지털 모바일 통신과 인터넷의 유용성을 입증해 주었고, 따라서 인터넷이 중국의 진정한 대중매체로 부상하는 전환점이 되었다.

SARS 바이러스로 휴대전화를 통한 문자 교환이 크게 활성화되었고, 이로써 차이나 모바일과 같은 휴대전화 업체의 사업이 급성장했다. SARS로 인해 중국의 세 개 인터넷 포털도 힘을 얻었다. 전기통신 업체와의 수익 공유 협정 덕분이었다. 시나, 소후, 넷이즈의 주가가 올라가기 시작하면서 중국 기술 기업에 대한 투자자들의 관심이 갑자기 재점화되었다. 휴대전화 사용만 늘어난 것이 아니었다. 수일 혹은 수 주간 집이나 기숙사에 갇혀 있어야 했던 수백만의 사람들이 인터넷에서 정보와 오락거리를 찾으면서 브로드밴드 인터넷도 성장했다.

집에서 나오지 못하는 동안 항저우 당국이 음식을 공급하고 이틀에 한 번씩 소독을 하러 방문하는 가운데 알리바바 직원들은 집에 설치된 인터넷으로 온라인 채팅룸에서 가상 회의를 하면서 일을 계속했다.

바이러스 발생 초기 몇 달 동안은 국영방송인 CCTV를 비롯한 중국의 공식 매체들이 모두 입을 다물고 있었기 때문에 SARS에 대한 믿을 만한 정보를 구하기가 어려웠다. 사람들은 휴대전화와 PC에 의존해서 바이러스와 자신을 보호할 방법들을 찾았다. SARS로 인해 밖에 나가기가 두려웠던 수백만의 사람들은 온라인 쇼핑을 시도했다. 알리바바에게는 결정적인 사건이었다.

회사의 SARS 의사 환자는 사스에 감염되지 않은 것으로 밝혀졌다. 알리바바에게 SARS는 재앙을 가장한 축복이었다. 타오바오의 기밀팀은 레이크사이드 아파트로 자리를 옮겼기 때문에 본사의 격리 사태에 영향을 받지 않았다. 마윈은 계속 집에 갇혀 있었고 5월 10일 론칭 때까지도 타오바오 팀에 합류할 수 없었다. 그는 이후 이렇게 회상했다. "우리 몇몇은 저녁 8시에 전화로 이야기를 하기로 약속했

2003년 SARS 발생 당시, 알리바바 직원들은 자가 격리를 택해 집에서 일을 했다. (알리바바 제공)

습니다. 수화기를 든 채로 잔을 들고 '타오바오에게 안전한 여정이 펼쳐지길'이라고 말했습니다. 타오바오가 론칭하는 날 웹사이트에는 'SARS 사태의 와중에도 열심히 일하고 있는 사람들을 기억합니다.'라는 문구가 등장했습니다."

타오바오

타오바오는 5월 10일 론칭했지만 웹사이트를 방문한 사람들은 알리바바와 연관이 있다는 것을 알아차리지 못했다. 타오바오는 여러 무료 게시판 시스템과 당시 중국에서 인기를 끌던 온라인 포럼에 포스팅을 하는 등 입소문 마케팅에 의존해 사이트를 대중들에게 알렸다.

타오바오와 알리바바의 관계를 어찌나 잘 숨겼는지 알리바바의 직원들 대다수가 경영진에게 새로운 라이벌이 생겼다고 우려의 목소리를 낼 정도였다. 마윈은 회상했다. "우리 회사는 내부 전산망이 대단히 활성화되어 있습니다. 6월 말, 누군가가 회사의 고위 간부에게 장래에 우리의 경쟁자가 될 만한 웹사이트가 있으니 신경을 써 달라는 메시지를 포스팅했죠." 알리바바의 인트라넷은 타오바오의 뒤에 누가 있느냐를 두고 공방을 벌이느라 뜨거워졌고 직원들은 동료 몇 명이 사라졌다는 사실을 언급했다. 2003년 7월 10일, 알리바바는 타오바오가 회사의 일부라는 발표가 있었다. "회사 내의 응원이 대단했습니다."

이제 비밀은 드러났고 타오바오는 이제 알리바바의 모든 자원을 이용해서 이베이와 맞붙을 수 있게 되었다. 하지만 마윈은 타오바오가 시장을 독점하려는 이베이의 선제 대응에 맞서 신생 업체로서의 혁신적이고 새로운 문화를 유지하기를 바랐다.

이베이는 중국의 주요 포털들과 사이트 홍보를 위한 독점 광고 계약을 맺었다. 라이벌 사이트의 홍보를 막는 계약이었다. 이로 인해 알리바바는 이베이가 중요하게 생각하지 않는 수백 개의 작지만 빠르게 성장하고 있는 사이트와 온라인 커뮤니티에 접근하는 등의 게릴라 마케팅 기법을 택하게 되었다.

소프트뱅크의 지원으로 마윈은 야후 재팬의 각본에 있었던 수를 사용했다. 1999년 야후 재팬이 전자상거래 사업을 시작했을 때, CEO 마사히로 이노우에는 120명의 직원들에게 새 사이트에 팔 물건들을 올리고 그 물건들이 활력 넘치고 인기 있어 보이게 하라고 주문했다. 4년 후에는 중국에서 마윈이 같은 일을 했다. "타오바오 팀은 모두 7, 8명으로 이루어져 있었습니다…모두가 네 개의 아이템을 찾아야 했습니다. 저는 서랍과 찬장을 샅샅이 뒤졌죠. 집에는 물건이 거의 없었습니다…모두 30개의 아이템을 모았습니다. 이 사람은 저 사람의 것을 사고, 저 사람은 제 것을 사고 그런 식으로 시작했죠…제 손목시계까지 인터넷에 올렸습니다."

마윈은 타오바오가 진융의 소설 등 대중적인 이야기에서 나온 별명을 선택하는 등[20] 특유의 문화를 유지하도록 신경을 썼다. 타오바오는 기발한 문화를 개발하고 강력한 공동체 의식을 불어넣는 데 성공했다. 그러나 타오바오가 돈을 벌기까지는 수년의 시간이 걸렸다. 다행히 알리바바는 다시 한 번 소프트뱅크의 지원을 기대할 수 있었다. 2004년 소프트뱅크는 이베이와의 긴 전투에 대비해 8,200만 달러를 투자해 알리바바의 돈궤를 다시 채워 주었다. 이 거래는 골드만삭스와의 결별을 의미했다. 셜리 린은 2003년 5월 골드만을 떠났다. 지분을 감독할 사람이 없는 골드만은 알리바바 지분의 가치를 0까지 감액했다. 이듬해, 소프트뱅크가 주도하는 새로운 투자 직전에 골드만삭스는 33퍼센트의 지분을 모두 매각했다. 골드만은 1999년 330만달러에 이 지분을 사들여서 5년 후 7배가 넘는 가격에 팔았다. 당시로서는 좋은 결과처럼 보였다. 비록 그 거래에 관계해서 공을 차지할사람은 아무도 남아 있지 않았지만 말이다. 그 지분을 인수했던 투자자들은 소프트뱅크가 타오바오에 더 많은 자금을 내주었다는 것을 바로 알게 되었다. 2014년에야 골드만은 자신들이 무슨 실수를 저질렀는지 확실히 파악할 수 있었다. 골드만이 1999년 330만 달러에 사들였던 지분을 계속 쥐고 있었다면 IPO 때 그 가치는 135억 달러로 치솟았을 것이다. 골드만으로서는 무척 난처한 일일 뿐이지만 파트너들은 개인적으로 얼마나 손해를 보았는지 가늠할 줄 아는 사람들이었다. 4억 달러가 넘는 횡재를 놓친 사람도 있었다. 햄프턴의 대저택몇 채 값이었다.

소프트뱅크와 함께 새롭게 알리바바의 펀딩에 참여한 회사에는피델리티 인베스트먼트(Fidelity Investment), 벤처TDF, 록펠러 계열의벤록(Venrock)이 뒷받침하는 새로운 투자사 그래니트 글로벌 벤처[Granite Global Ventures, 이후 GGV 캐피털(GGV Capital)로 알려졌다]가 있었다. 이 거래는 타오바오를 '중국 소매업체들과 개인이 상품을 올리는 가장 인기 있는 온라인 시장'으로 만들겠다는 공격적인 확장 조치의 일환으로 발표되었다.

마사요시 손은 알리바바의 전략을 공개적으로 지지했다. 알리바바에 대한 소프트뱅크의 첫 투자 후 4년이 지난 시점에 그는 "대단히만족스럽다"라고 말하면서 "알리바바는 야후와 같은 이례적인 성공을 거둘 잠재력을 가지고 있다."라고 내다보았다. 한편, 알리바바는 이전 해에 알리바바닷컴 B2B 사이트의 매출이 3배 증가해 사업이 마침내 흑자로 돌아섰다고 발표했다.

타오바오에 대한 새로운 자금 지원에도 불구하고, 이베이는 중국 토박이인 이 별난 라이벌보다 훨씬 앞서고 있다고 믿고 있었다. 때문에 위협적인 존재로 부각되고 있다는 사실을 깨닫지 못했다. 2004년 〈비즈니스위크〉로부터 중국 내 라이벌을 묻는 질문에 이베이의 수석 부사장 빌 콥은 야후와 시나의 조인트 벤처, 1파이(1Pai) 만을 언급했다.

마윈은 이런 경시를 한껏 즐겼다. "첫해에 이베이는 우리를 라이벌로 생각하지 않았습니다. 우리가 라이벌이 될 수 있다는 생각조차 하지 않았죠. 그들은 알리바바, 그런 이상한 이름은 들어본 적도 없다고 생각했습니다. 중국인들은 타오바오가 무슨 뜻인지 알았지만, 이베이 같은 외국인들은 그 의미를 알지 못했습니다."

이베이는 자신들의 세계적인 네트워크와 경험으로 이치넷이 모든 경쟁자를 한참 뒤로 따돌릴 것이라고 확신했다. 하지만 산호세까지 확장된 보고 체계가 제대로 기능하지 못하게 되면서 악화된 기업의 관료 체계가 상하이에서 불타고 있던 기업가 정신이라는 불씨를 꺼 버렸다. 2003년부터 2006년까지 이어진 이베이의 중국 모험은 현재 먼 거리에 있는 시장에서 기업을 경영할 때 피해야 할 사례로 인용된다.

대중화되기 이전에 중국의 인터넷 시장이 가지고 있는 잠재력을 알아보았다는 점에서라면 맥 휘트먼도 칭찬을 받을 만하다. 그녀가 초기에 중국에서의 사업 기회에 관심을 두게 된 것은 가족들 덕분이었다. "1970년대에 어머니는 여배우 셜리 맥클레인이 이끄는 여성 그룹의 한 사람으로 중국 방문 초청을 받았습니다. 중국에 가지 않겠다고 해도 전혀 이상할 것이 없는 상황이었습니다. 중국은 당시 개발되지 않은 나라였고 외부인들에게 오랫동안 폐쇄적이었죠. 게다가 준비할 시간이 10일밖에 없었습니다. 하지만 어머니는 안전 문제를 생각하기보다는 모험을 할 기회로 생각했습니다. 이 그룹은 4주간 중국에서 대부분 열차를 이용해 3,200킬로미터 이상을 이동하면서 학교, 농장, 마을을 방문했습니다."

휘트먼은 이렇게 회상했다. "중국 여행은 제 어머니의 인생을 바꾸었습니다. 그리고 간접적으로는 제 인생까지 바꾸었죠. 어머니는 이후 몇 년간 북경어를 배웠고 여덟 번이나 중국을 방문했습니다. 그리고 첫 중국 여행 이후에 언니와 저에게 '여성들이 온갖 놀라운 일을 하는 것을 보았단다. 그러니 너희들도 원한다면 어떤 일이든 할 수 있고, 될 수 있는 기회가 있다는 것을 잊지 말도록 해.'라고 말씀하셨습니다."

당시 모건 스탠리의 인터넷 분석가로 그곳에서 '인터넷의 여왕'으로 불렸던[21] 메리 미커(Mary Meeker)는 멕 휘트먼의 열렬한 지지자였다. 닷컴의 몰락은 거의 모든 월스트리트 기술 연구 공동체의 평판에 흠을 냈지만 중국은 미커의 명예 회복에 큰 역할을 했다. 2004년 4월 모건 스탠리는 그녀의 이름으로 중국 인터넷 부문을 분석한 217쪽 분량의 보고서를 발간했다. 이 보고서는 2만 5,000부가 넘게 인쇄되었다. 미커는 역투자가라는 평판을 얻고 있었다. "우리 인생에 가장 뛰어난 투자는 뉴욕 시 부동산 투자였습니다." 그녀가 말했다. "사람들이 엄청난 돈을 잃은 1970년대와 1980년대 동안 물건을 사들인 투자가들이 가장 높은 수익을 올렸죠…여기에서 사들이는 것이 중론이 아닐 때에 가장 많은 돈을 벌 수 있다는 교훈을 얻을 수 있습니다."

중국을 얻는 사람이 세계를 얻는다

현재 미커는 중국을 차세대 거대 시장으로 보고 있다. 적당한 중국 회사를 골라서 베팅을 하는 것은 쉽지 않다. 따라서 그녀는 중국에 노출된 실리콘밸리 회사들을 활용하는 것을 추천했다. "야후와 이베이 모두 중국 시장에서 흥미로운 활동을 하고 있습니다. 간단히 말해 중국 시장에 투자하는 방법 중 하나는 야후와 이베이에 투자하는 것입니다." 이 보고서는 "중국을 얻는 사람이 세계를 얻는다."라는 휘트먼의 말을 인용하고 있다.

중국 전략을 응원하는 휘트먼에 대한 미커의 요란한 지지에 힘입어 이베이의 주가는 2004년 80퍼센트나 상승했다. 하지만 이러한 가치의 상승은 이 회사에 대한 도전이 커지고 있다는 것을 망각하게 만들었다. 수수료의 계속적인 인상이 가상 매장 상인들의 항의를 불렀고 수만 명의 상인들이 이베이를 '피베이(FeeBay, 수수료베이)', '그리드베이(GreedBay, 탐욕베이)'라고 맹렬히 비난했다. 2005년 이베이가 전 세계적으로 매장의 수수료를 거의 3퍼센트(이어 8퍼센트) 인상하면서 불만은 극에 달했다. 휘트먼은 여전히 자신감이 넘쳤다. "이베이 커뮤니티에 대해 알아야 할 것이 있습니다…이베이 커뮤니티는 생긴 첫날부터 시끄러웠다는 점입니다." 하지만 그녀는 불만을 쏟아내는 상인들이 '과거보다 좀 더 시끄러워졌다'는 것은 인정했다.

중국은 미국 내 이베이 투자자들의 주의를 돌리게 하는 유용한 수단이 되어 주었다. 더 큰 문제는 이베이와 새롭게 인수한 페이팔 역시 중국에서의 입지를 다지기도 전에 "우리는 중국에서 성공하고 있다."라는 식으로 현실을 부정하는 태도를 보였다는 점이다. 일이 계획대로 돌아가지 않는 조짐에 직면해서도 말이다.

중국이 얼마나 중요한지 인식한 관리자들은 휘트먼과 다른 임원들에게 긍정적인 이야기를 들려주기 위해서 파워포인트상에 모든 것이 좋아 보이게, 전화 회의에서도 모든 것이 좋게 들리게 만들었다. 이런 스스로의 잘못에다가 알리바바의 경쟁력 있는 조치가 더해지면서 회의나 자료상의 이야기들과 현실의 괴리는 점점 커져 갔다.

이베이의 가장 큰 실책은 문화를 잘못 이해한 것이다. '전문가에게 맡긴다'는 방침에 따라 이베이 산호세 본사를 비롯한 이베이 제국의 간부들이 중국으로 파견되었다. 이러한 낙하산 인사는 상하이에 있는 이치넷 팀의 사기를 꺾었다. 이렇게 들어온 사람들은 기술에서 뛰어날지는 모르지만 중국어를 하지 못했다. 그들은 중국 시장을 이해하는 데 어려움을 겪었다. 이치넷 팀의 핵심 멤버들이 떠나기 시작했고, 산호세가 더 이상 중요한 결정에 중국인 멤버를 참여시키지 않는다는 것이 드러났다. 물론 이베이는 중국 태생의 간부들을 많이 파견했지만 대부분이 오랫동안 미국에서 공부하거나 일한 사람들이었기 때문에 현지 팀과 마찰이나 오해가 생겼다. 이치넷은 100퍼센트 토종 기업인 타오바오에 비해 자신들이 심각한 약점을 안고 있다는 것을 발견했다.

이러한 격차는 두 라이벌의 웹사이트 디자인에서 드러났다. 이베이는 재빨리 이치넷 사이트를 글로벌 사이트에 맞추어 조정했다. 제품의 분류 방법을 바꾸고 웹사이트의 디자인과 기능을 변경했다. 이조치는 고객들을 혼란에 빠뜨렸을 뿐 아니라 이전의 소중한 중국 계정 이름이 삭제되는 것을 본 주요 상인들 다수로 하여금 소외감이 들게 만들었다. 상인들의 기존 거래내역이 무효화되었고 친숙하지 않은 글로벌 플랫폼에서 새로운 이름으로 허둥대며 거래를 다시 시작해야 했다. 그뿐이 아니었다. 중국 웹사이트에는 고객 서비스 전화번호가 없었다. 미국의 이베이를 그대로 본떠서 만든 이베이의 중국 사이트는 현지 사용자들에게 이질적으로 보였다. 중국의 사용자들은 현지 사이트에 비해 '허전하다'는 느낌을 받았다.

웹디자인에는 문화가 중요하다. 서구의 경우, 말끔하고 '여백'이 많아 복잡하지 않은 구글과 같은 웹사이트가 인기였다. 하지만 팝업창과 여기 저기 떠 있는 배너 광고에 익숙한 중국 웹 사용자에게는 그런 사이트들이 정적이고 지루해 보였다. 직접 타오바오닷컴 사이트를 열어 보면 알 수 있겠지만 성공적인 중국 웹사이트들은 정보와 멀티미디어 그래픽으로 가득해서 전체 페이지를 보려면 수없이 스크롤을 해야 하는 것이 보통이다. 타오바오는 처음부터 중국인들이 중국인을 위해 만든 웹사이트였다. 그리고 그런 전략이 먹혀들었다.

타오바오가 소비자들과 유대를 형성하는 데 도움을 준 것은 그래픽만이 아니었다. 타오바오는 웹사이트를 동네시장 거리와 같이 구성했다. 심지어는 여성과 남성 고객이 버튼을 클릭하면 성별에 따라 관심에 보다 적합한 제품을 보여 주는 기능도 있다. 이 사이트는 이우 도매시장을 가상으로 구현한 모습으로 디자인되어 있다. 마윈과 많은 다른 저장 기업가들이 영감을 받은 진짜 시장의 모습을 하고 있는 것이다. 또 다른 틈새 전자상거래 벤처의 설립자 한 명은 이렇게 설명했다. "이우 시장에 가면 신발 세 켤레와 같은 소규모의 주문도 할 수 있습니다. 어떤 공장은 신발 바닥을 전문으로 하는가 하면 어떤 공장은 윗부분을 전문으로 하고 또 어떤 공장(혹은 작은 마을)은 신발끈을 전문으로 다루죠. 타오바오는 이런 소규모 상인들의 열의를 이용해서 돈을 벌었습니다."

이베이와 아마존 같은 기업들이 미국이나 다른 서구시장에서 얻은 경험은 중국에서는 거의 소용이 없었다. "중국의 전자상거래는 대단히 이상합니다." 라이벌 전자상거래 업체의 설립자는 이렇게 말을 이었다. "전자상거래가 C2C(consumer to consumer, 소비자 대 소비자)에서, 그리고 비표준화된 상품에서 시작되었습니다. 아마존과도 다르고, 책과 같은 표준화된 상품으로 시작해야 한다는 일반적 통념에서도 벗어납니다. e-테일러의 입장에서는 공급망이 표준화될수록 장벽이 높아집니다. 제품을 공급하는 데는 표준화되지 않은 제품을 파는 소규모의 영세한 매장들이 보다 융통성이 있고 유연합니다. 중국만의 특징입니다. 전국 공급망의 부족으로 오히려 서구에 존재하는 진입 장벽이 없기 때문에 개인도 돈을 벌 수 있습니다.[22] C2C로 시작함으로써 가격이 큰 매력 요인이 됩니다. 개인은 3마오[미화(美貨)로 1센트도 되지 않는다]만 할인을 해 줘도 흡족해할 수 있습니다."[23]

저장 토박이기 때문에 현지의 상인을 더 잘 이해한 타오바오는 이베이에 한 발 앞설 수 있었다. 타오바오는 처음부터 회원가입을 무료로 했다. B2B 알리바바닷컴의 핵심 원칙이 무료 상품 등록이었던 것과 같이 타오바오닷컴에도 무료 가입이 핵심적인 경쟁 무기가 되었다. 구매자는 회원가입이나 거래에 어떤 비용도 지불하지 않고, 판매자는 회원가입, 제품등록, 온라인 판매에 비용을 지불하지 않는다.

이치넷은 무료 등록으로 시작했으나 2001년 8월 비용 급증으로 판매자에게 등록 수수료를 청구하기 시작했고, 다음해에는 모든 거래에 수수료를 붙였다. 이로써 이치넷 사이트의 경매 숫자가 급격히 감소했다. 하지만 이치넷 경영진은 당시와 같은 벤처캐피털 시장의 현실에서는 다른 선택의 여지가 없다고 생각했다. 이베이의 핵심 모델인 수수료 부과를 시작하겠다는 결정은 아이러니하게도 인수를 염두에 둔 이베이의 관심에 기름을 끼얹은 셈이 되었다. 중국을 맡게 된 이베이는 '보'가 했던 것보다 훨씬 더 공격적으로 수수료 정책을 밀어붙였다. 이베이의 글로벌 마케팅 부사장, 빌 콥은 이렇게 요약했다.[24] "우리의 주된 관심은 회사의 구조를 장기적으로 지속 가능하도록 만드는 데 있습니다. 이베이에는 필수 형식으로 등록수수료, 낙찰수수료, 특별 수수료가 있습니다. 단, 중국의 경우 그 수준은 좀 더 낮습니다."

수수료를 포기한다는 타오바오의 결정에 위험이 없었던 것은 아니었다. 다른 수익 산출 방법을 찾아야 했기 때문이다. 사이트가 인기를 얻어 운영비용이 높아질 경우가 특히 문제였다. 하지만 쇼핑객과 상인 모두에게 사이트를 무료로 이용하게 한 것이 타오바오가 이베이를 물리칠 수 있었던 주요한 요인으로 밝혀졌다. 10년 이상 타오바오에서 이루어진 거래자료를 분석한 한 연구 논문은[25] 회사 역사의 초기 단계에 수수료를 내는 것을 유난히 싫어하는 중국의 상인들을 끌어들인 것이 쇼핑객을 끌어들인 것보다 더 중요한 성공 요인이었다고 결론지었다.[26] 타오바오의 인기를 불붙게 한 연료는 '악순환'이었다. 많은 상인이 모이고 많은 물건이 등록된다는 것은 더 많은 쇼핑객이 그 사이트에 끌린다는 얘기가 되고 이는 다시 더 많은 상인과 물건을 끌어들이는 식으로 계속된다.

무료 서비스 제공은 소비자 사이에서 인기를 모았을 뿐 아니라 이 때문에 타오바오는 처음부터 이치넷을 괴롭혔던 문제에 주의를 빼앗기지 않을 수 있었다. 어떻게 하면 공급자와 소비자가 웹사이트를 단순히 서로를 찾는 장소로만 이용하고 거래는 오프라인이나 다른 수단을 통해서 하는 것을 막을 수 있을까 고민할 필요가 없었던 것이다. 타오바오는 수수료를 부과하지 않기 때문에 사고파는 사람들의 행동을 감시할 이유가 없었다. 타오바오는 오히려 거래 당사자들의 커뮤니케이션을 적극적으로 장려했다. 게시판을 만들고 2004년 6월부터는 자체 채팅 창—그 이름은 영어로 알리왕왕(AliWangWang)[27]이었다—을 론칭했다. 이 사이트의 구매자들은 채팅 서비스를 이용해서 판매자와 교섭을 벌였다. 생기 넘치는 중국의 시장 문화를 잘 반영하는 서비스였다. 커뮤니케이션은 상업의 핵심임에도 이베이 사용자들은 판매자와 커뮤니케이션을 하는 데 많은 어려움을 겪었다.

타오바오 사용자들의 조언을 받아 만들어진 알리왕왕은 휴대폰 제조업체 샤오미의 팬클럽이 새로운 제품 기능을 제안하는 역할을 하는 것과 같이 현재 중국의 성공적인 IT 기업을 움직이는 '소비자 주도 혁신'의 초기 사례이다.

지금까지도 알리왕왕은 타오바오의 인기 기능으로 남아 있다. 이 기능으로 소비자들은 예를 들어 화장품 판매자 한 명, 분유 판매자 한 명을 각 개인의 조달업자 리스트에 올려놓고 이들을 언제나 호출할 수 있다. 타오바오의 고객 서비스는 압도적이라고 할 수 있을 정도로 좋다. 타오바오에서 물건을 구입하면 종종 알리왕왕이 판매자의 감사 인사로 도배가 되어 대화에서 빠져나오는 데 애를 먹기도 한다.

타오바오의 '매력'이 무엇이든, 2004년 이베이가 내린 결정은 이치넷의 많은 고객을 '밀어내는' 계기가 되었다. 이베이 산호세의 간부들은 중국 웹사이트를 미국으로 '이주'시키기로 결정했다. 웹사이트를 중국 고객 가까이에서 관리하는 대신 미국으로 보내 버린 것이다. 인터넷에는 국경이 없기 때문에 웹사이트를 어디에서 관리하느냐는 문제가 되지 않는다. 하지만 중국의 경우는 국경이 없는 인터넷이 아니다. 현재 중국 정부는 전 세계에 '인터넷 자주권(Internet sovereignty)'의 비전을 적극적으로 홍보하고 있다. 민족국가의 가상 국경은 실제 국경만큼의 의미가 없다는 생각을 거부하는 것이다. 중국 정부는 오랜 세월에 걸쳐 '중국의 만리장성 방화벽'을 구축하고 확장하는 데 노력을 기울여 왔다. 그 결과 해외에서 관리하는 웹사이트는 중국에서 관리하는 웹사이트에 비해 로딩이 훨씬 늦다. 본토 밖에서 관리하는 사람들이 접근하는 웹사이트는 요청이 걸러지는 일련의 관문을 거쳐야 한다. 이는 외국의 웹사이트가 이른바 3T[티벳(Tibet), 타이완(Taiwan), 톈안먼 광장(Tiannamen Square)] 등 중국 정부가 '민감하다'고 여기는 사안들을 보여 주지 못하게 하기 위한 것이다. 3T와 신장지구의 불안과 같은 민감한 주제 때문에 트위터(Twitter)에서 유튜브, 페이스북 그리고 점차 구글에 이르기까지 세계의 유명 웹사이트에 대한 차단이 이루어지고 있다.

전자상거래와 온라인 쇼핑은 이런 민감한 부분을 건드리지 않는 것이 보통이지만, 만리장성 방화벽은 온건한 활동이나 요청도 자주 함정에 빠뜨리거나 차단한다. 예를 들어, 이베이가 중국 밖으로 서버를 이전하자 사용자 이름에 '64'나 '89'가 있는 사람은 계정이 차단되거나 인터넷에 접속할 수 없게 되었다. 이 두 숫자는 1989년 6월 4일 (6/4/89) 일어난 톈안먼 사태에 대한 언급을 차단하려는 중국의 검열 시스템을 자동으로 작동시키기 때문이다.

물론, 이베이로서는 이유가 있는 이전이었다. 중국의 사업이 성장하면서 산호세의 엔지니어들은 상하이 기반의 신생 업체가 구축한 플랫폼이 앞으로의 상황에 잘 대처해 갈 수 있을지 걱정했다. 이치넷은 규모가 100배로 커져도 감당할 수 있는 기술을 구축했던 것으로 밝혀졌다. 하지만 일련의 사이트 정전 이후 미국에서의 명성에 흠이 난 이베이는 플랫폼의 안정성에 집착하게 되었다. 이베이는 중국 사이트의 이전을 밀어붙였다. 일관된 기능을 갖춘 통일된 세계적 사이트에 대한 집착에서 벗어나기란 쉽지 않았다.

이베이의 일부 고위 간부들은 이전이 실수라는 것을 이미 알고 있었다. 타이완에서 이미 부정적인 영향을 확인한 뒤였기 때문이다. 하지만 이주에 집착하는 산호세 관리자들은 타이베이의 이베이 관리자들이 상하이의 팀과 자신들의 경험을 공유하는 것을 차단했다.

예상한 대로 중국 사이트가 이전해 글로벌 사이트에 통합되자마자 이치넷의 트래픽은 엄청난 부정적 영향을 받았다. 트래픽이 가파르게 감소했다. 중국의 고객들이 이치넷 사이트의 로딩 시간이 길어지고 먹통이 되는 것을 경험하기 시작했다. 수수료가 없고 빠른 타오바오를 이용할 수 있는 상황에서 수수료를 받는데다 느리기까지 한 이베이를 이용할 이유가 어디에 있겠는가?

이베이가 이전으로 인해서 치러야 할 대가가 또 있었다. 서부 해안에서는 보통 트래픽이 절정에 달하는 금요일을 앞두고 매주 목요일 자정에 서버를 점검했다. 하지만 이렇게 되면 산호세보다 15시간이 앞서는 중국에서는 트래픽이 최대가 될 시기에 사이트 접속이 중단된다. 이치넷은 점검 스케줄을 조정하려 노력했지만 성과는 없었다.

멕 휘트먼은 중국을 이베이의 최우선 순위에 두려 했다. 하지만 사이트 이전으로 중국의 트래픽이 급감한 것을 아무도 그녀에게 이야기하지 않았다. 그녀는 한 달 후 상하이를 방문했을 때야 상황을 파악했고 진행 상황을 보고받지 못한 것에 격분했다.

상황은 순식간에 걷잡을 수 없는 지경에 이르렀다. 웹사이트를 미국으로 이전하자 중국 내 엔지니어의 모든 조정 요청은 이 회사가 '열차 좌석(train seat)' 시스템이라고 부르는 것에 쌓였다. 부서가 변경 요청서를 제출하면 공장의 조립 과정처럼 줄을 지어서 '필요의 열차(train of needs)'에 통합되었다. 사이트의 단어 하나를 바꾸는 데에도 9주가 걸렸다. 기능 하나를 변경하는 데에는 1년이 필요했다.

어떻게 이베이가 이렇게 비효율적일 수 있을까? 두 가지 해석이 있다. 첫째, 미국의 경우 이베이는 사실상 독점이었고 이 때문에 현실에 안주하게 되었다. 둘째, 실리콘밸리의 일반적인 분위기와 달리 이베이는 기술력이 강한 기업이 아니다. 이베이의 한 간부의 입에서 나온 유명한 이야기가 있다. 그는 공개적으로 "이 회사는 원숭이라도 경영할 수 있을 것"이라고 말했다. 이베이는 사이트의 정전 사태 이후 기술보다는 안정성과 절차를 우선하게 되었다.

타오바오가 등장하자 이베이의 '열차 좌석' 시스템은 곧 '열차 잔해(train wreck)'가 되었다. 이치넷의 간부들은 산호세에 있는 고위 임원들에게 위험을 알리기 위해 필사적으로 노력했지만 소용이 없었다.

타오바오는 나름의 장점을 가지고 있었지만, 행운의 많은 부분은 세계적인 명성을 가진 이베이의 서투른 대처로 인한 반사 이익이었다. 알리바바로서는 믿기 어려운 일이었다. 마윈은 이베이의 육중한 움직임을 점보 제트기에 비유했다. "세계적인 기술 플랫폼은 아주 훌륭하죠. 보잉 747 여객기처럼요. 하지만 공항이 학교 운동장이면 착륙할 수 없습니다. 버튼만 바꾸려고 해도 열댓 명의 사람들에게 보고를 해야 하니까요."

휴렛팩커드의 CEO로 자리를 옮긴 멕 휘트먼은 대실패로 돌아간 8년간을 회상하면서 이베이가 중국에서 취한 잘못된 조치를 후회했다. "중국인이 중국 시장을 위해 고안한 일련의 제품이 필요합니다. 그곳은 유럽이나 미국에서 성공한 제품이나 시스템을 가져갈 수 있는 시장이 아닙니다."

그녀는 산호세로의 이전이 이베이가 중국에 걸었던 야심에 치명타를 날렸다고 인정했다. "우리는 아주 큰 실수를 저질렀습니다. 이치넷을 중국의 플랫폼에 남겨 두어야 했습니다. 우리는 이치넷을 글로벌 이베이 플랫폼으로 옮겼죠. 그 방법이 어디에서나 먹혔기 때문입니다. 서구 유럽에서도 성공했고, 어디에서나 실패한 곳이 없었죠…작은 이베이를 사들여서 공동 플랫폼으로 옮기는 방법 말입니다. 거기에는 많은 장점이 있었습니다. 첫째는 비용 면에서의 장점입니다. 둘째는 시장에 대한 속도였습니다. '구매하기'를 작동시키면 30개국에서 작동이 되니까요. 30개국에서 차례로 하는 것과 비교가 되지 않죠. 하지만 중국에서는 실수였습니다."

그녀는 알리바바가 성공한 이유가 타오바오를 현지 시장에 맞게 만든 데 있다고 인정했다. "그들은 중국 특유의 플랫폼을 가지고 있었습니다. 그리고 아주 긴 시간 동안 수수료를 전혀 받지 않았죠. 그들은 우리를 크게 앞질렀습니다."

'보'가 물러난 후, 이베이는 제임스 정(James Zheng)부터 단 12개월 동안 그 자리를 메꾼 미국 태생의 타이완인 마틴 우[Martin Wu, 마이크로소프트 차이나(Microsoft China)로 자리를 옮겼다]에 이르기까지 여러 경영자들을 세우면서 보를 대체할 인물을 찾느라 고생했다.

지금의 휘트먼은 이치넷을 설립한 사람들을 놓쳤던 일을 후회하고 있다. "보에게 책임을 맡겨 두고 본디대로 이베이 차이나의 지분 30퍼센트를 보유하면서 그가 나름대로 일을 하게 두어야 했습니다."

　　이베이가 중국에서 헤매고 있다는 것을 감지한 마윈은 사업을 단호하게 밀고 나갔다. 마윈은 2004년 9월 항저우의 한 체육관에서 4시간에 걸쳐 열린 알리바바의 창립 5주년 행사에 알리바바의 2,000명 전 직원을 모두 결집시켰다. 빠르게 성장하고 있는 타오바오 팀은 타오바오의 마스코트인 일개미가 선명히 새겨진 깃발들을 높이 들었다. 이들은 아무리 작은 생물이라도 함께 힘을 합치면 적을 압도할 수 있다는 것을 상징하는 의미에서 개미를 마스코트로 선택했다. 이렇게 모인 사람들은 손을 잡고 "무지개를 보려면 폭풍을 헤쳐 가야 한다. 쉽게 성공할 수 있는 사람은 없다."는 가사의 〈진정한 영웅(True Heroes)〉이라는 노래를 불렀다. 그들이 극복한 SARS 사태를 뜻하는 가사였다. "한데 뭉친 개미들은 코끼리를 이길 수 있다."는 가사가 이어지고 이후 모든 사람들이 디스코텍으로 자리를 옮겼다. 마윈은 그곳 카운터에 올라가 새벽까지 춤을 추었다.

　　방안에 있는 코끼리는 물론 이베이였다. 마윈은 타오바오를 구상한 순간부터 이베이에 초점을 맞추었다. "이베이가 대양에 있는 상어라면 저는 양쯔 강에 있는 악어입니다. 우리가 대양에서 싸운다면 우리가 지겠죠. 하지만 강에서 사운다면 우리가 이깁니다." 마윈이 2005년 〈포브스〉와의 인터뷰에서 한 이 비유는 사람들의 입에 많이 오르내렸다.

　　전세는 이베이에 불리하게 전개되고 있었다. 이베이의 2003년 시장점유율은 90퍼센트가 넘었지만 다음 해에는 반 토막이 나 타오바오를 간신히 앞서는 정도였다.

이베이에는 또 다른 문제가 있었다. 온라인 결제였다.

2003년 10월 18일, 타오바오를 론칭한 지 5개월 만에 알리바바는 전자 결제 솔루션, 알리페이를 출시했다. 3년 전 알리바바의 고객 로 그 초창기를 생각나게 하는 기초적인 것이었지만 고객들 사이에서 곧바로 큰 인기를 끌었다.

알리바바의 공동 창립자 루시 펑은 현재 알리페이를 통제하는 알리바바의 자회사, 앤트 파이낸셜(Ant Financial)의 CEO이다. 2012년 스탠퍼드 대학에서 내가 주재한 한 좌담에서 그녀는 알리페이 서비스 론칭에 대해 이렇게 말했다. "초기 단계에서는 단순한 에스크로 모델로 온라인 쇼핑에서의 위탁 시스템을 만들었습니다. 대단히 원시적인 모델이었죠…알리페이의 운영 초기에는 부서에 팩스 기계가 있었습니다. 클라이언트는 은행이나 우체국을 통해 대금을 보내고 팩스로 송금 영수증을 타오바오에 보냈습니다. 그러면 우리가 그것을 재확인하고 거래를 확정해 주었죠."

3개월이 지나자 이베이가 알리페이의 위협을 감지하게 되었다. 2004년 1월, 페이팔의 대책팀은 산호세에 모여 이치넷이 이전에 에스크로 솔루션을 만드는 데 실패한 것을 두고 이야기를 나누었다.

이베이는 2002년 14억 달러를 들이부어서 페이팔을 인수했다. 하지만 회사를 통합하고 중국에서 출시하는 데 많은 시간이 걸렸다. 중국의 규제가 지연의 중요한 요인이었다. 중국의 은행권은 정부의 철저한 감시하에 있다. 게다가 중국의 통화는 자유롭게 환전이 되지 않기 때문에 외국 결제업체는 국제거래를 할 수 없고 여신도 불가능했다. 페이팔은 현지 파트너를 찾는 등 문제를 헤쳐 나갈 해결책을 모색하느라 애를 먹었다.

페이팔은 미국에서 엄청난 위험을 안고 시작했다. 창립자와 초기 경영진이 겪은 전설적인 모험 덕분에 피터 틸(Peter Thiel)과 리드 호프먼[Reid Hoffman, 링크드인(LinkedIn)의 창립자], 엘론 머스크[Elon Musk, 테슬라 모터스(Tesla Motos), 스페이스X(SpaceX), 솔라시티(SolarCity)의 CEO]는 '페이팔 마피아(Paypal mafia)'라 불리기도 한다. 하지만 이베이에 흡수된 페이팔은 고향에서 멀리 떨어진 중국에서 처음부터 고전했다.

중국에서 성공할 방법을 찾는 시도는 페이팔이 미국에서 AT&T로부터 특허권 침해 소송을 당하면서 더 복잡해졌다. 이로 인해 새로운 에스크로 솔루션 작업은 서서히 중단되었다. 대신 중국 문제를 해결할 추진력을 잃지 않기 위해 이베이가 새롭게 만든 '중국 개발 센터(China Development Center)'가 독자적인 에스크로 상품, 안푸퉁(An Fu Tong, AFT) 계획에 착수했다. 페이팔이 미국의 소송에 묶여 있는 동안 AFT를 임시 솔루션으로 사용한다는 계획이었다. 마침내 2004년 12월, 이베이는 중국에서 알리페이의 대항마로 AFT를 배치했다. 하지만 그때는 이미 페이팔이 AT&T와의 소송 문제를 해결한 뒤였다. 때문에 페이팔은 AFT가 아닌 자신의 솔루션을 이용하기를 원했다. 그러나 알리바바라고 해서 가만히 있는 것은 아니었다. 고객들에게 결제 성공을 알리는 문자 서비스가 특히 좋은 반응을 얻는 등 알리바바는 알리페이를 점진적으로 개선하고 지역 물류, 배송 회사들과의 협업을 진행하며 '철의 삼각'의 형태를 갖추어 가고 있었다.

스탠퍼드에서 공부하고 2004년부터 페이팔 차이나에서 일하던 앨런 티엔(Alan Tien)에게 AFT와 페이팔 사이의 내분과 미국으로의 서버 이전은 이베이 차이나의 종말을 알리는 신호로 보였다. 그는 본사로 여러 건의 품의(稟議)를 보내 알리바바와 알리페이의 위협이 얼마나 심각한가를 알려 보려 했다. 2005년 1월, 그는 "현재의 상황은 좋지 못합니다. 우리는 추진력을 잃고 있습니다. 추락하지 않고 비행을 계속하려면 수리 계획을 실행해야 합니다."라고 적고, "더 이상은 스스로를 속일 수 없습니다."라고 덧붙였다.

이베이는 중국에서 타오바오가 이베이보다 많은 상품을 팔고 있다는 것을 보여 주는 데이터가 쌓이고 있는 가운데에서도 이런 자료들의 신뢰성을 의심하면서 알리바바를 진지하게 주목하지 않았다. 타오바오는 회원 수가 더 많았지만 이베이는 타오바오 회원들은 무료 회원이기 때문에 질이 낮을 것이라고 믿었다. 마윈은 이런 이론을 강하게 반박한다. "타오바오의 생존과 성장은 무료 서비스 때문이 아닙니다. 1파이(야후와 시나의 조인트 벤처) 역시 무료이지만 실적은 타오바오에 비해 크게 떨어집니다. 타오바오는 이베이 차이나보다는 이베이에 가깝습니다. 타오바오는 사용자 경험에 더 많은 관심을 기울이니까요."

게임이 끝났다는 것을 감지한 앨런 티엔은 이렇게 결론지었다. "타오바오의 상품 개발 사이클은 훨씬 빠릅니다. 마윈이 옳았습니다. 우리는 그의 방식에 더 이상 맞설 수가 없습니다."

휘트먼도 같은 결론에 이르렀다. 그녀는 비밀리에 중국이라는 수렁에서 빠져 나올 방법을 찾기 시작했다. 가장 확실한 경로는 알리바바에 인수 제안을 하는 것이었다. 그녀는 산호세에 있는 임원 세 명을[28] 항저우로 보내 마윈과 조차이를 만나도록 했다. 시작부터 좋지 못했다. 이베이의 수석 부사장 빌 콥이 타오바오의 실적을 얕잡아 이야기했고 CFO 라지브 두타(Rajiv Dutta)가 알리바바를 인수하는 데 1억 5,000만 달러라는 낮은 가격을 제시했기 때문이다. 마윈이 이베이 대표단에게 타오바오는 막 시작한 참이라고 말했고, 이어 조차이는 9억 달러를 제시했다. 여기에서 회의는 결렬되었다.

경쟁사를 인수하는 데 실패한 멕 휘트먼은 중국 이베이 운영에 1억 달러를 추가 투입하겠다고 발표했다.[29] 이 결정은 타오바오에 대한 두려움에서 촉발된 것이었지만 휘트먼은 투자자들 앞에서는 이 일을 긍정적으로 포장했다. "중국 인터넷 시장은 예상보다 빠르게 성장하고 있습니다…우리는 중국에 6개월 전보다 훨씬 더 많은 기회가 있다는 것을 발견하고 있습니다." 1억 달러는 신용 시스템을 업그레이드하고, 인력을 고용하고, 큰돈을 들여 새로운 광고 캠페인을 내놓는 데 사용될 예정이었다. 곧 이베이의 광고가 중국 대도시의 광고판을 뒤덮었다.

마윈에게는 듣기 좋은 소식이었다. 그는 〈포브스〉에 "이베이는 큰 주머니를 가지고 있는 모양이다. 우리는 그 주머니에 구멍을 낼 작정이다."라는 농담을 했다. 그는 중국의 미디어와 가진 인터뷰에서 이 새로운 투자를 조롱했다. "이 시장에 들어오기 위해 1억 달러를 쓰겠다는 이베이의 이야기를 듣고 저는 그들에게 전문적인 전략이 전혀 없지 않나 하는 생각을 했습니다. 돈으로 문제를 해결할 수 있다면 사업가가 무슨 필요가 있겠습니까. 사업가는 적은 자원으로 사업을 확장시킬 방법을 알고 있어야 합니다." 소프트뱅크의 지원이 있기는 했지만 마윈은 이베이가 중국에 끌어들일 수 있는 만큼의 자원을 가지고 있지는 않았다. 이베이의 접근법을 일고의 가치도 없다고 묵살한 그는 이렇게 덧붙였다. "어떤 이들은 자본의 힘이 엄청나다고 말합니다. 자본이 힘을 가지고 있는 것은 분명합니다. 하지만 진정한 힘은 자본을 움직이는 사람들의 힘입니다. 사람의 힘이 엄청난 것입니다. 돈은 이내 없어지지만 사업가의 힘은 고갈되지 않습니다."

이베이는 이전에는 무시했던 알리바바에 많은 관심을 기울이고 있었다. 마윈은 이후 그때를 결정적인 순간으로 보았다고 말했다. "휘트먼이 돈을 사용하겠다는 전략을 내놓은 순간 우리는 이베이의 실패를 예측할 수 있었습니다. 처음에 그들은 우리를 라이벌로 생각하지 않았습니다. 이후에는 우리를 라이벌로 지나치게 의식했죠. 두 가지 모두 적절한 전략은 아니었습니다. '마음속에 적이 없으면 천하무적'이라는 말은 다양한 전략과 전술을 가지고 있어야 한다는 뜻입니다. 전략 면에서는 주의를 기울여야 합니다. 적이 등장하면 그 적이 라이벌이 될 것인지 헤아려 보아야 하고, 그렇다면 무엇을 어떻게 해야 할지 연구해야 합니다. 아무리 상대가 강할지라도 미워하지 않는 법을 배워야 합니다…라이벌로 지나치게 적대하고 죽이려고 마음을 먹으면 자신의 허점이 완전히 노출됩니다…미움은 사람을 근시안적으로 만듭니다."

2005년 5월, 멕 휘트먼과 다른 실리콘밸리의 핵심 임원들이 '포천 글로벌 포럼(Fortune Global Forum)' 참석차 베이징으로 왔다. 그곳에서 휘트먼은 마윈과 조차이를 만났다. 하지만 이베이의 타오바오 투자 제안을 포함한 후속 논의는 수포로 돌아갔다.

페이팔 차이나의 분위기는 침체되고 있었다. 앨런 티엔은 동료들에게 "이베이가 이런 위협들을 더 심각하게 생각하지 않는다는 것이 몹시 놀랍습니다…타오바오와 알리페이는 중국의 경매 및 결제 분야의 리더로 입지를 단단히 다져 왔습니다. 그간 우리는 매번 발목을 잡혔습니다. 하지만 우리는 도약이나 측면 전략을 개발하는 대신 눈에는 눈 식의 대응을 하려 하고 있습니다."

이베이는 상황을 잘 마무리하려고 노력했지만 휘트먼은 AFT와 페이팔 간의 내분에 점점 불만을 느끼게 되었고 "좋든 싫든 페이팔 차이나가 함께하게 될 것이다. 시장에서는 차선일지 모르지만 이베이는 이 경주에 두 마리의 말을 두고 싶다."라고 경고했다.

이베이는 AFT나 페이팔 중 하나 선택하는 대신 둘 모두와 함께 가기로 결정했다. 그것은 중국의 고객들이 온라인 구매에 하나가 아닌 두 개의 웹사이트를 거쳐야 한다는 의미였다.

중국에서 두 개의 결제 시스템을 나란히 운영하는 것은 불가피하게 재난을 초래했다.

"나는 이베이에서 고통스러운 경험을 했다. 주문 정보를 입력할 수가 없었다. 나는 100퍼센트 좋은 피드백을 받은 사용자이다. 의무를 게을리한 적도 없고 규칙을 어긴 적도 없다. 이전의 결제 시스템이 무척 좋았다."라는 식의 고객 항의가 넘쳐났다. 또 다른 사용자는 이렇게 분통을 터뜨렸다. "더 이상은 참을 수가 없다. 이치넷은 이걸 고객 서비스라고 하는 것인가? 더 많은 사용자들을 쫓아 버리고 있을 뿐이다. 총 5,000위안의 두 차례 결제가 사라졌다. 이치넷에 대한 신뢰는 또 한 번 산산조각 났다."

한 고객은 자신의 페이팔 수표가 '해외 범죄자들이 이런 방법으로 돈을 세탁하는 것을 막기 위한' 법 때문에 난징의 중국은행에 의해 압수되었다고 항의하기도 했다. 2005년 중반, 타오바오는 사이트에 있는 제품의 80퍼센트에 온라인 결제를 가능하게 만들었지만 이베이는 20퍼센트에 그쳤다.

상황을 되돌리려는 최후의 시도로 휘트먼과 여러 핵심 경영진들이 두 달 동안 산호세에서 상하이로 자리를 옮겼다. 고위 간부들이 모이면서 상하이는 이베이 내에서 '상 호세(Shang Jose)'라 불렸다. 하지만 중국 사업은 점점 가망이 없어 보였다.

이베이는 2005년 9월, 스카이프(Skype)를 26억 달러에 인수하는 등 새로운 지평으로 초점을 전환했다.[30] 타오바오가 수수료가 없는 모델을 고수하겠다고 다시 한 번 다짐하면서 이베이의 중국 상황은 더 악화되었다. 알리바바는 무료 서비스 약속을 3년 더 연장하면서 중국에 100만 개의 일자리를 만들겠다고 선언했다. 이베이의 홍보 이사인 헨리 고메즈는 "타오바오의 가격 책정에 관련한 이베이의 성명"이란 제목의 간결한 보도자료를 급히 내놓았다. 이 자료는 다음의 세 문장으로 이루어져 있었다.

"'무료'는 비즈니스 모델이 아닙니다. 타오바오가 오늘 다음 3년간 상품에 대한 수수료를 물리지 않겠다고 발표한 것은 이베이의 중국 내 사업의 힘에 대해 많은 것을 시사합니다. 우리는 이베이가 중국에 지속 가능한 기업을 만들어 중국 소비자와 기업가들에게 가장 안정적이고 전문적이며, 가장 활발한 세계적 거래 환경을 제공하고 있는 것을 매우 자랑스럽게 생각합니다."

휘트먼과 COO, 메이너드 웨브(Maynard Webb)는 세계 전역에서 성공한 그들의 상품이 중국에서는 효과를 발휘하지 못하고 있다는 것을 이미 알고 있었다. 따라서 중국에 최고의 전자상거래 사이트를 완전히 새롭게 론칭하는 새로운 프로젝트를 시작했다. 그들은 이 계획에 '디 누에보(de nuevo, '처음부터' 혹은 '새로'라는 의미의 스페인어)'라는 이름을 붙였다. 중국의 현지 문화에 보다 다가가자는 논의 끝에 시작한 프로젝트에 스페인 이름을 붙였다는 사실은 신뢰감을 불어넣기엔 크게 부족했다.

2005년 말, 이베이의 시장점유율은 1/3로 떨어졌고 타오바오의 점유율은 60퍼센트에 가까워졌다. 이베이는 수수료 기반 비즈니스 모델을 공개적으로 옹호했으나 그 후 두 달 만에 수수료 부과를 전면 중지했다. 투자자들에게 중국의 상황을 지나치게 부풀렸던 이베이가 바로 그 중국에서 고전을 면치 못하는 지경에 이르자 결국 주가에도 영향을 미치기 시작했다. 2006년 초 46달러였던 주가는 8월에 24달러로 급락했다.

마윈은 사정을 봐주지 않았다. "중국에서 그들은 실패했습니다… 중국에서 너무나 많은 실수를 저질렀어요. 우리에게는 행운이었죠."

타오바오와 손을 잡는 데 실패한 휘트먼은 이베이 차이나 사업을 리카싱이 지원하는 벤처, 톰 온라인(Tom Online)에 매각하기 위한 논의를 시작했다. 이베이는 이베이 차이나를 4,000만에서 5,000만 달러의 현금과 함께 소수자 소유의 조인트 벤처에 넘기면서 문제 투성이의 사업에서 손을 뗐다. 그리고 예상되었던 대로 언론 배포 자료의 형식을 빌려 명백히 부정적인 사건을 긍정적으로 포장하는 말을 남겼다. 이 자료에는 조인트 벤처를 통해 이베이는 "성장하고 있는 이 시장에 참여하는 데 좀 더 좋은 위치를 점하게 되었다. 이 합의는 중국에 최고의 온라인 매매 경험을 전달하기 위한 우리의 계속적인 헌신을 상징한다."라고 적혀 있었다. 이 벤처는 곧 사라졌다.[31]

이베이는 중국을 잃었다. 하지만 중국은 민중의 영웅을 얻었다. 이 일을 겪은 뒤 질문을 받자 휘트먼은 마윈의 성공을 높이 평가했다. "일본과 중국이라는 두 중요한 시장에 우리는 적절한 전략적 접근을 하지 못했습니다. 솔직하게 말해서 당시에는 그것이 그렇게 명백하지 않았습니다. 마윈과 그가 만든 강력한 프랜차이즈는 일을 몹시 잘 해냈습니다. 이베이, 페이팔, 아마존을 한데 섞는, 대단히 놀라운 일을 해낸 겁니다."

이베이는 중국에서 어리석은 결정을 거듭하면서 수 억 달러의 손실을 보았다. 하지만 곧 알리바바에게는 이것을 작은 변화로 치부해 버릴 만한 큰 사건이 생겼다. 또 다른 실리콘밸리의 거인, 야후 덕분에 마윈이 10억 달러 거래를 성사시킨 것이다.

제10장

야후의 10억 달러 베팅

미래를 알 수는 없다.

하지만 미래를 만들어 갈 수는 있다.

– 마윈

알리바바는 이베이의 야망을 좌절시켰다. 하지만 이베이가 중국에서 문제에 부딪힌 최초의 실리콘밸리 기업은 아니었고, 마지막 기업도 아니었다. 사람들이 처음으로 인터넷에 접속할 때만 해도 야후는 중국에서 가장 인기가 많은 사이트였으나 곧 내리막길을 걸었다. 그러나 알리바바와의 10억 달러 거래가 모든 것을 바꾸었다.

제리 양

야후가 미국에서 초기에 거둔 성공과 제리 양이 중국인이라는 사실 때문에 야후는 중국에서 큰 기대를 모았다. 중국 본토에서는 '양즈위안'으로 알려진 제리 양과 그가 공동 설립한[1] 회사는 소후와 시나, 넷이즈의 성립에 영감을 주었다. 그의 영향력은 기술계에 국한되지 않았다. 중국 사람들은 타이완 태생의 젊은 소프트웨어 엔지니어가 미국의 상징적 IT 기업을 설립하고 그렇게 젊은 나이에 거액의 재산을 모았다는 데 매료되었다.

1968년 타이완에서 태어난 양은 어머니, 남동생과 함께 1978년 미국으로 이주한 후에 제리라는 이름을 얻었다. 제리는 두 살 때 폐병으로 아버지를 잃었다. 어머니는 타이완에서 영어와 연극을 가르치는 교사였고 캘리포니아에서는 다른 이민자들에게 영어를 가르치는 일을 했다. 가족은 산호세 교외의 호스테터 로드에 있는 평범한 단층집에 정착했다. 오랜 이웃인 빌 오토는 제리를 시베리안 허스키 품종인 그의 개, 보디와 마당에서 장난을 치고 커다란 가방을 매고 시에라몬트 중학교에 다니던 '매우 다정한' 소년으로 기억하고 있다.

제리는 알고 있는 영어라고는 '구두(shoe)'라는 단어가 유일무이한 채로 미국에 갔다. "처음에는 놀림을 많이 받았어요. 지폐에 있는 사람들이 누구인지도 몰랐으니까요."

미국에 온 첫 2년간은 영어 때문에 보충 수업을 받아야 했다. 하지만 제리는 수학과 과학에 특출한 재능을 보였다. 피드먼트 힐즈 고등학교에서는 테니스 팀의 일원으로 활약했고 학생회 회장에 당선되었으며 결국 졸업생 대표로 고등학교 생활을 마감하고 전액 장학생으로 스탠퍼드에 진학했다. 1990년 입학생인 제리 양은 전기공학 학사학위와 석사 학위를 받고 골프를 취미로 즐기면서 박사 학위 공부를 계속했다. 그가 듣던 수업의 조교가 그보다 두 살 연상인 데이비드 필로였다. 수줍음이 많고 내성적인 것으로 유명한 데이비드 필로는 뉴올리언즈의 툴레인 대학에서 컴퓨터공학 학사 학위를 받고 스탠퍼드로 왔다. 위스콘신에서 태어나 여섯 살 때 가족들이 루이지애나로 이주했고, 그는 모스 블러프의 공동체에서 성장했다. 제리와 데이비드는 같은 디자인 자동화 소프트웨어 리서치 그룹에서 일했고 교토의 스탠퍼드 캠퍼스에서 강의를 하면서 친한 친구가 되어 스모를 구경하는 취미를 함께했다.

스탠퍼드에 돌아온 그들은 낡은 트레일러를 빌려 함께 살았다. 그리고 거기에서 학교의 서버를 빌려 미래의 야후가 될 사이트를 시작했다.

마윈이 5년 후 알리바바를 론칭한 항저우의 레이크사이드의 허름한 아파트가 그랬듯이, 제리와 데이비드가 야후를 론칭한 트레일러도 쾌적한 공간은 아니었다. 회사의 첫 투자자인 세쿼이아 캐피털(Sequoia Capital)의 마이클 모리츠(Michael Moritz)는 이렇게 회상했다. "가리개가 모두 쳐져 있었고 태양이 어마어마한 열기를 뿜어내고 있었습니다. 자동응답기가 1분에 한 번씩은 켜졌다 꺼졌고 골프 클럽이 벽에 방치되어 있었으며 피자 박스와 빨지 않은 옷들이 바닥에 뒹굴고 있었죠…엄마들이 자기 아들의 방이 절대 아니길 바라는 그런 모습이었습니다."

야후는 마크 앤드리센(Marc Andreessen)이 론칭한 모자이크(Mosaic) 브라우저를 이용해 표시해 둔 사이트들을 목록으로 만들면서 시작되었다. 처음에는 '제리의 월드 와이드 웹 가이드(Jerry's Guide to the World Wide Web)'로 알려졌고 이후에는 '제리와 데이비드의 월드 와이드 웹 가이드(Jerry and David's Guide to the World Wide Web)'로 알려진 이 목록은 처음에는 적절한 제목 아래 일일이 분류한 100개의 사이트로 이루어져 있었다. 이 사이트의 초기 트래픽은 일주일에 1,000명 내외였다. 하지만 1995년 초에는 하루에 수백만 회의 히트를 기록할 정도로 성장했다. 스탠퍼드는 그들에게 더 이상 학교의 서버를 이용하지 말라고 요청했다. 제리와 데이비드는 서버를 마련할 자금을 조달해야 했다. 1995년 1월 Yahoo.com으로 등록된 이 회사는 1995년

3월 법인이 되었고 다음 달 세쿼이아가 회사 지분 25퍼센트에 200만 달러를 투자했다. 두 엔지니어는 박사 학위를 마치지 못했다. 제리는 이렇게 회상했다. "어머니께 우리가 하고 있는 일을 처음 설명하면서 도서관 사서와 비슷하다고 말씀드렸어요. 가장 쉬운 비유라고 생각했거든요. 어머니는 사서가 되려고 9년이나 공부를 했냐고 말씀하셨죠. 완전히 충격을 받으셨습니다."

1995년 가을, 제리와 데이비드 그리고 야후의 CEO 팀 쿠글(Tim Koogle)은 PC와 기술 분야의 잡지를 발행하는 대형 출판사 '지프 데이비스 퍼블리싱 컴퍼니(Ziff-Davis Publishing Company)'의 CEO, 에릭 히포(Eric Hippeau)를 비롯한 새로운 투자자들과의 논의를 시작했다. 11월, 소프트뱅크가 지프 데이비스를 인수했고 히포는 마사요시 손을 제리와 데이비드에게 소개했다. 손과 그의 동료 한 사람이 야후의 설립자들을 만나러 팔로 알토 남쪽의 캘리포니아 마운틴뷰의 작은 사무실로 찾아왔다. 피자와 음료를 사와서 점심으로 먹으며 진행한 회의에서 손과 두 설립자는 마음이 잘 맞는 것을 느꼈다. 손은 야후의 지분 5퍼센트에 대해서 200만 달러를 투자하기로 했다. 3월에 손은 투자액을 늘렸다. 손은 배짱 좋게 지분을 늘리고 1억 달러 이상을 내놓는 데 합의했다. 결국 그는 지분을 41퍼센트 이상 보유하게 되었다. 제리와 데이비드의 지분을 합한 35퍼센트보다 많은 양이었다.

제리는 회상했다. "우리 모두 그가 미쳤다고 생각했습니다…1996년 3월에 신생 업체에 1억 달러를 투자한다는 것은 매우 공격적인 일이었습니다. 하지만 저는 그것이 행운이라고 생각지 않았습니다."

소프트뱅크는 일본에서 야후의 잠재력을 보았고 두 회사는 조인트 벤처를 론칭했다. 제리는 1996년 일본으로 가 준비 상황을 감독했다. 손의 대리인인 마사히로 이노우에가 경영을 맡은 그 사이트는 3개월 후에 론칭되어 곧바로 성공을 거두었다. 1997년 1월에 매일 500만 페이지 뷰를 기록했고 2000년 7월에는 1억 뷰를 달성했다.

1996년 4월 12일, 야후는 나스닥에 상장해 3,300만 달러의 자금을 끌어모았다. 첫날의 154퍼센트 상승으로 회사의 가치가 약 8억 5,000만 달러로 평가되었다. 매출은 140만 달러에 불과했고[2] 손실이 60만 달러인 회사였다. 회사를 법인으로 만들고 단 1년 만에 제리 양과 데이비드 필로의 서류상 자산은 각각 1억 6,500만 달러가 되었다. 3년 만에 억만장자가 된 것이다. 그들의 성공으로 소프트뱅크도 1998년 1월 도쿄증권거래소 1부에 상장했고 손 역시 억만장자의 대열에 합류했다.

야후의 인기는 빠르게 세계로 퍼져 나갔다. 야후는 사업 효용이 높은 현지화된 사이트를 제공했다. 제리가 1997년 홍콩 방문 때 밝힌 대로 중국은 최우선 순위가 아니었다. "지금으로서 중국은 우리가 진출하고자 하는 시장이 아닙니다. 가장 중요한 곳일지는 모르겠지만 순서에서는 마지막입니다. 우리가 돈을 쓸 만큼 인터넷을 사용하는 사람이 많지 않습니다."

대신 야후는 동남아시아의 인터넷 사용자를 표적으로 1997년 싱가포르에 지역 사이트를 론칭하면서 중국 이외의 아시아 지역을 공략하기 시작했다. 다음 해에 야후는 해외 중국 사용자들, 그리고 이후에는 중국 사용자들을[3] 겨냥한 지역 사이트를 론칭했다. 1만 개의 사이트를 링크한 중국 야후는 전 세계 미러사이트(mirror site, 다른 사이트의 정보를 그대로 복사하여 관리하는 사이트. -옮긴이)로 13번째였으며 미국에 서버를 두고 캘리포니아 산타클라라의 본사에서 운영했다.

방문객들은 여러 문자로 된 무료 중국어 소프트웨어를 다운로드할 수 있었다. 곧 이 사이트가 본토에서 인기를 모았다. 하루 수십만의 방문객이 사이트를 찾았다. 당시 중국의 인터넷 사용자가 100만에 못 미쳤다는 것을 생각하면 인상적인 수치이다.

중국에서 인터넷이 인기를 얻자 야후는 중국에 좀 더 관여할 방법을 찾기 시작했다. 북경어를 유창하게 구사하는 제리는 아직 중국 본토를 방문하지 않은 상태였다. 1997년 방문 때 베이징의 통상부에서 일하던 마윈은 관광 가이드의 임무를 맡아 그와 운명적인 만남을 갖게 되었다. 이 여행에서 제리는 MOFTEC 등과의 공식회의 외에 관광을 할 기회를 얻었다. 자청해서 항저우 서호의 관광 가이드로 나섰던 마윈의 실력은 제리와 그의 동생 켄, 야후의 부사장 헤더 킬렌(Heather Killen)을 베이징 외곽의 만리장성으로 안내할 때 유감없이 발휘되었다.

제리가 만리장성에 앉아 있는 사진은 야후 차이나의 딜레마를 상징적으로 보여 주었다. 시장은 급속히 성장해서 인터넷 사용자가 100만에 이르렀고 곧 1,000만을 바라보고 있었다. 야후는 이미 일본 시장에서 지배적인 위치에 서 있었다. 그렇다면 중국에서도 가능하지 않을까? 하지만 중국은 진퇴양난의 문제였다. 어떤 대가를 치르더라도 통제의 눈을 게을리하지 않을 정부를 어떻게 다루어야 할까?

1996년 싱가포르에서의 강연에서 제리는 이러한 견해를 내놓았다. "인터넷이 그렇게 빨리 성장한 것은 규제가 없었기 때문입니다." 제리가 중국인이라는 점이 중국 야후에 미치는 긍정적인 영향에도 한계가 있었다. "미국의 수정헌법 제1조는 표현의 자유를 보장하고 있죠. 저는 사고방식 면에서는 미국인에 가깝습니다."

야후는 처음부터 콘텐츠에 중점을 두었다. 모든 형태의 미디어가 통제를 받는 중국에서는 이러한 기조를 지키기가 힘들었다. 야후가 홍콩에서 문을 열었을 때 제리는 검열 문제에 대한 질문을 받았다. 그는 "야후는 법의 테두리 안에 있으면서 가능한 한 자유로움을 유지하기 위해 노력하겠다."라고 답변했다. 그는 야후가 중국 당국과 접촉하고 있으나 "솔직히, 정치적으로 민감한 무엇인가가 정책적으로 그리 명확하지 않다"라고 밝히면서 "정치적으로 민감한 콘텐츠를 제한하고 그런 것을 사이트에 올리지 않는다면 지금이라도 시작할 수 있다."라는 통지를 받았다고 덧붙였다.

야후는 제3자가 운영하는 웹사이트의 링크로 이루어진 디렉토리로 시작했으나 어떤 링크를 대중에게 내보이느냐를 선택하는 것도 민감한 문제였다. 더구나 야후는 더 이상 링크들의 단순한 모음이 아니었다. 로이터와의 초기 파트너십에 이어 야후는 뉴스 콘텐츠를, 이후에는 채팅방을 사이트에 추가했으며, 다음에는 야후 메일(Yahoo Mail)을 합류시켰다.

야후의 사업 범위가 늘어나면서 본토 규제기관의 조사가 강화되었다. 이들은 타이완과 연결되는 링크에 대해서도 거부감을 표시했다. 1997년 타이완 방문 때, 제리는 정복의 영웅 대접을 받았다. 매체들이 그를 에워싼 가운데 부통령 롄잔(連戰)이 그를 영접했다. 그의 방문은 타이완과 베이징의 관계가 바닥을 친 직후에 이루어졌다. 타이완과 본토의 사용자 모두를 만족시키는 서비스를 어떻게 제공할 수 있을까? 제리 양은 이것이 까다로운 문제라는 것을 인정했다. "우리는 이 문제를 해결할 수도 있고 해결하지 못할 수도 있습니다. 중국 정부가 우리를 차단할 수도 있으니까요…본토에서 중요한 일은 철저히 중립적인 태도를 취하는 것입니다. 우리가 잘 해낼 수 있을지 모르겠습니다. 우리는 벌써 여러 문제에 부딪히고 있습니다."

중국에서 야후가 그 일을 혼자 해낼 수 있을까? 현지 파트너를 선정해서, 그러니까 선구 포털 업체 중 하나, 예를 들어 원래 이름이 Sohoo로 '중국의 야후'가 되겠다는 계획을 했던 것이 틀림없는 찰스 장의 소후를 인수하는 것이 나을까?

만드느냐 사들이느냐? 어떤 경로든 문제는 있었다. 야후에게는 참고할 선례가 전혀 없었다. AOL은 1999년 여름, 홍콩에 기반을 둔 차이나닷컴에 투자하기로 했다. 1997년 중국에 반환된 후에도 홍콩은 외국 기업이 중국에 투자하는 데 큰 위협이 되었던 가혹한 매체의 규제에서 면제되었다.[4] 하지만 차이나닷컴은 중국에서 영향력이 없는 조연이었다. AOL의 스티브 케이스(Steve Case)도 "홍콩은 중국 진출을 위한 준비 단계에 불과합니다. 홍콩에 론칭한 후에 일이 어떻게 돌아가는지 살필 것입니다."라고 인정했다. [AOL이 차후 중국 본토에서 컴퓨터 제조업체 레전드 홀딩스(Legend Holdings)와 맺은 파트너십은 전혀 관심을 끌지 못했다.]

1999년 9월, 제리는 베이징에서 야후가 중국의 개인용 컴퓨터와 소프트웨어 제조업체, 파운더(Founder)와의 조인트 벤처로 본토에 진출한다고 발표했다. 파트너를 선택한 것이 최선은 아니었지만 안전한 길이었다. 파운더는 베이징 대학에서 파생된 스핀오프 기업으로 중국 정부와 강한 유대를 갖고 있었다. 야후는 마침내 중국에 진출해 탐내던 접미사 '.cn'을 붙인 www.yahoo.com.cn이 되었다. 이 사이트는 2,000개의 중국 웹사이트 링크를 담은 디렉토리에 미국 야후 웹사이트에서 번역한 추가적인 콘텐츠와 야후 메일, 인스턴트 메신저로 출발했다. COO 제프리 멀렛(Jeffrey Mallett)은 중국에서의 사업이 쉽지 않을 것이라고 인정했다. "우리는 눈을 크게 뜨고 걸어 들어가고 있습니다. 이 사이트는 이미 온라인에 있는 중국 야후 웹사이트의 기존 기능을 크게 확장시킵니다. 그리고 정부 소유의 베이징 텔레콤 (Beijing Telecom)이 중국에서 이 사이트를 호스팅합니다."

야후가 중국에 론칭한 시기는 중국의 자체적인 선구 포털들이 IPO 시도에 큰 타격을 입은 때였다. 막강한 세력을 자랑하는 신식산업부 장관 우지촨의 발표는 인터넷에 대한 모든 해외 투자를 금지하는 것으로 보였다. "ICP(인터넷 콘텐츠 제공업체, Internet content provider), ISP(인터넷 서비스 제공업체, Internet service provider)를 막론하고 모든 부가가치 서비스에 적용된다. 중국의 서비스 분야는 개방하지 않는다."

하지만 인터넷에 관련된 이런 애매한 상황 속에서 신식산업부 차관이[5] 야후 차이나 론칭에서 제리 양과 무대에 올랐다. 그의 참석은 우지촨 장관이 이 벤처 기업에 암묵적인 배려를 하고 있다는 표시로 해석되었다. 그러나 신식산업부의 한 관리는 야후의 사업을 파운더를 단순한 관리자로 삼는 해외 기업의 사업이라고 말했다. "중국 국경 안에 회사가 세워진 것은 아닙니다." 이 말로 중국에서의 많은 거래가 그렇듯이 합의서에 서명이 된 뒤에야 협상이 시작되었다는 것이 드러났다.

베이징에서의 론칭 행사 이후, 제리는 상하이로 가서 '포천 글로벌 포럼'에 참석했다. 상하이의 상징인 부두 맞은편, 황푸강(黃浦江) 오른쪽 둑의 푸둥 지구에 1억 달러를 들여 지은 국제 컨벤션 센터에는 AOL의 스티브 케이스, GE의 잭 웰치, 비아콤(Viacom)의 섬너 레드스톤(Sumner Redstone) 등 포천 500대 기업 대표 60명과 헨리 키신저(Henry Kissinger)를 비롯한 전·현직 고위 관리들이 모여 있었다. 중국 국가주석 장쩌민이 글로벌 포럼의 개회를 선언했다. "중국에 눈을 맞추십시오. 중국은 여러분을 환영합니다. 중국의 현대화는 여러분의 참여를 필요로 합니다. 중국의 경제 발전은 여러분에게 엄청난 기회를 제공할 것입니다."

이 행사의 미국 측 주최자는 〈포천〉 발행사 타임 워너(Time Warner)의 CEO, 제럴드 M. '제리' 레빈(Gerald M. 'Jerry' Levin)이었다. 레빈은 무대 위에서 중국 국가주석을 "나의 좋은 친구 장쩌민"이라고 소개했다. 이 포럼은 곧 제리 레빈 자신까지 휩쓸어 버린 인터넷 관련 거래와 중국에 대한 열광의 표현이었다. 머지않아 그는 타임 워너와 AOL의 1,650억 달러 합병 계약에 서명했다. '역사상 최악의 합병'으로 악명을 떨치게 된 거래였다.

그 거래와 달리 야후와 파운더의 중국 파트너십은 그다지 중요한 결과를 초래하지 못했다. 파운더는 제리 양이 희망했던 중국으로의 문지기 역할을 해내지 못했다. 불확실한 규제의 방패가 되어 주리라 기대했던 파운더와 중국 정부와의 관계가 오히려 기업 문화가 뿌리내리는 것을 막았다. 야후 차이나의 콘텐츠는 지루했고 이를 감지한 중국의 인터넷 사용자들은 시나, 넷이즈, 소후의 보다 강렬한 콘텐츠에 끌렸다. 중국의 인터넷 사용자가 빠져나가면서 야후는 중국에서 명맥을 유지하기 위한 전투에서 지고 있었다.

당시 소후의 COO였던 빅터 쿠는[6] 이렇게 회상했다. "야후 차이나는 규모, 지역화, 투자 면에서 우리와 상대가 되지 않았습니다. 그 때문에 중국 시장을 잃었죠." VIE 투자 구조로 세 개 포털은 IPO가 가능해졌다. 2000년 IPO로 그들은 닷컴 붕괴에서 살아남을 수 있었고,

몇 년 만에 수익을 내는 회사가 되었다.

하지만 그들도 모르는 사이에 중국 인터넷 포털의 시대에는 종말이 다가왔다. 'BAT', 즉 바이두, 알리바바, 텐센트의 '세 왕국(Three Kindoms)' 시대가 열리고 있었다.

야후의 고전, 그리고 야후의 지원 덕분에 알리바바는 이 상류 클럽에 진입할 수 있는 티켓을 손에 쥘 수 있었다.

텐센트

텐센트는 중국 인터넷 부문에 변혁을 가져온 두 트렌드, 휴대전화로 옮겨지는 콘텐츠와 PC에서 구동되는 온라인 게임을 이용했다. 알리바바보다 몇 개월 먼저 설립된 텐센트(중국어로 '텅쉰')는 선전 대학에서 만난 27세의 컴퓨터공학자 두 명이 1998년 말 론칭했다. 이후 회장이자 CEO가 된 포니 마(Pony Ma, 마화텅)는 현재 중국의 대부호 중 한 명이다. 마윈과 전혀 관계는 없지만 포니의 성인 '마'는 마윈의 성과 같다. 그의 영어 이름을 장난삼아 망아지라는 뜻의 포니로 선택한 것도 중국어로 '마'가 말을 의미하기 때문이다.

마윈과 마찬가지로 포니도 성장 배경이 평범하다. 마윈보다는 훨씬 수줍음을 많이 타지만 그 역시 '100퍼센트 중국산'이다. 그는 광둥성 산터우의 해안 도시에서 태어났다. 아버지는 홍콩과 가까운 선전의 항만 관리자로 일했다.

졸업 후 포니는 무선 호출기에 쓰이는 소프트웨어를 개발하는 일을 했다. 폭발하는 무선 커뮤니케이션 시장에 발을 들여 놓게 된 핵심적인 계기였다. 〈타임〉은 그를 "중국의 모바일 거물(China's Mobile Mogul)"이라고 불렀다. 포니는 회사 이름을 텐센트로 정했다. 당시 모바일 문자 메시지를 보내는 비용이 10중국 센트(약 1.2 US 센트)였기 때문이다. 텐센트가 내놓은 획기적인 상품은 데스크톱 컴퓨터에 설치하는 OICQ 인스턴트 메시지 클라이언트였다. 이스라엘 회사 미라빌리스(MIrabilis)가[7] 개발한 ICQ('I seek you', 나는 너를 찾는다)를 복제한 것이었다. 소송의 위협에 직면한 텐센트는 서비스의 이름을 '귀엽다(cute)'라는 중국어 단어와 비슷한 문자를 선택해 'QQ'로 변경했다. 붉은 스카프를 두른 사랑스러운 펭귄을 마스코트로 하는 이 서비스는 처음에는 PC에서 그리고 이후에는 휴대전화에서 젊은 중국 인터넷 사용자에게 큰 인기를 끌었다. 중국의 전기통신 업체들이 인터넷 회사들과 수입 공유 파트너십을 제안하기 시작하면서 텐센트의 모바일 사업은 날아올랐다. 일본 NTT 도코모(NTT DoCoMO)의 아이모드(iMode)를 모델로 한 파트너십은 발생된 매출의 85퍼센트를 제공했다. 앞서 언급했듯이, SARS 바이러스가 중국을 강타했을 때 많은 중국인들이 모바일 문자 메시지를 통해 사태에 대한 정보를 모으고 교환했다.

텐센트는 그 이후 계속 중국 모바일 SNS 시장의 선두 주자 자리를 지켰다. 하지만 모바일 메시징만으로는 그런 눈부신 부상을 설명할 수 없다. 현재 이 회사의 주요 사업은 온라인 게임이다.[8] 텐센트는 한국에서 개척한 미르의 전설(The Legend of Mir 2)이나 리니지(Lineage)와 같은 MMORPG(대규모 다중사용자 온라인 롤플레잉 게임) 타이틀을 제공하는 데 성공함으로써 중국 인터넷 부문에 가장 큰 매출원의 문을 열었다.[9] QQ, 게임, 이어 위챗(WeChat)에서도 성공을 거둠으로써 2015년 텐센트의 시가총액은 알리바바의 몇 배가 넘는 2,000억 달러에 이르게 되었고, 남아프리카공화국의 미디어 기업 나스퍼스(Naspers)에게

100억 달러가 넘는 금광을 안겼다. 2001년 나스퍼스가 홍콩의 거물 리카싱의 아들 리처드 리(Richard Li)를 포함한 투자자들로부터 3,200만 달러를 조달한 이 중국 회사의 지분 46.5퍼센트(설립자 포니 마보다 3배가 많은)를 사들인 덕분이었다.

바이두

바이두는 2000년 베이징에서 로빈 리(Robin Li, 리옌훙)와 그의 친구 에릭 쉬(Eric Xu, 쉬융) 박사가 설립했다. 로빈은 1968년 11월 모래 바람이 많은 중국 중부 산시성에서 공장 근로자의 다섯 자녀 중 하나로 태어났다. 그는 명석한 두뇌로 베이징 대학에 입학해 정보공학을 공부했다. 1989년 6월 4일 이후 그는 해외로 나가고 싶어 했다. "중국은 암울한 곳이었습니다…저는 중국에 더 이상 희망이 없다고 생각했습니다."

지원한 미국 3대 학교에서 입학 허가를 받지 못한 로빈은 1991년 장학생으로 뉴욕 주립대학 버팔로 캠퍼스에서 컴퓨터공학 석사 학위 과정을 공부하였다. 그곳에서 그는 '미국 우정 서비스(U.S. Postal Service)'의 자금 지원을 받아 자동화 기술 디자인에 집중하는 컴퓨터 연구팀에 합류했다. 사르구르 N. 스리하리(Sargur N. Srihari) 교수는 이렇게 말했다. "그는 여기 버팔로에서 정보검색 일을 시작했습니다. 우리는 검색 엔진의 영향력 면에서 크게 앞서 있었습니다."

SUNY를 졸업한 로빈은 뉴욕에 있는 다우 존스의 자회사에서 일했다. 베이징에 있는 바이두의 약 9만 3,000제곱미터 규모의 캠퍼스에 방문한 사람들은 다우존스에서 일하던 1997년 2월 5일부터 정리된 로빈의 특허 복사본을 보게 된다. 연결된 다른 웹사이트의 숫자를 기반으로 웹사이트의 인기를 판단하는 검색 메커니즘에 대한 특허이다. 로빈은 이 시스템을 '하이퍼텍스트 문서 검색(hypertext document retrieval)'이라고 불렀다. 이후 캘리포니아로 이주해 검색회사 인포시크(Infoseek)에서 일하던 로빈은 스타트업 펀드로 120만 달러를 조달해서 2000년 1월 중국으로 돌아와 바이두를 설립했다. 이 회사는 처음에 그의 모교인 베이징 대학교 인근 호텔 방에서 중국어 검색 엔진을 다른 웹사이트에[10] 제공하는 제3자 공급업체로 시작했다. 곧 시장의 대부분을 점유했지만 바이두는 수익을 내지 못했다.

CEO 로빈 리는 회상했다. "검색 엔진을 계속 개선하고 싶었지만 포털들은 돈을 내려 하지 않았습니다…그 때문에 우리만의 브랜드를 단 서비스가 필요하다는 것을 알게 되었죠." 바이두의 독립 웹사이트는 2001년 10월 론칭했다.

로빈 리는 여전히 바이두의 기술 개발에 깊이 관여하고 있다. 검색 엔진을 최첨단으로 만들기 위해 2001년 말, 리는 CEO로서의 역할을 잠시 접어 두고 '프로젝트 블리첸(Project Blitzen)'이라는 새로운 개발 프로젝트를 이끌었다. 회사의 엔지니어링 팀은 이 프로젝트를 대약진 정책(마오쩌둥의 경제 공업화 정책)과 같은 활동이었다고 회상했다. 리는 프로젝트가 끝날 때까지 종종 사무실에서 잠을 자고 회의를 두 배로 늘렸다.

당시를 돌아보면서 리는 이렇게 말했다. "뭔가 해야만 하는 일을 찾으면 거기에 집중해야 합니다. 2000년, 2001년, 2002년의 어려운 시기에 우리가 한 일이 바로 그런 것이었죠. 많은 사람들이 검색은 다 끝난 일이라고 생각했습니다. 지루한 일이라고요. 모든 사람들이 검색을 기술과 상품의 측면에서 보았습니다. 하지만 우리는 더 나은 일을 할 수 있다고 생각했습니다. 우리는 포털이 되거나, SMS 플레이어가 되거나, 온라인 게임 등 짧은 시간에 돈을 벌 수 있는 온갖 종류의 것을 개발하고 싶은 유혹을 물리쳤습니다. 우리는 중국어 검색에 진정으로 집중했습니다. 그렇기 때문에 여기까지 올 수 있었습니다."

2002년 바이두가 서비스하는 검색 가능 사이트의 중국어 색인은 바로 뒤를 좇는 라이벌보다 50퍼센트 더 많았다. 2003년에는 중국 최고의 검색 엔진이 되었다. 2005년 나스닥 IPO를 앞두고, 구글이 500만 달러를 투자했을 정도이다. 바이두의 주가는 거래 첫날 350퍼센트 이상 치솟았다. 바이두가 중국 내 최대 라이벌이라는 사실이 확실해지면서 구글은 다음 해 여름 바이두의 지분을 6,000만 달러에 매각했다.

바이두는 중국 최대의 검색 엔진이 될 것이다.[11] 그 가치는 700억 달러에 육박하지만 바이두는 알리바바나 텐센트보다 훨씬 작은 회사로 남아 있다. 흥미롭게도 알리바바와 텐센트는 각기 바이두와의 관계보다 서로 훨씬 좋은 관계를 유지하고 있다.

야후와 'AK47'

2003년 'BAT' 출현의 조짐이 있었다. 야후는 여전히 중국 시장을 뚫을 방법이 있다고 생각하고 있었다. 그 방법을 찾던 야후는 바이두와 손을 잡았고 이베이와 맞붙기 위해 시아와 온라인 경매 벤처를 론칭했다. 하지만 파운더와의 파트너십이 그랬듯이 어떤 것도 큰 영향을 주지 못했다.

중국 사업의 해결책 마련에 점점 필사적이 된 야후는 2003년 11월 운명을 바꿀 기회가 되길 바라면서 '3721 네트워크 소프트웨어(3721 Network Software)'의 인수를 발표했다.

저우훙이라는 거침없는 기업가가 5년 전 설립한 3721은 시장의 틈새를 찾아냈다. 인터넷의 도메인 이름에 알파벳 문자만을 사용할 수 있다는 점을 공략한 것이다(웹사이트 이름에 로마자 대신 숫자를 선택한 한 가지 이유. '3721'은 '3 곱하기 7은 21' 만큼이나 쉬운 것을 말한다).

3721은 중국의 수백만 새로운 인터넷 사용자가 중국 문자를 사용할 수 있게 해 주었다. 주소창에 중국 문자를 입력하면 그에 상응하는 웹사이트에 연결해 주는 특수한 툴바 덕분이었다. 그런데 소프트웨어가 다운로드되면(사용자가 이를 인지하지 못할 수도 있다) 제거하기가 힘들었다. 경쟁자들은 3721의 기술이 기존 브라우저를 대체하고 있다고 주장하면서 비난했다. 2002년 바이두는 3721을 고소했다. 그 밖에도 여러 인터넷 회사들이 저우훙이와 맞붙었다. 3721은 일곱 차례에 걸쳐 벤처캐피털 자금을 조성했으며 2001년 손익분기점에 도달했다. 3721은 대규모 영업 인력을 조직해 툴바에서 가장 가치가 큰 중국어 이름들을 마케팅함으로써 많은 돈을 벌기 시작했고, 2002년 1,700만 달러의 매출을 발생시켰다.

1970년 중국 남부 후베이성에서 태어난 저우훙이는 허난의 농촌에서 성장했고 이후 시안교통대학에 입학했다. 그는 두 번 사업을 시도했으나 두 벤처 모두 실패하고 중국 대학이 운영하는 최대 규모의 기업인 파운더에 입사했다. 3년 후 그는 아내 헬렌 후와 동업으로 3721을 론칭했다.

저우는 초기의 실패로 인해서 인터넷 업계의 진정한 선구자가 될 기회를 잃었다고 생각했고 계속 경쟁자들에게 싸움을 걸었다. 그는 마윈, 로빈 리, 포니 마, 윌리엄 딩, 레이쥔(킹소프트와 샤오미) 등과 관련한 소송이나 그들에 대한 공적인 언급을 마다하지 않음으로써 매스컴의 관심을 받는 것을 즐겼다.

제리 양이 상냥하고 친근한 태도로 유명하다면 저우는 정반대였다. 자칭 중국 인터넷계의 악동이었다. 그는 총을 매우 좋아했다. 3721이 야후에 인수된 후, 캘리포니아 서니베일의 새 동료들은 야후 내부 디렉토리에서 그가 AK-47을 들고 있는 사진을 보고 기겁을 했다. 주 투자자인 IDG의 왕궁취안은 저우를 "광폭한 이상주의자, 공격적이고 무모한 녀석"이라고 일갈했다.

성격에 무슨 차이가 있든 제리 양은 저우훙이의 회사를 야후 차이나의 수익을 높일 기회로 보았다. 2003년 야후 차이나의 수익은 몇백만 달러에 그쳤다. 하지만 3721은 클라이언트들로부터 2,500만 달러를 긁어 들였다. 3721은 시나, 소후, 넷이즈에 이어 중국에서 네 번째로 방문자 수가 많은 웹사이트였다.

2003년 11월, 야후는 3721을 1억 2,000만 달러(5,000만 달러는 선불로, 7,000만 달러는 다음 2년간 실적에 따라)에 인수했다. 이 거래로 야후 차이나 팀은 100명에서 거의 300명으로 늘어났다. 하지만 이베이가 현지 파트너 이치넷의 인수를 망친 것과 마찬가지로 3721을 통합시키려는 야후의 노력도 빠르게 무너져 내렸다.

즉각적으로 문화 충돌이 일어났다. 전 야후 CFO 수 데커(Sue Decker)는 이렇게 회상한다. "저우는 기존의 야후 직원들이 하는 일에 비해 너무 많은 보수를 받고 있으며 게으르다고 생각했습니다. 반면 야후 팀은 따돌림을 당한다고 생각했고 저우가 야후의 운영에 집중하지 않는다고 판단했습니다."

야후는 중국 정부의 환심을 사려고 노력했다. 하지만 야후가 3721을 인수하고 단 두 달 만에 저우훙이가 중국 정부로부터 고소를 당했다.

인터넷 도메인 이름을 관리하는 정부기관인 '차이나 인터넷 네트워크 인포메이션 센터(CNNIC)'가 평판에 피해를 입었다는 이유로 3721을 고소한 것이다.[12]

다음으로 저우는 그와 소송 중이던 중국의 야후 검색 파트너, 바이두를 녹다운시키고 새로운 검색 상품을[13] 론칭했다. 하지만 저우는 서니베일의 야후 임원들과 먼저 논의를 하지 않았다. 저우는 이 일을 이렇게 회상했다. "저는 1년에 몇 백만 달러의 투자만 있어도 바이두를 추월하는 것이 가능하다고 믿었습니다." 저우는 야후 본사의 관리자들에게 불만을 품게 되었다. "그들은 회사의 미래에 투자를 할 생각이 없었습니다. 사업은 농사와 같습니다. 수확에만 신경을 쓰고 비료를 주고 경작하는 데 관심을 두지 않으면 결국 땅은 활력을 잃게 됩니다."

당시 중국은 야후의 관심 밖이었다. 미국에서 야후는 구글에 추격당하고 있었다. 구글의 알고리즘적 검색 엔진이 야후의 디렉토리 기반 디자인보다 우세했다. 야후는 자신과 비슷하게 스탠퍼드에서 박사 학위과정을 밟던 두 명이 설립한 구글의 위협을 쉽게 인식하지 못했다. 야후는 1997년 래리 페이지(Larry Page)와 세르게이 브린(Sergey Brin)으로부터 구글을 인수할 기회를 놓쳤다. 하지만 가장 큰 실수는 구글을 검색 파트너로 만든 2000년 6월의 결정이었다. 홈페이지에 구글의 로고가 등장하면서 수백만의 고객들이 보다 우수한 검색 상품이자 더 넓은 인터넷으로 나아가는 게이트웨이를 발견하게 되었고 야후는 점차 시대에 뒤처지게 되었다.[14]

2년의 이익연계 지불기간이 끝나기 6개월 전인 2005년 7월, 저우는 야후 차이나의 일에서 손을 떼겠다고 발표했다. 두 달 만에 그는 치후 360(Qihoo 360)을 세웠다. 여기에서도 그는 3721에서 사용했던 공격적인 전술을 채택했다.[15]

오래지 않아 저우는 매체에서 공개적으로 야후를 비난했다. 저널리스트에게 3721을 야후에 매각한 것이 그가 가장 후회하는 일이고 야후의 기업 문화는 혁신을 억누르고 있으며 야후는 형편없이 관리되고 있다고 비난한 것이다. "야후의 리더들은 회사의 하향세에 확실한 책임이 있습니다. 정신적인 리더인 제리 양이나 전 CEO 세멜(Terry Semel)은 좋은 사람들이긴 하지만 리더로서의 자질은 부족합니다. 구글, 마이크로소프트와의 경쟁에 직면했을 때 그들은 어떻게 해야 할지 몰랐고 방향감각을 잃었습니다."

야후는 두 번이나 스트라이크 아웃을 당했다. 처음에는 파운더와 다음에는 3721과 말이다. 수년의 혼란 후에 제리 양은 대담한 결단을 내렸다. 그는 알리바바의 지분 40퍼센트를 대가로 마윈에게 10억 달러와 야후 차이나 사업의 열쇠를 건넸다.

프로젝트 페블

이 거래는 당사자들이 자각하는 데에는 시간이 좀 걸렸지만 알리바바와 야후에게 전환적인 사건이었다. 알라바바는 중국에서 이베이를 없애 버리고 타오바오와 알리페이를 오늘날과 같은 거대 기업으로 만들 수 있는 탄약을 얻었다. 구글에 비해 시장에서의 위치가 낮아지고 회사를 사겠다는 마이크로소프트의 제안을 묵살한 결정으로 논란이 끊이지 않는 와중에서 야후 투자자들의 불만이 쌓여 가고 있는 때였다. 야후는 이 거래를 통한 지분 가치의 상승으로[16] 투자자들을 다룰 수 있는 지렛대를 얻었다.

이 거래는 캘리포니아의 페블 비치 골프장에서 마윈과 제리가 만난 2005년 5월부터[17] 시작되었다. 야후와 알리바바의 창립자 두 사람에게는 마사요시 손이라는 공통분모가 있었다. 두 사람은 미국과 중국에서 온 IT 분야의 권위자들과 스테이크와 해산물로 저녁 식사를 하기 전에 따로 산책을 했다.[18] 마윈은 이렇게 회상했다. "그 날은 유난히 추웠습니다. 10분이 지나자 더 이상 견딜 수가 없었죠. 저는 안으로 뛰어들어왔습니다. 하지만 그 10분 동안 우리는 몇 가지 아이디어를 주고받았습니다. 그에게 검색 사업에 손대고 싶다고 분명히 밝혔죠. 저는 검색 엔진이 미래의 전자상거래에 대단히 중요한 역할을 하게 될 것이라고 생각했습니다."

이 첫 논의에서 시작된 거래—야후가 '프로젝트 페블'이라는 이름을 붙인—의 윤곽이 잡히기 시작한 것은 2주 후 제리가[19] 그해 베이징에서 개최된 포천 글로벌 포럼에 참석한 마윈, 조차이와 후속 회의를 가진 때였다.

야후는 얼마 전부터 33721이 중국 문제를 해결할 특효약이 아니란 것을 알게 되었다. 하지만 어떤 회사가 해답이 될까를 면밀히 분석한 야후에게 알리바바는 첫 번째 선택안이 아니었다.

가장 적절한 표적은 시나였다. 시나는 인터넷 포털로 시작했고 스스로를 '이론의 여지가 없는 중국 온라인 미디어의 리더'로 포지셔닝하고 있었다. CEO 테리 세멜의[20] 지휘로, 야후는 미디어와 엔터테인먼트 회사로 거듭나는 데 힘을 기울이고 있었다. 야후와 시나는 이미 중국 정부의 승인하에 야후가 시나에 투자한다는 양해각서에 서명을 한 상태였다. 시나의 CEO 왕옌이 국가공보국장인 리창춘을[21] 만나러 가자 시나의 경영진과 투자자들은 샴페인을 터뜨릴 준비를 했다.

그러나 리는 거래를 승인하지 않았다. 시나는 해외 전략 투자자와의 제휴를 허락받지 못했다.

투자 회사 DCM의 파트너인 데이비드 차오(David Chao)는 당시 시나의 COO였던 허스트 린(Hurst Lin)과 2004년에 나누었던 대화를 들려주었다. "주가가 약 3달러였을 때 허스트가 내게 전화를 해서 이렇게 말했습니다. '방금 제리를 만났어요. 마침내 내 주식을 처분할 수 있을 것 같아요. 우리는 거래를 했어요.' 그는 정말로 좋아했습니다. 하지만 당신도 알다시피 '위에 있는 분들'은 탐탁지 않아 했죠."

야후가 두 번째로 선택한 파트너는 상하이에 기반을 두고 있는 온라인 게임 전문업체, 샨다(Shanda)였다.[22] 하지만 샨다의 창립자이자 CEO인 저장 태생의 티모시 첸(Timothy Chen, 천톈차오)은 관심을 보이지 않았다.[23] 이미 IPO를 준비 중인 바이두는 야후의 선택지에 없었다.

알리바바와의 거래는 여러 가지 면에서 매력적이었다. 비상장회사였기 때문에 거래를 빠르게 진행할 수 있었다. 야후와 알리바바는 공통의 주주를 가지고 있었다. 소프트뱅크는 야후의 지분 42퍼센트와 알리바바의 지분 27퍼센트를 갖고 있었다.[24]

궁합 역시 좋았다. 제리와 마윈은 베이징에서의 첫 만남 이래 7년 동안 알고 지낸 사이였다. 첫 만남에서 마윈이 관광 가이드 역할을 했었다. 계속 연락을 주고받지는 않았지만 두 사람 사이에는 유대가 형성되어 있었다.

제리의 입장에서는 성미가 고약한 저우훙이를 상대하다가 만난 마윈이 청량제나 다름없었다. 제리는 조차이와도 사이가 좋았다. 두 사람은 타이완에서 태어났고 미국에서 교육을 받은 공통점이 있었다. 야후의 CFO 수 데커는 두 회사가 "바로 강한 문화적 연대감을 느꼈다."라고 회상했다.

하지만 연합의 논리가 바로 명백하게 드러나지는 않았다. 소비자 콘텐츠 기업인 야후가, B2B 정보 회사로 시작해 이제 막 두 개의 새 사업(타오바오와 알리페이)을 벌이고 있는 곳에 중국 자산을 넘겨주어야 하는 문제였다. 타오바오는 소비자 전자상거래에서 관심을 모으고 있었지만 알리바바는 최근 향후 3년간 수수료를 받지 않겠다는 약속을 한 바 있었다. 무료인 것의 가치를 어떻게 매길 것인가? 수 데커는 야후의 걱정을 이렇게 이야기했다. "당시에는 엄청난 맹신처럼 보였습니다. 벤처 가치의 절반 이상—20억 달러 이상—이 타오바오와 알리페이의 것이었습니다. 둘 다 손실을 보고 있는 사업이었는데 말입니다." 야후의 중국 사업을 알리바바에 넘긴다는 결정은 대담한 조치였다. 데커가 회상하듯이, "우리는 모든 운영 통제권을 포기해야 한다는 것을 깨달았습니다. 솔직히 말해, 이는 현지 시장의 50퍼센트 이상을 소유하고자 했던 이전의 바람을 포기한다는 의미였지요. 또한 직원과 관련된 모든 문제를 파트너에게 넘겨야 하며 이전에 회사와 아무런 연관이 없던 사람들이 우리 코드를 사용하게 하는 것을 뜻하기도 했습니다. 두려운 일이었죠."

10년 후 제리 양은 그 거래를 회고하면서[25] 야후가 투자를 했던 2005년의 상황을 언급했다. "야후의 매출은 30억 달러쯤이었습니다. 야후에 현금이 넉넉하지 않았던 것입니다." 그는 알리바바에 10억 달러를 쏟아 붓는 일이 "많은 사람들을 놀라게 했을 것"이라고 덧붙였다. 야후는 기존 사업에 대해 광범위한 분석을 했지만 마윈의 카리스마와 알리바바에 대한 비전도 중요한 역할을 했다. 제리는 이렇게 말했다. "돌이켜보면 엄청난 베팅이었습니다. 하지만 마윈을 만나고 그에 대해서 알고, 그의 비전을 알고 나면 그만한 가치가 있다고 생각하게 됩니다. 중국에서 지배적인 상거래 플랫폼을 만드는 데 그는 정말 유리한 입장에 서 있었습니다. 그것이 우리에겐 큰 위안이 되었죠." 양자 간 거래에서 누가 더 혜택을 보았느냐는 질문을 받은 제리 양은 이렇게 대답했다. "10년 동안의 파트너십을 두고 생각하면, 2005년에는 알리바바가 분명 혜택을 받은 입장이었습니다만 지금은 야후가 그 투자의 수혜자입니다."

알리바바는 이 거래로 타오바오를 지원할 현금을 얻었다. 당시 타오바오는 여전한 적자 상태에서 한편으로 이베이와 싸워야 하는 상황이었다. 야후와 소프트뱅크는 이미 거의 10년 동안 유익한 관계를 유지하고 있었다. 야후의 알리바바 투자는 마윈과 제리, 마사요시 손을 10년 이상 연결하는 '골든 트라이앵글(Golden Triangle)'을 형성하며 새로운 국면을 낳았다. 이 거래를 계기로 〈뉴욕타임스〉는 마윈에게 '중국의 새로운 인터넷 제왕(China's New Internet King)'이라는 왕관을 씌워 주었다. 마윈은 이베이를 향한 저격을 멈추지 않았다. "고마워요, 이베이…당신이 아니었다면 이 모든 것은 불가능했을 거예요."

이 거래로 알리바바는 직원들에게 보유 주식의 1/4을 현금화할 수 있게 허용할 수 있었다. 초기 투자자들에게도 보상이 주어졌다. 이들은 지분의 40퍼센트를 약 40억 달러의 평가를 받아 야후에 팔았다. 투자자들은 엄청난 수익을 얻었다. 하지만 이후 알리바바는 그보다 4배 높은 가치로 지분을 야후에 넘겼다.[26]

마윈은 이 거래의 효과가 야후에 의한 펀딩과 시장의 인지도 상승을 훨씬 넘어섰다고 강조했다. 알리바바는 신생 업체—알리바바닷컴, 타오바오, 알리페이—를 설립하는 능력을 이미 입증했지만, 그 거래를 통해서는 인수 합병에 꼭 필요한 경험, 즉 장래에 중요성이 더 커질 귀중한 경험을 얻을 수 있었다.

결국 알리바바의 지분은 야후가 40퍼센트, 소프트뱅크가 30퍼센트, 기존 경영진이 30퍼센트를 보유하게 되었다. 1999년 마윈은 알리바바의 지분 50퍼센트를 골드만삭스를 비롯한 투자자들에게 팔았었다. 그가 종종 최악의 거래였다고 농담을 하는 일이다. 그는 40퍼센트의 지분을 야후에게 떼어 준 것을 후회하지는 않았을까? 10년 후 마윈은 이 거래를 돌아보면서 이렇게 말했다. "제가 10억 달러를 요구했고 그들은 10억 달러를 주었습니다. 저는 타오바오와 이베이의 전쟁이 상당 시간 계속될 것이기 때문에 현금이 필요하다고 생각했습니다." 결국 이 10억 달러에 겁을 먹은 이베이는 도망쳤지만 말이다.[27] "우리가 상당히 많은 돈을 요구한 것은 맞지만 돈을 받은 것을 보고 이베이가 도망칠 줄은 몰랐습니다. 돈을 쓸 필요가 없어진 것이죠." 마윈은 다시 야후와 거래를 하게 된다면 "더 나은, 더 똑똑한 방식"으로 할 것이라고 말하면서 이렇게 덧붙였다. "누구나 미래를 알 수는 없어요. 하지만 미래를 만들어 갈 수는 있습니다."

그 거래 후에도 마윈과 조차이는 알리바바의 경영을 책임졌다. 그 합의에는 2010년 10월 야후로 추가적인 경영진의 지명권을 넘긴다는 눈에 잘 띄지 않는 조항이 있기는 했지만 말이다. 그 경영진이 소프트뱅크와 공동전선을 편다면, 야후는 이론적으로 알리바바를 장악할 수 있는 능력을 갖게 된다.

주요 계약조건이 결정되고, 알리바바와 야후는 대중에게 계약을 공개할 준비를 했다. 제리 양은 〈비즈니스위크〉에 "현재로서는 알리바바가 상거래, 검색, 커뮤니케이션, 대단히 강력한 현지 경영진을 갖춘 중국 유일의 기업입니다. 앞으로 크게 발전하는 중요한 프랜차이즈가 될 것입니다."라고 말했다. 미디어의 반응은 제각각이었다. 〈이코노미스트〉의 안드레아스 클러스(Andreas Kluth)는 확신을 갖지 못했다. "야후가 계속해서 모든 사람들에게 모든 것을 줄 수는 없습니다. 야후가 무엇이 될지를 결정해야만 한다고 봅니다. 이번 발표는 무엇이 되지 않을지를 결정하는 것과 같은 의미입니다. 야후는 스스로를 검색 엔진이자 미디어에 전자상거래 회사라고 생각하는 걸까요? 그렇다면 제조, 소매, 은행, 의료에도 손을 대지 그래요? 때문에 저는 혼란스럽습니다."

야후는 알리바바가 중국 사업을 관리할 믿을 만한 회사라고 시장과 직원들을 안심시키고 싶었다. 특히 야후 차이나의 직원들은 소유권의 변화를 불만스러워했다. 야후 차이나의 직원이었고 야후를 그만둔 후 곧 치후로 간 류제는 경영 스타일의 변화가 매끄럽지 못했다고 기억했다. "정오가 되면 알리바바의 영업 부서 직원들은 조깅을 하고 노래를 불렀습니다. 저는 매우 무기력한 상태였고요."

야후 본사의 반응은 좀 더 긍정적이었다. 전 수석 부사장 리치 라일리(Rich Riley)는[28] 이렇게 회상했다. "중국과 같은 시장은 서구 기업들에게는 늘 풀기 어려운 과제였죠." 그리고 덧붙였다. "중국 시장을 겨냥한 현명한 방법으로 보였습니다."

하지만 금전적인 수익 외에 야후의 다른 목표도 이루어졌을까?

이 거래가 발표되었을 때, 제리 양은 미디어에 알리바바가 중국의 야후를 인계받지만 이것이 중국에서 야후 브랜드의 종말을 의미하는 것은 아니라고 말했다. "모든 소비자 인터넷 상품은 야후라는 브랜드를 유지할 것입니다. 검색, 메일, 새롭게 만드는 모든 것에 말입니다. 중국에서 야후라는 브랜드는 세계적인 영향력뿐 아니라 그 자체로 엄청난 공감력을 지닙니다."

그러나 알리바바의 경영 아래 야후는 급속히 빛을 잃었고 중국에서는 사실상 완전히 사라졌다. 알리바바는 자신의 아이, 타오바오를 기르는 데 더 집중했다. 거래 후 1년 만에 현지 미디어는 야후 차이나를 반갑지 않은 '고아'라고 언급하기 시작했다. 2007년 5월 알리바바는 사업 이름을 야후 차이나에서 차이나 야후(China Yahoo)로 바꾸었다. 누가 키를 쥐고 있는지 적절히 보여 주는 변화였다.

처음에는 알리바바도 야후 서치(Yahoo Search)를 홍보하는 TV 광고에 3,000만 위안(400만 달러 이상)을 쏟아부으며 야후 차이나 브랜드에 막대한 투자를 했다. 마윈은 화이 브라더스(Huayi Brothers) 필름 스튜디오(이후 그가 투자하게 되는)와 제휴하고 중국 최고의 감독, 천카이거, 펑샤오강(2015년 알리바바의 광군절 TV 특별 방송을 연출하였다), 장지중을 고용하는 등 광고비용을 아끼지 않았다. 장지중은 마윈이 좋아하는 진융 작가의 작품을 고예산의 TV 시리즈로 각색한 것으로 유명하다.

하지만 검색의 핵심 영역에서는 구글과 바이두의 우월한 알고리즘 검색이 성공 가두를 달리고 있었다. 차이나 야후는 어려움에 빠져 있었다. 거래 이후 마윈은 야후가 책임지고 있는 검색과 기술 제공이 느린 데 몹시 짜증이 났다. 압력이 얼마나 거셌는지 2006년 마윈은 야후의 홈페이지를 구글이 대중화한 단정한 스타일로 개조하기로 결정했다. 바이두도 이미 구글의 스타일을 흉내 내고 있었다. 하지만 제리 양은 그 조치에 대단히 기분이 상했고 마윈에게 차이나 야후 사이트를 그가 만든 원래의 포털 모습과 분위기로 되돌리라고 요구했다. 야후의 사용자들은 이런 변화에 당황했고 회사의 주가는 더 떨어졌다. 2005년, 주로 3,721개 툴바로 검색 수익의 21퍼센트를 차지했던 야후의 점유율은 2009년 6퍼센트로 하락했다. 바이두는 시장의 거의 2/3를 차지하면서 구글에 29퍼센트만을 남겨 주었다.

엉망인 출구

하지만 야후가 알리바바에 중국 사업을 팔지 않았다면, 여전히 두 가지 큰 문제와 싸워야 했을 것이다. 3721 창립자 저우훙이 그리고 중국 저널리스트 스타오와 관련된 윤리와 홍보 면에서의 재앙이 그것이다.

저우훙이는 야후와 알리바바의 거래를 알게 되자 곧바로 사임을 발표했다. 기분이 상한 그는 기자들에게 자신의 벤처를 시작할 것이고 야후를 떠난 사람들을 고용할 것이라고 떠벌리기 시작했다. 다음해 저우와 새 회사 치후 360은 차이나 야후의 새 주인인 알리바바에 여러 골칫거리를[29] 안겨 주었다.

하지만 중국 사업을 알리바바에게 넘긴 후에도 미국에서의 야후 이미지를 손상시키는 사건이 발생했다. 중국 저널리스트 스타오 사건이 그것이다. 제리 양이 엄청나게 속을 끓이게 된 이 사건은 예상치 못한 리스크들이 중국 인터넷 부문에서 사업을 구축하려고 계획 중인 모든 외국 기업을 기다리고 있다는 것을 보여 주었다.

스타오는 후안성의 성도(省都) 창사에서 〈컨템포러리 트레이드 뉴스(Contemporary Trade News)〉의 기자 겸 편집자로 일하고 있었다. 그는 야후 메일 사용자이기도 했다. 2004년 4월 20일, 스타오는 내부 편집

회의에 참석했다. 신문사의 부편집장이 베이징에서 보낸 기밀문서를 논의하려고 소집한 회의였다. 그 문서에는 6월 4일 톈안먼 광장 사태 15주년 즈음에 발발할 수 있는 사회적 불안에 대처할 방안 내지 지시가 담겨 있었다. 문서 사본을 배포한 것은 아니었지만 스타오는 회의 동안 내용을 받아 적었고, 그날 저녁 야후 차이나 이메일 계정을 이용해[30] 뉴욕에 기반을 둔 중국 친민주주의 웹사이트에 받아 적은 것을 전송했다. 이틀 후 야후 차이나는 정부로부터 계정 소유자에 대한 세부 사항을 넘기라는 요청을 받았다.[31] 야후 차이나는 그날 정보를 제공했다.

2004년 11월 23일, 스타오는 창사의 국가보안국에 억류되었다. 12월 15일, 체포된 스는 국가기밀을 누설한 죄목으로 기소되었다. 2005년 3월, 2시간에 걸친 공판 후 스는 징역 10년 형의 유죄판결을 받았다.

인권 운동가 단체들이[32] 재빨리 스의 사건에 주목하면서 야후를 '경찰의 끄나풀'이라고 비난했다. 스의 친구들과 어머니 가오친성이 매스컴에 이 사건을 알리고 항소했으나 판결을 뒤집을 수는 없었다. 국제사면위원회(Amnesty International)가 중국 정부의 극심한 탄압이 있었다고 주장한 후 스의 아내는 그와 이혼했다.

이 사건은 스와 가족에게는 악몽을, 야후에는 불명예를 안겨 주었다. 알리바바가 당시 야후 차이나를 운영하고는 있었지만 그 사건은 야후와 알리바바가 손을 잡기 이전에 발생한 일이었다. 마윈은 사건에 대한 논평을 요청받고 이렇게 말했다. "기업은 법을 바꿀 수가 없고 법을 따라야 합니다…정부를 존중해야 합니다. 우리는 정치에는 관심이 없습니다. 우리는 전자상거래에만 집중합니다."

2005년 9월 10일, 나는 항저우에서 열린 알리바바의 알리페스트에 참석했다. 최근 야후와 10억 달러 거래를 맺은데다가 타오바오가 이베이를 이길 것이라는 인식이 커지면서 파티의 분위기가 고조되어 있었다. 제리 양은 기념행사의 일환으로 마윈과 함께 무대에 오를 예정이었다. 케이크에는 마윈이 초청한 그해의 기조 연설자인 전 미국 대통령 빌 클린턴의 이름이 새겨져 있었다.

클린턴은 7월에 연설 초대를 받아들였으나 행사 며칠 전에 야후가 스타오 사건과 연관되었다는 뉴스가 알려지면서 곤란한 입장에 처했다.[33] 클린턴은 스의 사건을 언급하지 않았지만 검열의 경제적 비용에 대해 이야기하고, 중국이 반대 의견에 대한 내성을 더 키워야 할 것이라고 지적했다.

클린턴과 그의 특별경호원, 그리고 중국 정부의 보안요원들이 회의장을 우르르 빠져나간 후, 제리 양이 알리바바와의 거래에 대한 질의응답 세션을 위해 무대에 올랐다. 〈워싱턴 포스트〉 기자가 제리 양에게 스타오의 투옥에 이르게 된 정보의 전달에서 야후가 한 역할을 직접적으로 물었다.

양이 대답했다. "중국에서든, 세계 어느 곳에서든 그곳에서 사업을 하기 위해서는 현지법을 준수해야 합니다…우리는 정부가 요구하는 정보가 무엇에 쓰일지 알지 못합니다. 그들은 찾고 있는 것이 무엇인지 이야기를 하지 않습니다. 그들이 관련 서류와 법원의 명령서를 제시하면 우리는 야후의 개인정보 보호정책과 현지 규정 모두에 합당한 자료를 제공합니다." 그는 덧붙였다. "이 일로 일어난 결과에 대해서 유감스럽게 생각합니다…하지만 우리는 법을 따라야 합니다."

대부분 중국 인터넷 기업 경영자와 투자자들로 이루어진 청중들은 박수갈채를 보냈다. 사건의 심각성을 고려할 때 청중의 반응은 부적절하게 보였지만 사실 만리장성 방화벽 덕분에 청중 중에서 스타오에 대해서 들은 사람은 거의 없었다. 이후 제리 양은 더 곤란한 상황을 맞았다. 2007년 미국 의회의[34] 소환을 받아 이 사건에 대해 답변하게 된 것이다. 워싱턴에서 공개적으로 날카로운 비판에 맞서야 할 상황이었다. 위원회 의장인 캘리포니아 하원의원 톰 랜토스(Tom Lantos)가 스타오의 어머니를 소개하면서 세션을 시작했다. 어두운 색 양복에 넥타이를 맨 제리 양은 그의 뒷자리에 앉아 흐느껴 우는 스타오 어머니에게 침통한 표정으로 세 번이나 고개를 숙였다. 랜토스는 "아무리 좋게 보아도 용서할 수 없는 부주의한 행위, 가장 나쁘게 말하자면 의도적인 기만행위"를 했다고 야후를 맹렬히 비난하고 이렇게 결론지었다. "기술적으로나 재정적인 면에서는 당신들이 거인일지 몰라도 도덕적으로는 피그미족이다."

야후는 이후 스의 가족이 제기한 소송을 재판 없이 합의하에 매듭지었다. 합의 액수는 비밀에 붙여졌다. 스타오는 10년 형이 15개월 감형되어 8년 반을 복역하고 2013년 9월 석방되었다.

야후가 고역을 치르면서 인터넷 콘텐츠를 다루는 기업들에게 중국은 대단히 위험한 시장이라는 것이 입증되었다. 구글도 2010년 사업의 대부분을 접기 전에 이를 직접 경험했다. 구글은 2006년 중국에서 호스팅하는 서버에 검색 엔진을 google.cn으로 론칭했었다. 지메일(Gmail)과 개인과 기밀 정보에 관련된 다른 상품은 해외에 둔 상태였다. 하지만 2010년 초, 서버 해킹 시도가 계속되고 검색 결과의 검열이 필요하다는 압력이 거세지면서 구글은 중국 철수를 발표했다. 2010년 3월, 구글은 중국 내 검색 결과의 검열을 중지하고 트래픽의

경로를 홍콩의 사이트—'중국 만리장성 방화벽'의 다른 쪽—로 옮기며 시장 철수를 암시했다.[35]

이베이, 야후, 구글은 중국의 인터넷 시장이 거대해질 것이라는 점을 모두 알고 있었다. 하지만 시장이 성장하면서 규제 장벽과 알리바바, 바이두, 텐센트와 같이 든든한 재정적 지원을 등에 업은 기업들의 도전도 거세졌다.

2015년의 강연에서 제리 양은 중국 인터넷 시장에 대해 언급했다. "다음 10년 안에는 미국이나 서구 브랜드가 중국에서 성공할 수 있을지도 모르겠습니다. 하지만 2000년에서 2010년 사이에는 중국에서 성공을 거둔 회사는 없었습니다."

중국 시장에 진입하려 노력하는 서구의 인터넷 기업들은 중국에서는 "선교사가 되는 것보다는 상인이 되는 것이 낫다."는 오랜 속담이 옳다는 것을 직접 경험하게 되었다. 그리고 그중 가장 큰 상인은 알리바바였다.

제 11 장

성장통

운영할 수 없는 회사의 100퍼센트를 소유하고 있다면
아무것도 아닌 것 100퍼센트를 소유하고 있는 것이다.

– 조차이

이베이가 2006년 중국 시장에서 물러났을 때, 타오바오의 사용자
는 3,000만이었다. 2년 만에 사용자는 1억 7,000만으로 늘어났고 타
오바오 플랫폼에서의 매출은 20억 달러에서 300억 달러로 증가했다.
뚜렷한 경쟁 상대가 없는 가운데 알리바바의 전망은 장밋빛이었다.
중국 경제는 전례 없는 속도로 성장하고 있었다. 2007년의 경제성장
률은 14퍼센트를 기록했다. 2008년 베이징 올림픽에 대한 기대로 국
내 주식시장은 엄청난 상승세를 이어 갔다. 서구의 자금이 중국에 쏟
아져 들어왔고 중국의 대표적 인터넷 기업의 주가는 날아올랐다. 바
이두의 주식은 2007년 세 배가 되어 회사의 가치는 130억 달러를 넘
어섰다. 7억 4,000만의 QQ 인스턴트 메시징 사용자와 성장세의 게임
사업을 거느린 텐센트의 몸값은 135억 달러가 되었다. 중국 인터넷
기업의 새로운 물결이 상장을 준비했다. 알리바바의 IPO 시점에 대
한 공론이 이어졌다.

새롭게 자금을 조달하기 전에 알리바바는 새로운 국면을 준비하

기 위해 경영진을 재정비했다.[1] 펩시, 월마트, KPMG[2] 출신의 새로운 임원과 새로운 전략 책임자 쩡밍 박사로 팀이 보강되었다. 알리바바는 또한 금융과 소매에 경험이 있는 상하이 태생의 임원 데이비드 웨이를 B2B 사업 알리바바닷컴의 CEO로 임명했다. 그는 4년 이상 알리바바닷컴의 CEO 자리에 있으면서[3] 알리바바의 첫 IPO를 감독했다.

타오바오는 소비자에게 큰 인기를 끌었다. 하지만 무료 등록에 대한 약속 때문에 사업은 여전히 손실을 보고 있었다. 때문에 알리바바는 본래의 B2B 사업인 알리바바닷컴만을 상장하기로 했다.[4] 1999년 설립된 이들 회사는 9주년을 맞고 있었다. 알리바바닷컴은 중국과 해외에 2,500만 이상의 회원을 두고 있었다. 특별하지는 않았지만 견실하고 수익성이 있는 회사였다.

IPO 1.0

2007년 알리바바닷컴을 홍콩에 상장할 것이라는 마윈을 둘러싼 소문 때문에 주식에 엄청난 관심이 쏟아졌다. 닷컴 붐 이래 본 적이 없는 열기였다. 한 애널리스트는 홍콩 투자자들이 "카지노에서 바카라를 하듯 주식을 거래한다."라고 맹비난했다. 주식을 사려고 줄을 선 많은 개인 투자자들을 생생하게 묘사한 말이었다. 그중 한 명인 65세의 라이 아-윙은 AP에 이렇게 말했다. "사람들이 사라고 하니까 삽니다."

알리바바닷컴의 B2B 사업은 부차적인 일이었지만 사용자가 1억 6,000만에 이른 중국의 인터넷 붐과 활력 넘치는 경제에 도취된 사람들은 그런 것을 굳이 따지지 않았다.

마윈은 알리바바의 사업을 부동산 투기에 집착하는 시장인 홍콩에서 잘 먹힐 만한 말로 표현했다. "우리는 부동산 개발업자와 비슷합니다. 우리는 부지를 정리하고, 파이프를 깔고, 전기와 가스를 연결합니다. 사람들은 와서 그곳에 건물을 세울 수 있죠." 그는 하지만 앞으로 이루어 낼 것이 훨씬 더 많다고 말하면서 이렇게 덧붙였다. "알리바바가 제대로 일을 한다면 중국 전체의 인터넷 생태계가 될 수 있는 플랫폼을 만들 기회를 가지게 될 것입니다."

샌프란시스코에서 벌어진 10일간의 글로벌 로드쇼 동안 기관투자가들이 엄청난 주식을 사들였다. 스케줄이 얼마나 빡빡했는지 데이비드 웨이는 밥을 먹을 시간도 없었다. 마윈은 마지막 투자자 회의 도중 돌연 회의장을 빠져나가 데이비드에게 전화를 걸었다. 그를 공항 식당으로 부른 마윈은 식당 메뉴에 있는 국수 요리를 모두 주문했다.

홍콩에 도착했을 때 그들은 이미 로드쇼가 엄청난 흥행을 기록했다는 사실을 알고 있었다. 주가가 3개월 동안 40퍼센트 올랐다. 하지만 확실한 출발을 위해 매물의 10퍼센트를 소화시키기로 미리 약속을 해 두었고[5] 그와 함께 현지 부동산 거물들을[6] 비롯한 7명의 투자자들이 '초석'의 역할을 하기로 했다.

주식 시세 표시기에 행운의 번호 '1688'로 등재된 알리바바닷컴은 회사 지분의 19퍼센트를 17억 달러에 팔았다. 2004년 구글 이후 최대 규모의 인터넷 IPO였다. 회사의 가치는 90억 달러에 달했다.[7]

전체의 25퍼센트가 배당된 개인 투자자들의 경우 수요가 공급을 크게 뛰어 넘어 경쟁률이 257대 1을 기록했다. 주식배당을 받은 행운아들은 13.5홍콩달러로 시작한 상장 첫날의 주가가 39.5홍콩달러로 마감되는 것을 지켜보았다. 알리바바의 B2B 사업은 수입의 300배에 해당하는 260억 달러로 평가되었다.

하지만 가장 큰 행운을 누린 투자자는 바로 주식을 판 사람들이었다. 다음날 주가가 17퍼센트 떨어졌기 때문이다.

알리바바를 둘러싼 소문은 마윈과 타오바오, 알리페이 같은 고성장 사업에 집중되어 있었다. 하지만 이들 자산은 IPO에 포함되지 않았다. 사실 IPO에 풀린 대부분의 주식은 이들을 지원하기 위해 현금을 조달해야 했던 알리바바닷컴의 모기업, 알리바바 그룹에서 나온 것이었다.

데이비드 웨이는 이후 이 IPO를 돌아보며 이렇게 말했다. "타오바오는 여전히 돈을 잡아먹고 있었습니다. 야후의 2005년 투자로 알리바바는 여전히 3억에서 4억 달러를 가지고 있었습니다만 그것으로는 충분치 않았습니다. 우리는 타오바오로 돈을 벌 방법을 찾지 못한 상태였습니다." 홍콩에서 조성된 17억 달러 중 3억 달러만이 B2B 비즈니스에 들어갔다. 알리바바는 남은 14억 달러로 금고를 가득 채웠고 이로써 이들이 비축한 자금은 18억 달러에 가까워졌다. "엄청난 활동 자금이죠." 데이비드가 회상했다. "타오바오를 대단히 긴 시간 지원할 수 있는 돈이었습니다. 당시에는 알리페이에도 돈이 많이 들어갔습니다."

데이비드는 2007년의 IPO로 마윈의 접근법을 보면서 두 가지 식견을 얻었다고 덧붙였다. 첫째는 마윈이 그에게 종종 이야기했던 것이었다. "필요가 없을 때 자금을 조성해야 합니다. 돈이 필요할 때는 돈을 구하러 나서지 말아야 합니다. 그때는 너무 늦으니까요." 두 번째는 IPO로 알리바바가 직원들을 돌볼 수 있게 되었다는 점이다. "마윈은 사업에 대한 어떤 것보다 사람들에 대한 이해가 뛰어났습니다. 물론 사업에 대해서도 잘 알았지만 사람, 사업, IT의 세 가지 기술 중에서 그가 뛰어난 분야를 꼽으라면, IT는 맨 마지막에, 사업을 두 번째로 두고, 가장 첫 번째로 사람을 꼽겠습니다." 알리바바의 B2B 사업은 8주년을 맞았다. 마윈은 직원들에게 주식을 현금화할 기회를 주어야 한다고 생각했다. 데이비드는 마윈이 직원들에게 한 이야기를 기억하고 있다. "여러분들은 집도 사야 하고 차도 사야 합니다. 결혼이나 아기의 탄생을 앞두고 있는 형편에서 주식을 파는 것을 망설일 수는 없습니다. 주식을 판다는 것이 회사를 사랑하지 않는다는 의미는 아닙니다. 여러분들이 주식을 팔아서 삶을 꾸리고 가족들에게 보상을 해 주기를 바랍니다. 너무나 열심히 일하느라 가족들을 소홀히 해 왔습니다. 그들에겐 보상이 필요합니다."

마윈은 첫 두 해 동안 주식을 팔지 않았지만 3,500만 달러 가치의 주식을 팔면서 동료들에게 자신의 가족에게 '약간의 성취감'을 주고

알리바바닷컴의 IPO로 마윈의 명성은 더욱 탄탄해졌다. 2008년 항저우 공항에서 마윈의 오스트레일리아 펜팔인 데이비드 몰리. (데이비드 몰리와 그리트 케이딩 제공)

싶다고 말했다. 그는 망설이지 않고 스스로에게 홍콩의 3,600만 달러짜리 집을 선물했다.[8]

　IPO 투자설명서에는 마윈의 집 주소가 이 모든 것이 처음 시작되었던 작은 레이크사이드 가든 아파트로 기재되어 있었다. 하지만 지금 그는 홍콩의 그 유명한 빅토리아 피크 언덕의 미드레벨 꼭대기에 있는 고급 아파트를 구입해 살고 있다. 마윈은 억만장자가 되었지만 주식 가치를 기반으로 IPO 투자설명서는—골드만삭스, 이후에는 소프트뱅크와 야후가 이끈 세 번의 대형 투자 라운드 덕분에—그가 보유하고 있는 지분이 동료들에 비해 얼마나 적은지 보여 주었다. 넷이즈의 IPO 때 윌리엄 딩은 지분 59퍼센트를 보유하고 있었고, 바이두의 경우 로빈 리는 25퍼센트의 지분을 가지고 있었다.

세계 금융위기: 밝은 전망

　회사의 주가를 폭락시킬 먹구름이 몰려오고 있었다. 알리바바닷컴은 해외 무역에 의존하고 있었다. 그런데 미국 경제가 약화되면서 B2B 사업의 중추를 이루는 중국 수출업자의 사업이 타격을 입었다. 알리바바의 주가가 하락하기 시작해 3월에는 IPO 가격 밑으로 떨어졌다. 2008년 9월, 세계 금융위기의 추세가 가속되면서 다음 달에는 주가가 IPO 가격의 1/3에까지 도달했다. 베이징은 올림픽을 개최하고 불과 몇 주 만에 금융위기와 맞닥뜨렸다. 세계 무역량이 40퍼센트 급감했다.

　알리바바의 B2B 사업은 세계 경제 상황에 특히 취약했다. 2,500만의 탄탄한 회원들을 가지고 있었지만 웹사이트에 수수료를 내는 사람들은 극히 적었다. 골드 서플라이어 서비스를 받는 2만 3,000명의 회원이 전체 매출의[9] 70퍼센트를 차지하고 있었다.

알리바바닷컴의 CEO 데이비드 웨이는 주가의 하락으로 마윈이 몹시 압력을 가할 것이라고 생각했다. 하지만 그는 이렇게 기억한다. "마윈은 주가 때문에 저에게 전화를 걸거나 저를 호출하지 않았습니다. 단 한 번도요. 그는 수익 증가에 대해서 전혀 언급하지 않았습니다." 하지만 딱 한 번 마윈이 노여워하는 것을 경험한 적이 있었다. "자정이 지나서 전화를 받은 것은 그때가 유일했습니다. 우리 팀이 웹사이트를 약간 바꾸었던 때였죠. 그가 소리를 쳤습니다. 그가 소리를 지른 건 그때가 처음이자 마지막이었죠. 그렇게 화가 난 것은 처음 보았습니다. '미쳤어요?'" 마윈이 주가 때문에 그에게 호통을 친 것은 아니었다. 거래자들이 서로 대화를 나눌 수 있게 오랫동안 유지되어 온 토론 포럼의 설정을 전보다 눈에 띄지 않게 바꿔 버린 일에 화가 났던 것이다. 마윈은 다음날까지 원상복귀를 시키라고 지시했다. 데이비드는 알리바바는 토론이 아닌 거래에 초점을 맞추어야 한다며 반박했다. 그리고 홈페이지의 공간이 광고주들에게 대단히 귀중하다는 말을 덧붙였다. 하지만 마윈은 단호했다. "우리는 B2B 시장입니다. 매일 거래를 하러 오는 곳이 아니에요. 우리는 시장보다는 공동체를 중요시합니다. 타오바오의 경우도 마찬가지입니다. 사람들이 매일 쇼핑을 하러 오지는 않습니다. 포럼을 경시한다면 수익에만 매달리는 꼴입니다. 이전처럼 비즈니스 커뮤니티로 가는 무상 진입점으로 만드세요."

주가는 큰 타격을 입었지만 알리바바는 금융위기에서 살아남았다. 5년 전의 사스가 그랬듯이 금융위기도 알리바바에 예상치 못한 선물을 주었다.

첫째, 마윈은 경기 침체로 유료 고객의 충성심을 높일 방법을 찾았다. 그는 데이비드에게 "고객들을 책임집시다. 5만 위안을 내놓는 고객들에게 3만 위안을 돌려줍시다."라고 말하면서 사용료의 극적인 인하를 시작했다.

"주식시장이 난리가 났습니다." 데이비드가 회상했다. 투자자들이 전화를 걸어 불평을 했다. "뭐라고요? 수익의 60퍼센트를 버리겠다고요?" 하지만 마윈의 이상한 행동에는 이유가 있었다. 마윈은 고객을 첫째에 두는 일을 진지하게 생각했다. 하지만 데이비드는 마윈이 "'모든 것을 무상으로 제공하자'는 이데올로기"를 지지한 것은 아니라고 강조했다. 대신 마윈은 "항상 이후에 돈을 다시 끌어들일 방법을 파악하려고 노력했습니다. 그는 일단 돈을 먼저 긁어모으자는 식으로 욕심을 부리지 않았을 뿐입니다." 가격 인하를 돌아보며 데이비드는 그 조치가 시기적절했다고 결론지었다. "수익은 전혀 떨어지지 않았습니다. 고객 수의 증가가 가격 인하의 영향을 완전히 상쇄시켰죠. 금융위기가 끝난 후에도 우리는 가격을 올리지 않았습니다. 우리는 보다 가치를 높이는 서비스, 보다 인터넷 스타일에 맞는 모델을 팔기 위한 기회를 만들었습니다. 마윈은 실제로 어떻게든 변화를 만들고 싶다고 말했습니다. 위기는 그에게 기회였습니다."

두 번째 선물은 전통적인 수출시장의 붕괴로 중국의 공장주들이 집에 있는 소비자를 우선시하게 된 것이다. 수출을 겨냥한 '중국에서 만든(Made in China)' 상품이 '중국에서 팔리는(Sold in China)' 상품으로 점차 변화했다. 타오바오는 이런 변화에서 혜택을 볼 수 있는 완벽한 포지셔닝을 펼쳤다. 당시 타오바오의 사장이던 조너선 루(Jonathan Lu, 루자오시)는 이렇게 말했다. "경기 침체의 와중에서 값싼 물건을 찾기 위해 점점 많은 소비자들이 인터넷으로 모여들고 있었습니다.

부업으로 온라인 매장을 여는 사람들도 많아졌죠." 2009년 말, 타오바오의 시장점유율은 거의 80퍼센트까지 상승했다.

상인들에게 광고공간을 팔아[10] 그들이 밀려드는 온라인 쇼핑객들에게 상품을 홍보할 수 있게 함으로써[11] 마침내 타오바오가 유의미한 정도의 수익을 창출하기 시작했다.

2009년 9월, 알리바바는 승승장구하고 있었다. 알리바바의 10주년 기념행사에 빌 클린턴이 기조 연설자로 항저우를 다시 찾았다. 이번에는 나이키를 신은 NBA 선수 코비 브라이언트와 스타벅스의 CEO, 하워드 슐츠같이 중국의 새로운 소비자 물결이 우상으로 삼는 인물들과 함께였다. 축하행사에서 알리바바는 새로운 클라우드 컴퓨팅 자회사 알리윈(Aliyun)도 론칭했다.

타오바오는 추진력을 얻으면서 알리바바의 초점이 되었다. 소비자 전자상거래는 알리바바의 B2B 사업—알리바바가 이후 홍콩 주식시장에서 상장을 폐지했다[12]—을 무색하게 만들고 야후 차이나 포털의 색을 바래게 하고 있었다.

2005년의 거래 이후 타오바오가 힘을 키우는 내내 알리바바와 야후의 허니문은 길게 이어졌다. 하지만 2008년 초의 갑작스런 사건으로 이 둘의 밀월은 극적인 종말을 맞았다. 2008년 1월 31일, 마이크로소프트가 야후를 446억 달러에[13] 인수하겠다는 일방적인 제안을 내놓았다. 마윈은 이 거래가 성사될 경우 마이크로소프트가 알리바바의 최대 주주가 된다는 것을 깨달았다 그는 빌 게이츠와 좋은 관계를 유지하고는 있지만 마이크로소프트는 야후보다 투자한 회사에 훨씬 많이 관여하는 것으로 알려져 있었다. 마윈이 지금까지와는 많이 다른 파트너를 가지게 될 수도 있다는 이야기였다. 또 다른 위험도 있

2009년 9월 항저우에서 코비 브라이언트가 마윈에게 나이키 운동화를 선물하고 있다. (알리바바 제공)

었다. 중국 정부는 소유권에 일어날 수 있는 변화에 대해 견해를 밝히라고 알리바바에 접촉해 왔다.

지배권의 문제

마이크로소프트와 중국 정부는 오랫동안 예측할 수 없는 애증의 관계를 이어 왔다. 가장 훈훈한 장면이라면 빌 게이츠가 2003년 중국을 방문했을 때 국가주석 장쩌민이 레드 카펫을 깔아 그를 맞이하고 그에 대한 답례로 빌 게이츠는 막 국가주석의 자리에 오른 후진타오를 2006년 워싱턴 머서아일랜드의 집으로 초대해 저녁 식사를 함께한 일을 꼽을 수 있을 것이다. 하지만 마이크로소프트가 자사의 상품에 대한 걷잡을 수 없는 해적 행위에[14] 분노를 표현하고 중국 정부가 마이크로소프트를 독점 행위로 고발하는 등 긴장도 있었다.

마윈은 그 거래에서 어떤 일이 일어나는지에 관계없이 알리바바는 독립성을 유지할 것이라고 공개적으로 밝혔다. "알리바바는 9년 동안 독립적으로 일해 왔습니다…어떤 일이 일어나든 우리는 우리의 길을 갈 것입니다."

하지만 비공식적으로는 그도 상당히 놀랐다. 알리바바는 2005년의 계약에서 '우선 제안권(right of first offer)' 조항을 넣고자 했다. 지금 가능성이 보이는 것처럼 소유권에 변화가 생길 경우 야후의 지분을 되살 수 있도록 말이다. 알리바바는 이에 대비하기 위해 도이치뱅크 (Deutsche Bank)와 법률고문들을 고용했다. 하지만 2008년 초, 세계 경제가 위축되면서 자금 조달이 어려워졌다. 알리바바는 여러 가동부가 딸린 회사였다. 그 가동부인 타오바오와 알리페이는 빠른 성장 중이긴 했지만 여전히 손실을 내고 있었다. 상장사인 알리바바닷컴의 가치는 떨어지고 있었다. 알리바바가 자금을 조성할 수 없거나 야후가 부르는 가격에 맞출 수 없다면 2005년의 거래에 명시된 대로 중재에 의해 가격이 결정된다. 이것은 길고 예측할 수 없는 과정이다.

결국 2008년 5월, 이전 해 테리 세멜이 떠난 이후 야후의 CEO 자리에 있던 제리 양은 마이크로소프트의 제안을 거절했다. 70퍼센트 프리미엄이 얹힌 인수 제안을 거절하자 야후의 투자자들은 길길이 날뛰었다. 야후의 주가가 떨어지기 시작해 하루 만에 20퍼센트가 하락했다. 주주 행동주의자들은[15] 거래를 밀고 나가기 위해 힘을 모았지만 소용이 없었다. 몇 개월 후 세계 금융위기가 찾아오자, 마이크로소프트의 제안을 거절한 제리의 결정은 더없이 어리석은 일로 보였다. 투자자들은 그의 사임을 요구했다. 2008년 11월 17일, 제리는 CEO 자리에서 물러나고 그 자리를 소프트웨어 회사 오토데스크

(Autodesk)의 CEO였던 캐롤 바츠(Carol Bartz)에게 넘긴다고 발표했다.

마이크로소프트의 제안을 물리친 야후의 결정으로 제리 양은 자리에서 쫓겨났고 자존심에 상처를 입었다. 하지만 알리바바로서는 총알을 피한 셈이었다. 투자자들의 불만을 사고 있는 야후가 최대 주주로 남으면서 야후와의 관계에 침입자가 끼어드는 불확실한 상황을 모면할 수 있게 된 것이다.

하지만 이러한 안도감은 몇 개월 후 제리가 사임하고 캐롤 바츠가 야후의 CEO 자리에 앉으면서 사라져 버렸다.

바츠는 여러 가지 면에서 제리 양과 정반대였다. 제리 양은 예의가 바르고, 우호적이며, 공손한 것으로 유명했다. 하지만 바츠는 회의에서 자주 거친 말을 쓰는 공격적인 스타일로 악명이 높았다.

마윈은 알리바바의 고위 경영진이 2009년 3월 서니베일의 야후 본사에 갔을 때, 입구에서 제리를[16] 만났다. 제리는 마윈 일행을 맞이해서 바츠와의 회의 장소까지 데려다주었다. 하지만 회의실에 도착한 제리는 양해를 구하고 자리를 떠났다. 이제 책임자는 제리가 아닌 바츠였다.

알리바바는 야후에 타오바오의 빠른 성장을 비롯한 회사의 진전 상황을 보고했다. 하지만 바츠는 축하 대신 알리바바가 감독하고 있는 차이나 야후의 시장점유율이 떨어지고 있다고 질책했다. 그녀는 "직설적으로 이야기하겠습니다. 어차피 전 그런 사람이라고 소문이나 있으니까요…저는 그 사이트에서 우리 이름을 빼고 싶습니다."라고 말했다고 한다. 마윈은 이후 한 기자에게[17] 이렇게 말했다. "사업을 제대로 할 수 없다면 화낼 권리도 없습니다."

마윈과 바츠의 관계는 바로 얼어붙었다. 두 사람은 어떤 접촉도

갖지 않고 오랜 시간을 보냈다.

야후가 가진 지분을 다시 사려는 알리바바의 노력이 점차 드러나면서 논란도 거세졌다.

2009년 9월, 알리바바가 창립 10주년을 기념하고 있을 때, 야후는 그사이 바츠를 불신임 투표에 부쳤고, 알리바바닷컴의 IPO 때 샀던 주식의 매각을 단행했다.[18] 이후 2010년 1월, 구글이 검열과 해킹 문제를 두고 중국 정부와 치열한 다툼을 벌이고 있을 때, 야후는 구글을 지지하고 나섰다. "우리는 사용자 정보를 얻기 위해서 회사 네트워크에 침투하는 모든 시도를 규탄합니다…우리는 이러한 종류의 공격이 대단히 충격적이라고 생각합니다. 우리는 사용자 사생활의 침해가 우리 인터넷 선구자들이 반드시 맞서야 할 일이라고 굳게 믿으며 구글의 입장을 공개적으로 지지합니다."

알리바바는 최대 주주가 중국 정부와 맞붙을 준비를 하는 것으로 보고 아연실색했다. 알리바바는 대변인 존 스펠리치(John Spelich)를 통해 이렇게 반박했다. "알리바바 그룹은 지난주 취한 구글의 입장을 "공개적으로 지지한다"라는 야후의 발표가 증거 사실이 없는 상태에서 이루어진 신중하지 못한 조치였다는 입장을 야후에 전달했습니다…알리바바는 이러한 야후와 의견을 같이하지 않습니다."

하지만 문제는 아직 시작도 되지 않았다. 2010년 9월, 야후의 홍콩 책임자가 야후 홍콩에 광고를 할 중국 본토의 광고주를 찾고 있다면서 야후와 알리바바를 경쟁상대로 만들었다. 알리바바는 이로써 야후와의 관계를 재평가하게 되었다.

알리바바닷컴의 CEO 데이비드 웨이는 야후와의 관계에 공개적으로 의문을 표했다. "사업적인 시너지나 기술이 없는 투자자가 우리에게 왜 필요합니까?" 그는 덧붙였다. "가장 큰 변화는 야후가 자신만의 검색 엔진 기술을 잃었다는 것입니다. 파트너십이 존재할 수 없는 가장 큰 이유죠."

캐롤 바츠가 이끄는 동안 알리바바와 야후의 관계는 전혀 나아지지 않았다. 캐롤 바츠는 2011년 9월 야후에서 해고되었다. 하지만 그녀가 물러나기 전에 알리바바는 두 가지 위기에 흔들리고 있었다. 알리바바의 가장 중요한 상품인 신뢰를 훼손시킬 수 있는 문제들이었다.

첫 번째 위기는 내부 사건이었다. 알리바바 B2B 사업 내부에서 사기 행위가 발견되었고, 이 일은 알리바바에 대한 고객 평판에 흠집을 냈다. 두 번째는 알리페이의 자산 소유권을 알리바바 외부로 이전시킨 것을 둘러싼 논란이었다. 이것으로 알리바바에 대한 일부 투자자들의 평판이 훼손되었다.

이 사기 사건에는 약 100명의 알리바바 영업 인력이 연루되었다. 이 부패한 직원들이 돈을 받고 신뢰할 수 있는 공급업체라고 확인해 준 가게가 2,300개에 달했다.[19] 이후 상인들은 알리바바닷컴에서 컴퓨터를 비롯한 물건들—아주 낮은 가격에 제공되는 베스트셀러 아이템들—의 결제금 200만 달러를 챙기고 해외 고객에게는 해당 물건을 배송하지 않았다.

알리바바가 직접 돈을 물어 주었고 알리바바의 주식은 8퍼센트 하락했다. 하지만 마윈은 돈보다는 고객의 신뢰에 상처를 입은 것에 가장 크게 화를 냈다. 영업사원들은 해고당했고 1,200명 이상의 회원 계정이 삭제되었다. 경영진에서는 어떤 부정도 없었다는 것이 밝혀졌지만 사기 사건이 일어난 것이 그들의 감독 아래에서 일어났다는 이유로 마윈은 CEO 데이비드 웨이와 COO의[20] 사임을 요구했다. 마원은 미디어에 알리바바는 고위 임원들이 책임을 지는 "중국 유일의 회사일 것"이라고 얘기했다. 이 일로 〈포브스〉는 마윈을 "부패에 물든 나라에서 찾아보기 힘든 희귀종"이라고 보도했다. 일부에서 임원들의 해고를 두고 노이즈 마케팅이라고 비난하자 마윈은 "저는 암을 만들어 내는 사람이 아닙니다. 저는 그것을 치료하는 사람입니다!"라고 날선 반응을 보였다.

데이비드 웨이는 그 조치에 반발하지 않았고 그 일을 얼마 후 타오바오 내에서 발생한 비슷한 엄중한 조치의 자극제로 평가했다. "사람들은 '그게 그렇게 큰 문제였어?'라고 말했습니다. 그러나 이것이 그룹 내의 다른 정화운동을 촉발할 것입니다. B2B에서 시작되어 소비자 쪽으로 이어질 것입니다. 저는 제 사임을 자랑스럽게 생각합니다. 사업에서 부패와 악습을 몰아내지 않았다면, 2014년의 IPO가 그렇게 성공적일 수 없었을 것입니다."

하지만 투자자들에게 영향을 준 다른 위기는 알리바바의 평판에 좀 더 오랫동안 더 치명적인 영향을 주었다. 회사는 잘못한 일이 없다고 주장했고 많은 투자자들도 그 입장을 지지했지만, 논란은 계속되었고 회사를 비난하는 사람들에게는 좋은 비난의 구실이 되었다. 이 위기의 초점은 알리페이 사업의 소유권을 누가 갖느냐였다.

폭풍처럼 번지는 불

하루에 중국 전체 시장의 절반이 넘는 7억 달러 이상의 거래를 처리하는 알리페이는 타오바오라는 기계에서 없어서는 안 될 톱니였다. 알리바바에 필요불가결한 사업이기 때문에 사업의 가치를 정하는 것이 쉽지는 않지만 한 애널리스트는 알리페이의 가치를 10억 달러로 평가했다.

그러나 2011년 5월 10일, 이미 1년 전 알리페이 자산이 알리바바 그룹 밖으로 이전되었다는 것이 드러났다. 알리페이는 저장 알리바바 전자상거래 유한회사(Zhejiang Alibaba E-Commerce Company Limited)라는 마윈이 개인적으로 관리하는 회사가 소유하고 있는 상태였다. 마윈은 그 회사의 지분 80퍼센트를 가지고 있었고 알리바바의 공동 설립자 사이먼 셰가 나머지 지분을 보유하고 있었다. 투자자들은 야후의 분기별 수익 보고서의 주석 8번째 페이지에 묻혀 있는 한 단락에서 이 소유권 이전의 낌새를 처음 알아차렸다.

필수로 규정된 허가 과정을 신속히 처리하기 위해서 알리바바 그룹의 온라인 결제사업, 알리페이의 소유권을 재편한다. 이로써 알리페이 발행주식의 100퍼센트를 알리바바 그룹의 CEO가 최대 주주로 있는 중국 국내 회사가 보유하게 된다. 알리바바 그룹의 경영진과 대주주, 야후와 소프트뱅크는 온라인 결제사업에 관련된 소유권 재편과 적절한 업무 협약의 조건과 관련한 지속적인 논의에 참여하고 있다.

10억 달러 가치를 가진 회사 하나가 사라지다니? 투자자들은 경악했다. 야후의 주식은 엄청나게 떨어졌다. 5월 11일 7퍼센트가 하락했고 다음날 6퍼센트 더 하락했다. 시가총액에서 30억 달러가 사라진 것이다. 그날 저녁 피해를 막아 보려는 의도에서 야후는 야후 자신도 소프트뱅크도 사후에야 지배권 이전에 대한 이야기를 들었다고 폭로했다. 하지만 몰랐다는 것은 좋은 변명이 아니었다. 야후의 2005년 투자협의서에는 알리바바 그룹 밖으로 1,000만 달러 이상 가치의 자산이나 자회사를 이전시키는 일에는 회사 이사회나 주주들의 동의가 필요하다고 명시되어 있었다.

홍콩에서 열린 알리바바닷컴의 연차 총회에서 마윈은 그 소유권 이전이 "100퍼센트 합법적이고, 100퍼센트 투명하다."라고 주장했다. 그는 "알리페이 사업과 관련한 적절한 업무협약에 대해서 야후, 소프트뱅크와 논의가 진행 중"이라고 말하면서 "모든 일을 공명정대하게 처리해 오지 않았다면 우리는 지금의 이 자리에 있지 못했을 것"이라고 덧붙였다.

알리바바는 소유권 이전 사실을 확인하는 성명을 발표하고, 은행업 규제기관인 중국인민은행(PBOC)의 규정에 따르기 위한 조치였다고 설명했다. 특히 알리바바는 PBOC가 '비금융기관이 제공하는 결제 서비스에 대한 행정조치'를 발표했고 이 조치는 "비금융기관의 지배 지분은 반드시 국내에서 보유하고 있어야 할 것"을 요구했다고 설명했다.

5월 15일, 며칠간의 파란 후에 알리바바와 야후는 공동성명을 발표했다. 날뛰는 물결을 잠재우기 위한 시도였다. "알리바바 그룹과 대주주 야후 그리고 소프트뱅크는 알리페이와 관련되어 불거진 문제를 가능한 한 빠른 시간 내에 모든 주주들에게 이익이 되는 방향으로 해결하기 위한 생산적인 협상에 참여해 노력을 다하고 있습니다."

하지만 야후와 알리바바가 내놓은 성명들 사이에는 투명하지 못한 부분들이 있었다. 이에 '누가 무엇을 언제 알았는가?'를 둘러싼 일련의 문제가 제기되었다.

알리바바는 알리페이의 소유권 이전은 이미 일어난 일이라고 말했다. 하지만 야후는 몇 개월 동안, 아니 어쩌면 몇 년 동안 주주들에게 그 사실을 알리지 않았다. 야후와 소프트뱅크는 언제부터 소유권 이전을 알고 있었나? 알리바바는 야후와 소프트뱅크가 2009년 7월 이사회에서 "알리페이의 지배 지분이 중국 쪽으로 이전되었다."라는[21] 이야기를 들었다고 주장했다. 중국의 비즈니스 간행물인 〈차이신(財新)〉은 조사를 진행한 후, 알리페이가 2009년 6월과 2010년 8월의 두 차례 거래를 통해 마윈이 지배권을 가지고 있는 '저장 알리바바 전자상거래 유한회사'에 팔렸다는 사실을 확인했다. 총 가격은 3억 3,000만 위안(5,100만 달러)이었다. 비평가들은 야후가 정직하지 못하거나 무능한 것이라고 주장했다. 야후가 소유권 이전에 대해서 알았다면, 왜 투자자들에게 이야기하지 않았을까? 이전에 대해서 알지 못했다면, 파악하지 못한 이유는 무엇일까?

이 위기로 인해 대두된 의문이 또 있다. 알리바바는 정말 그렇게 중요한 자산을 회사 밖으로 내보내는 것 외에 다른 선택이 없었을까? 더구나 그 소유권을 마윈의 개인적인 지배하에 있는 회사로 이전시켜야만 했을까? 그다음에는 어떻게 하려 했을까?

야후의 주주들은 격분했다. 한 헤지펀드 매니저는 미디어에 이렇게 말했다. "이 일은 보도자료를 통해 '누가 이렇게 말했네, 누구는 저렇게 말했네'라는 식으로 입씨름이 되어 가고 있는 모양새입니다. 이 모습을 보아서는 야후가 모든 상황을 장악하고 있는 것 같지 않군요."

VIE 구조와 중국 회사에 대한 투자를 전반적으로 비판하는 사람들이 신이 났다. 그런데 알리바바는 그들의 주장대로 소유권을 이전하는 것 외에 다른 선택지가 없었던 것일까?

이 사건이 처음 터졌을 때 제리 양은 무척 화가 났지만 침착함을 유지했다. 하지만 마사요시 손은 격분했다. 마윈은 무슨 생각을 하고 있었을까? 일이 어떻게 돌아하는지 파악하기 위해 제리는 베이징으로 갔다. PBOC의 고위 관리와 가진 회의에서 그는 "상황을 받아들이는 것"이 최선이라는 이야기를 들었다. 제리가 재차 설명을 요구하자 그 문제는 "우리의 소관 밖이다."라고만 했다.

2010년 6월 PBOC가 새로운 규정을 내놓은 것은 사실이었다. 국내 인터넷의 제3자 결제 플랫폼을 관리하기 위한 규칙이었다. 그 규칙에 따르면 외국 자본회사는 전적으로 국내 소유인 지원 회사보다 긴 행정 절차를 거쳐야 한다. PBOC는 2005년부터 결제회사의 외국인 소유권에 대한 문제를 논의해 왔다. 하지만 이 규칙이 외국인의 소유를 완전히 배제한 것은 아니었다.

마윈을 옹호하는 사람들은 규제의 바람이 어느 쪽으로 향할 것인지를 미리 예측하고 행동한 것뿐이라고 주장한다. 알리페이 자산을 자신이 지배권을 가지고 있는 국내 회사로 옮겨 놓음으로써 PBOC에서 받아야 할 새로운 승인이 거절되는 위험으로부터 알리바바를 지킬 수 있었다는 것이다. 2014년 IPO 이전에 문제를 정리하기 위해 알리바바는 "이 조치로 알리페이가 2011년 5월 어떤 지연 없이, 중국 소매 시장이나 알리페이에 불리한 영향 없이 결제사업 승인을 받을 수 있었다."라고 설명함으로써 소유권 이전을 정당화했다.

실제로 2011년 5월 26일, 완전히 국내 소유인 알리페이는 27개 회사 중 첫 번째로 사업 승인을[22] 받아 승인번호 001번을 얻었다. 하지만 마윈을 비난하는 사람들은 PBOC가 텐센트의 텐페이(Tenpay) 같은 외국인 투자 기업에도 사업 승인을 해 주었으며, 텐페이가 시장의 2인자로 활동하고 있다는 사실을 들면서 알리바바가 알리페이의 소유권을 외국인들 손에서 빼내야 했다는 주장은 이치에 맞지 않는다고 말한다. 이에 대해서 마윈을 옹호하는 사람들은 텐페이나 다른 외국인 투자 회사들과 알리바바를 비교하는 것은 적절치 못하다고 반박한다. 알리페이는 이미 시장 대부분을 지배하고 있는 상태였기 때문에 관용을 기대할 수 없는 입장이었다고 말이다. 제3자 결제시장에는 수천 개의 기업들이 활동하고 있었다. 하지만 5월에 일단의 회사에 대한 사업을 승인한 PBOC는 이후 제3자 결제사업을 위해서는 2011년 9월 1일까지 모든 회사가 자기 사업의 승인을 받거나 기존 승인 회사와 합병을 해야 한다고 못 박았다. 이 조치는 시장을 엄청나게 긴장시켰다. 활동 영역이 분명하지 않은 기업들은 해외 투자를 받았느냐 승인을 받았느냐를 기준으로 흑백이 나뉘게 되었다. 승인을 받지 못한 기업들은 사업에서 축출될 위험에 직면했고, 승인을 받았으나 외국인 투자를 받은 기업들은 알리페이의 조치가 향후 자기 회사의 IPO 능력을 위협해 회사의 가치에 피해를 입히고 많은 인터넷 기업들이 의존하고 있는 VIE 투자 구조를 약화시키지 않을까 걱정했다.

알리페이의 여러 경쟁자들은 승인 직후에 PBOC가 주최한 회의에 대해 내게 이야기를 해 주었다. 이 자리에는 마윈도 참석했다. 많은 사람들이 알리바바에 불만을 터뜨렸지만 마윈은 침묵을 지켰다. 그러나 승인의 문제가 아니라도 사실 결제사업이라는 행운의 오아시스를 좇는 기업들이 너무나 많았다. 결국 이 오아시스는 신기루로 밝혀졌다. 수수료가 거래액의 1퍼센트로 대단히 낮았기 때문에 승인이 아니었더라도 결국엔 경쟁이라는 관문을 뚫어야 했을 것이다. 이런 면에서 알리페이 사건, 그리고 그 사건이 촉발한 PBOC의 승인 체제는 불가피한 일을 가속시킨 데 불과하다. 많은 결제 서비스 회사들이 자신들이 사막에 서 있으며 곧 자금이 바닥날 상황임을 알아차렸다. 한 경영 간부는 나에게 이렇게 말했다. "소비자 전자상거래 기업보다 '결제 솔루션'을 취급하는 기업들이 더 많은 실정입니다. 레스토랑에 식사하는 손님보다 셰프가 더 많은 격이죠."

이 점에 비추어 보면 마윈이 알리페이 소유권을 자신의 통제로 돌린 것이 당연한 일일까? 아니면 지금까지도 이 소유권의 이전을 비난하는 사람들이 정당한 것일까? 양쪽의 주장은 모두가 PBOC를 내세운 중국 정부가 어떤 생각을 갖고 있는지, 그들이 어떻게 해석하는지에 달려 있다. 여기에서는 명확한 부분은 찾아볼 수가 없다. PBOC는 외국인 투자 기업이 결제 플랫폼을 소유할 수 있다고 말한 적이 없다. 하지만 마찬가지로 결제 플랫폼을 소유할 수 없다고 말한 적도 없다. 나와 이야기를 나눈 한 영향력 있는 투자자는 이 상황을 이렇게 요약했다. "PBOC는 화가 난 상태였습니다. 하지만 마윈은 여러 가지 압력을 피하는 데 매우 능숙했습니다. 아무도 어떤 일도 할 수가 없습니다. PBOC의 규칙 자체가 대단히 애매하니까요."

알리페이의 소유권을 알리바바 밖으로 이전하는 위험한 조치를 취할 수밖에 없는 어떤 다른 상황이 있었던 것은 아닐까? 악화 일로에 있는 야후와 알리바바의 관계는 도움이 되지 않았다. 캐롤 바츠와의 관계는 너무나 악화되어서 그녀와 마윈은 말 한 마디도 나누지 않을 정도였다. 그들은 소통을 하는 대신 성명을 발표하고 미디어와 인터뷰를 하기 시작했다.

알리페이 사태가 터지기 8개월 전, 바츠는 야후가 가지고 있는 알리바바의 지분을 파는 일에 관심이 없으며 마윈이 주식의 가치를 크게 높일 IPO 이전에 '지분의 일부'를 되찾으려 하고 있지만 불가능할 것이라고 말했다. 알리바바는 즉시 미디어를 통해 IPO 계획이 없으며 야후와 선의의 협상으로[23] 지분을 되찾기 위한 노력을 펼치고 있다고 대응했다.

하지만 사실 알리바바가 준비하고 있는 가격을 야후가 마음에 들어 하지 않는 경우 마윈이 할 수 있는 일은 거의 없었다.

이런 불안감이 한몫을 했을까? 아니면 대두되고 있는 또 다른 문제가 원인이었을까? 야후의 투자 이후 5년이 지났다. 치열한 협상 끝에 알리바바가 받아들인 투자 협약에 의해 야후는 2010년 알리바바 이사회의 2인자를 임명할 권한이 있었다. 더구나 이 합의는 이사회의 과반수 결의로 알리바바의 고위 간부들을 대체할 수 있다고 명기하고 있었다. 적대적인 입장에 있는 바츠가 제리 양(더 이상 CEO는 아니지만 여전히 알리바바 이사회의 일원인)의 지원을 받고 마사요시 손의 지원을 요청한다면, 마윈과 조차이의 위치를 위태롭게 하는 것도 가능했다. 외국 회사가 알리바바와 같은 상징적인 회사의 지배권을 다시 얻는다는 것이 힘든 일이라는 것은 말할 필요도 없고 마윈이 제리나 마사요시 손과 맺고 있는 관계를 생각한다면 실현되기는 힘든 이야기였지만 그렇다고 영 불가능한 것도 아니었다. 특히나 바츠가 야후의 지분을 파는 협상에서 더 큰 힘을 갖게 된다면 가능한 일이었다. 그러나 그러한 조치의 조짐이 있다는 것만으로도 야후에게는 파괴적일 수 있었다. "이후 그들의 투자는 관심을 잃게 될 겁니다." 나와 이야기를 나누었던 또 다른 중국 인터넷 기업 창립자의 이야기였다.

어쨌든 극단적인 선택은 없었다. 소유권 이전에 대한 비난이 거세지자 알리바바는 가능한 빨리 야후와 합의에 이르는 것 외에 다른 선택안이 없었다. 국내의 수많은 논평가들은 해외 비평가들보다 더 가

혹했다. 그들의 눈에 이 논란은 VIE 구조 그리고 전반적인 대중국 해외 투자에 대한 신뢰를 흔들어서 중국에 있는 다른 기업가들의 이익을 위협하는 것으로 비쳐졌다. 〈차이신〉은 처음에는 결제 서비스 제공업체를 승인하는 절차가 너무 길고 애매하다고 정부를 비난했으나, 이후에는 "시장경제를 뒷받침하는 계약의 원칙을 위반했다."라고 마윈을 맹비난했다. 〈차이신〉은 마윈이 알리바바의 자산을 "자신의 이름으로 된 회사에, 그것도 공정하다고 말하기에는 너무 낮은 가격에" 이전시킴으로써 국제 비즈니스계에서 쌓은 명성을 퇴색시켰고 알리바바의 장기 성장 전망을 약화시켰다고 주장했다. 나와 이야기를 나눈 중국 인터넷 기업 창립자는 이 논란이 있고 4년이 지난 후 나에게 설사 그런 결과를 초래했다고 해도 마윈의 행동은 정당화될 수 있다고 말했다. "저는 완전히 이해합니다. 그게 옳은 일이냐고요? 제가 마윈이었다고 해도 똑같이 했을 겁니다. 그가 인센티브 문제를 해결하지 못했다면 알리바바는 지금과 같이 될 수 없었을 것입니다." 중국의 비즈니스 리더 중에 그러한 견해를 공개적으로 지지한 사람은 많지 않았지만 〈차이신〉의 기사 링크를 소셜 미디어에 포스팅한 사람들은 많았다.

이 기사가 발표된 직후, 마윈은 〈차이신〉의 편집장인 후술리와 연락을 주고받았다. 여러 통의 문자 메시지로 그가 제기했던 문제에 대해서 논의했던 것이다. 문자 메시지를 통한 그들의 첫 대화는 2시간 동안 이어졌다. 마윈은 그녀에게 〈차이신〉이 그림 전체를 알지 못하면서 그러한 논평을 한 것에 매우 실망했다는 문자 메시지를 보냈다. 덧붙여 자신은 "정치에는 전혀 관심이 없으며, 단지 원래의 모습대로 살고 싶을 뿐이고 스스로나 다른 사람들 앞에 책임 있는 사람이길 바란다."라고 말했다.

마윈은 "오늘의 상황은 우리가 만든 것이 아니고 우리는 그렇게 할 수밖에 없었습니다. 주주와 이사회가 의사를 결정하는 것이 대단히 복잡하다는 점도 기업 소유구조의 문제가 원인입니다."라고 말했다. 그는 이렇게 덧붙였다. "나는 일을 하는 데 세 가지 원칙이 있습니다. 첫째, 100퍼센트 합법적일 것, 둘째, 100퍼센트 투명할 것, 셋째, 회사가 지속 가능하고 건전하게 발전할 수 있게 할 것입니다."

흥미롭게도 마윈은 후술리에게 알리바바와 야후의 관계가 그 부분에는 소프트뱅크와의 관계보다 굳건하다고 밝혔다. "저와 야후 사이의 문제는 쉽게 풀 수 있습니다. 이해관계의 문제일 뿐이니까요. 하지만 저와 마사요시 손과의 문제는 단순한 이해관계의 문제가 아닙니다." 마윈은 직원 인센티브 계획과 직원 교육을 포함한 인사 문제에서 마사요시 손과는 근본적인 의견 차이가 있다고 밝혔다.[24]

그는 직원들은 언제든 대체할 수 있는 존재라고 생각합니다. 저는 중국의 젊은이들에게 기회를 주고 그들과 미래를 공유해야 한다고 생각합니다. 그는 일본의 경우는 다르다고 생각합니다. '어쨌든 내가 너의 봉급을 준다. 네가 그 일을 하고 싶지 않다면 그것은 상관없다. 다만 너 대신 다른 사람이 그 일을 하게 될 것'이라는 식으로 생각하는 것이죠. 첫째, 저는 일본에서 일어나고 있는 일이 그곳에서도 옳은 일이라고는 생각지 않습니다. 둘째, 중국에서는 완전히 잘못된 일입니다. 저는 물론 고객이 우선이지만, 그다음은 직원이라고 생각합니다. 우리 직원이 없었다면 우리 회사도 없었을 것입니다. 이 문제에서 우리는 완전히 다른 원칙을 가지고 있습니다…이 문제는 처음부터 있었습니다.

마윈은 손과 의견 차이가 오래 지속되었으며 "지난 몇 년 동안 그 문제를 두고 자주 논쟁을 벌였다."라고 말했다. 마윈은 소유주 지분에 대한 접근법도 비교했다. "7만 명의 알리바바 직원들은 모두가 주식을 가지고 있습니다." 그가 말했다. "알리바바가 설립된 날부터 지금까지 제 지분은 점점 줄어들고 있습니다." 마윈은 반대로 마사요시 손은 "처음부터 알리바바의 지분 30퍼센트를 가지고 있었고 지금은 30퍼센트가 넘는다."라고 주장했다. 두 사람 사이의 긴장 조짐을 드러내며 마윈은 기자들에게 소프트뱅크의 직원들에 대한 마사요시 손의 접근법을 취재해 보라고 말했다. "그가 직원에게 무엇이든 준 게 있는지 확인해 보십시오…그가 가지고 있는 주식의 1퍼센트라도 빼내라는 요구를 하는 것은 살아 있는 호랑이의 이빨을 뽑는 것과 같은 일입니다."

마윈은 마사요시 손의 협상 기술에 존경을 표현하면서도 그가 세계 최고의 '철 수탉(iron rooster)'이라고 말했다. 중국에서는 철 수탉으로부터는 깃털 하나도 뽑을 수 없다는 의미에서 지극히 인색한 사람을 철 수탉이라고 부른다.

여러 가지 사실 여부에 대해서 논란이 있고 걸려 있는 금액이 워낙 컸기 때문에, 논란을 해결하려는 노력은 몇 주, 몇 달간 이어졌다. 위기를 거치는 동안 마윈은 알리페이 소유권 이전에 대한 보상 협상을 'UN의 평화회담'에 비교하며 "대단히 복잡했습니다."라고 토로했다.[25]

그러나 합의 도달이 점점 시급해지고 있었다. 7월 말, 야후의 주식은 논란이 시작되기 전보다 33퍼센트 떨어졌다. 그로부터 몇 주

전, 손꼽히는 투자가인 그린라이트 캐피털(Greenlight Capital)의 데이비드 아인혼(David Einhorn)이 "그 논란은 우리가 원했던 것이 아니었습니다."라는 말을 남기고 중국 시장 진출을 위해 구축했던 야후의 포지션을 정리했다.

결국 7월 29일 합의가 이루어졌다. 자산의 이전은 유효하게 유지되었다. 지분을 갖고 있는 야후는 향후 알리페이의 모든 IPO 수익에서 2달러에서 60억 달러의 보상을 받게 되었다. 알리바바, 야후, 소프트뱅크는 작금의 논란을 과거로 돌릴 준비를 마쳤다. 하지만 야후의 투자자들은 만족하지 못했다. 특히 60억 달러라는 상한선이 문제였다.[26] 이 소식에 야후의 주가는 2.6퍼센트 하락했다. 하지만 조차이는 투자자들에게 이 합의에 대해서 설명하면서 소유권 이전이 정부 규정에서 벗어나지 않기 위해 이루어진 조치였다고 합의의 적절성을 열심히 주장했다. "운영할 수 없는 회사의 100퍼센트를 소유하고 있다면, 아무것도 아닌 것 100퍼센트를 소유하고 있는 것입니다."

알리페이 사건은 씁쓸한 뒷맛을 남겼지만 몇 개월에 걸친 불확실한 상황은 끝이 났다. 이제 알리바바는 다음 우선순위에 집중할 수 있게 되었다. 야후의 지분을 가능한 한 많이 되찾아 오는 일에 말이다.

2011년 9월 30일, 마윈은 차이나 2.0(China 2.0) 컨퍼런스 시리즈에서 기조연설을 해 달라는 스탠퍼드 대학의 초청을 받아들였다. 몇 년 전 내가 마거리트 공 핸콕(Marguerite Gong Hancock)과 공동으로 주최한 컨퍼런스였다. 나는 관객에게 마윈을 소개한 후 관객석 앞줄에 앉아서 그 유명한 마윈의 마법이 어떻게 펼쳐지는지 지켜보았다. 마윈의 영어 연설은 방 안에 있는 코끼리, 즉 야후와 알리바바의 관계를 인정하면서 시작되었다. 그는 지난 몇 개월 동안의 일로 몹시 지쳐 있다고 말문을 떼고 나서 오른손을 들고 청중을 보면서 이렇게 말했다. "저는 아직도 VIE가 뭔지 모르겠습니다." 물론 마윈은 투자 구조에 대한 모든 것을 알고 있었다. 그것이 알리페이 논란의 핵심이었으니까. 하지만 무지를 가장하는 것은 대중을 자기편으로 끌어들이는 그만의 방법이었다. 청중석에 앉아 있는 변호사들로서는 의심을 억누를 수 없었겠지만 말이다. "야후 주식을 살 생각이 있습니까?" 이 질문에 마윈은 대답했다. "예, 우리는 그 일에 큰 관심을 갖고 있습니다." 다우존스 올싱스디(AllThingsD)의 카라 스위셔(Kara Swisher)가 알리바바에 있는 야후의 지분만 되사고 싶은지, 야후의 전부를 사고 싶은지 묻자, 마윈은 곧 온 세상에 퍼질 효과적인 말로 답했다. "전부 다죠. 야후 차이나는 이미 우리 거잖아요?" 그리고 그는 오른손을 주머니에 넣고 덧붙였다. "야후 차이나는 이미 제 주머니 속에 들어왔습니다!" 그는 상황이 복잡하기 때문에 시간이 걸릴 것이라고 덧붙이며 말을 마쳤다.

결국 거래가 마무리 될 때까지 9개월이 걸렸다. 2012년 5월 21일, 계약 조건이 공개되었다. 알리바바는 야후가 가진 알리바바 지분의 절반, 즉 알리바바 지분의 20퍼센트를 되사기 위해 야후에 71억 달러(현금 63억 달러와 최대 8억 달러의 우선주)를 지급했다. 야후는 목말라 하던 현금을 얻게 되었다. 세후 42억 달러였다. 또한 알리바바는 야후가 가지고 있는 남은 지분의 1/4을 2015년 되사오거나 야후가 향후 알리바바 그룹의 IPO 때[27] 지분을 매각할 것을 약속했다. 야후와 소프트뱅크는 알리바바 이사회에 대한 의결권의 상한을 50퍼센트로 정하는 데 합의했다. 마윈과 조차이는 안심하고 자리에 앉아 있을 수 있게 된 것이다. 그들은 IPO(2.0)의 항로를 잡았다.

제 12 장

아이콘이냐 이카루스냐

공산주의자들이 자본주의에서 우리를 능가하다니!

– 존 스튜어트(Jon Stewart)

IPO 2.0

2014년 9월 8일, 마윈의 50회 생일 이틀 전, 알리바바 그룹은 뉴욕에서 글로벌 로드쇼를 시작했다.

레이크사이드 가든 아파트 단지의 고르지 않은 시멘트 계단을 오른 지 15년 만에 나는 맨해튼 월도프아스토리아 호텔의 반짝이는 대리석 계단을 오르고 있었다. 'BABA'의 탄생을 지켜보기 위해서였다.

위성 생방송 트럭과 검은색 SUV들이 호텔 밖에 줄지어 서 있었다. 안에는 마윈과 조차이를 비롯한 고위 경영진이 홍보를 준비하고 있었다. 나는 49번가에서 로비를 거쳐 금박을 입힌 호텔 엘리베이터로 한 줄로 늘어서 꿈틀꿈틀 움직이는 투자자들을 따라 걸었다. 그날의 주인공은 새로운 중국이었다. 장소도 적절했다. 이 유서 깊은 월도프아스토리아도 얼마 후 중국 회사가 20억 달러에 사들였으니 말이다.[1]

위층의 연회장에 이른 투자자들은 주 연회장에서 알리바바의 홍보를 들을지, 사람이 넘치는 바깥쪽 연회장에서 들을지를 결정하는 손목 밴드를 발급받았다. 한 투자자는 이 밴드가 아이폰 론칭을 생각 나게 한다고 말했다.

모든 시선이 마윈에게 고정되었다. CEO인 조너선 루가 프레젠테이션의 대표자였지만[2] 알리바바의 화신은 여전히, 지금까지도 그런 것처럼 마윈이었다. 차례가 오자 마윈은 투자자들에게 15년 전 조와 미국으로 자금 조달을 위해 출장을 왔다가 실패하고 돌아간 이야기를 꺼냈다. 벤처 투자가들에게 200만 달러를 구하려는 목표로 왔지만 빈손으로 돌아가야 했다. 하지만 이제 다시 돌아왔고 그때보다 좀 더 많은 자금을 구하고 있다.

그 첫 출장에서 조는 긴 비행기 여행을 하면서, 투자자들에게 그럴듯한 프레젠테이션을 해야 한다고 마윈을 설득했지만 성공하지 못했다. 이번에는 만반의 준비가 되어 있었다. 투자자들에게는 묵직한 300페이지짜리 투자 설명서가 건네졌다. 밝은 오렌지색 표지에 맨 앞에 만화 같은 그래픽이 자리 잡은 투자 설명서는 성인을 위한 진지한 서류라기보다는 어린이들을 위한 책 같아 보였다. 하지만 삽화를 넘기면 투자자들은 '위험 요인'을 개술하는 모든 공모의 표준이 되는 진지한 텍스트를 발견하게 된다. 이 부분은 37페이지에 걸쳐서 '무형의 리스크'와[3] 더 이상 소유권을 가지고 있지 않은 알리페이에 대한 의존성과 같은 '유형의 리스크'를 상세히 설명하고 있다. 마윈은 알리페이의 소유권 이전 문제를 직접적으로 언급하면서 그에게는 다른 선택지가 없었다고 말했다. 그는 그 결정이 인생에서 가장 어려운 결정이었으나 다시 그때로 돌아가도 같은 결정을 할 것이라고 이야기했다.

위험 요인에는 논란이 많지만 상당히 오래 지속되고 있는 VIE 투자 구조에 대한 논의도 포함되었다. 하지만 공모에서는 VIE에 '알리바바 파트너십' 문제까지 추가되었다. 투자자들에게는 복잡성이 한 단계 가중된 셈이다. 이 파트너십은[4] 30명으로 이루어져 있는데 대부분이[5] 알리바바 경영진의 일원이었다. 조차이가 더해진 6명은[6] 본래의 알리바바 공동 창립자였다. 파트너십의 명시적인 목적은 알리바바의 고위·경영진과 '힘을 모아 관료주의와 계층제도를 무효화'함으로써 '우수성, 혁신, 지속 가능성'을 보장하는 것이다. 2015년 12월, 알리바바는 네 명의 새로운 파트너를 임명해 총 회원은 34명이 되었다.[7]

물론 파트너십의 사실상 존재 이유는 통제이다. 상장사가 된 이후에도 알리바바는 설립자들이 스스로의 운명을 책임지는 주인이 되기를 원했다.

이 문제는 이미 알리바바에 대한 논란을 촉발시켰고 홍콩 증권거래소와 그 규제기관은[8] 관할 구역 내에서 알리바바의 IPO 신청을 거절하였다. 홍콩은 이러한 구조를 용인하는 일이 '1주당 의결권 1표'라는 원칙을 흔드는 전조가 될 것을 우려했기 때문이다.

알리바바는 구글이나 페이스북 같은 미국의 기술 기업이 사용하는 '차등 의결권'이나 '복수 의결권' 등 지배권을 집중시키는 구조와 이 파트너십을 비교할 수는 없다고 반박했다. 그리고 이것이 보다 큰 경영진 그룹의 구성원들에게 의결권을 주는 보다 새롭고 세련된 기업 소유구조를 제시한다고 주장했다. 하지만 이러한 차이로는 홍콩 당국을 설득할 수 없었다. 때문에 알리바바는 뉴욕 증권거래소의 IPO를 선택했다.

알리바바에게 "노"라고 말한 덕분에 홍콩은 큰 희생을 치렀다. 홍콩의 은행가와 법률가들은 큰 횡재의 기회를 놓치고 말았다. 조차이는 사정을 두지 않고 쏘아붙였다. "홍콩은 다른 세상이 그 옆을 지나쳐 가는 동안 앞날을 맞이할 준비가 되어 있는지 진지하게 생각해 보아야 할 것입니다."

알리바바는 뉴욕에서 적소(適所)를 얻었다. 회사 지분 12퍼센트를 내놓고 250억 달러를 끌어들였다. 역사상 최대의 IPO였다. 6대 은행 중 크레디트 스위스(Credit Suisse)와 모건 스탠리가 고용되어 거래를 주도했고 각각 4,900만 달러를 쓸어 담았다. 거래를 담당한 일단의 변호사들에게 돌아간 돈은 1,500만 달러였다.

뉴욕 코미디 센트럴(Comedy Central)의 존 스튜어트가 이 거래를 입에 올렸다. 우선 그는 사는 사람과 파는 사람을 연결시키는 알리바바의 사업을 두고 농담을 시작했다. "그래픽이 좀 더 많은 크레이그리스트(Cragslist, 미국의 지역 생활정보 사이트에서 시작돼 2012년 현재 전 세계 80여 개국에 서비스되고 있는 온라인 벼룩시장. - 옮긴이)죠. 바로 그런 거죠?" 그다음에는 알리바바의 대단히 복잡한 소유권 구조를 웃음거리로 삼았다. "IPO에서 투자자들은 '알리바바 그룹 홀딩스 유한회사'의 주식을 샀는데 그 회사는 케이맨제도에서 법인 등록을 했고, 파트너십이 법인을 지배합니다. 그런데 그 파트너십은 중국에 회사 자산을 실제로 소유하고 있지는 않죠. 그럼 나는 섬에 있는 뭔가의 주식을 샀는데 그것을 소유하고 있지는 않은 겁니까?" 스튜어트는 말을 이어 갔다. "그럼 당신들은 우리한테 타임 셰어(time share, 공동 사용)를 판 거네요. 그런 거죠? 회사에 대한 타임 셰어를 말입니다. 당신네 홍보를 끝까지 들을 만한 휴가도 주지 않고요?" 마지막으로 스튜어트는 알리바바가 중국에서 상장할 수 없기 때문에 뉴욕에서 상장하는 것이라고 말했다. "공산주의자들이 자본주의에서 우리를 능가하다니!" 스튜어트는 중개인에게 BABA 주식을 좀 사겠다고 전화를 걸지만 실패하는 시늉을 하며 코너를 마무리 지었다.

하지만 이 IPO는 개인 투자자들을 대상으로 한 것이 아니었다.[9] 이 IPO는 대형 기관이 주 대상이었다. 이들에게 주식의 90퍼센트가 할당되었다. 1,700개 기관투자가들이 공모에 나섰고 이 중 40개 기관이 10억 달러가 넘는 주문을 했다. 결국 엄청난 주식이 10여 개 기관의 손에 쥐어졌다.

마윈의 마법, 알리바바라는 거대 기업의 매력이 효과를 발휘했다. BABA 주식에 대한 수요는[10] 공급의 14배를 넘었다. 첫날에 수요가 몰리는 것은 불가피한 일이었다. 수요가 너무나 많아서 뉴욕 증권거래소가 개장가격 구간을 정하는 데 30분이 걸릴 정도였다. 주식의 공모가는 68달러였으나 최초 개장가격은 100달러에 가까웠다. BABA의 그날 거래는 발행가보다 25퍼센트 높은 종가로 마감되었다. 회사의 가치가 2,300억 달러를 넘어 코카콜라보다 높아졌다. 인터넷 기업 중에는 구글을 제외하고 가장 높은 기업 가치를 기록하게 되었다. 심지어 아마존이나 페이스북보다 높았다. 다음 주에도 주가는 계속 올라 기업 가치는 아마존과 월마트를 훨씬 추월했고, 11월 초에는 3,000억 달러 선에 가까워졌다. 알리바바닷컴의 2007년 IPO 이후 홍콩에 3,600만 달러 아파트를 구매한 것처럼 마윈은 우승컵을 대신한 또 다른 자산을 구입했다. 이번에는 홍콩 빅토리아 피크의 더 높은 곳에 위치한 930제곱미터 너비의 3층 집을 1억 9,000만 달러에 사들였다.

그렇지만 알리바바닷컴의 2007년 IPO가 마구 끓어오르다가 잦아든 것처럼, BABA의 붐도 곧 BABA 거품의 붕괴로 이어졌다. 알리바바 그룹의 주가는 2015년 여름이 되기 전에 50퍼센트 하락했다. 8월 말에는 처음으로 IPO 가격인 68달러 아래로 추락했다. 9월에 알리바바의 기업 가치는 2014년의 고점 대비 1,500억 달러 가까이 내려앉았다.[11] 〈블룸버그(*Bloomberg*)〉는 이를 두고 "세계 최대의 시장가치 몰락"이라고 보도했다.

새로 임명된 CEO, 대니얼 장(Daniel Zhang, 장융)은 회사 직원들에게 "우리의 가치는 주가의 변동에 흔들리지 않습니다."라고 상기시키고, "우리들은 전투를 하고 있으며 결국 102년 동안의 전쟁에서 승리할 것"이라고 말했다. 앤트 파이낸셜로[12] 이름을 바꾼 알리페이의 모기업 IPO에 대한 기대감 덕분에, 알리바바는 직원들에게 주식의 일부를 현금화할 기회를 정기적으로 만들어 주는 일을 계속할 수 있었다. 앤트 파이낸셜의 IPO는 아직 1~2년 더 기다려야 할 것 같았지만 알리바바는 이미 주식을 금융기관에 분배하기 시작했다.

첫 몇 개월의 강세 이후, 알리바바의 주식이 그렇게 빠르게 많이 하락한 이유는 무엇일까? 큰 폭의 하락을 유발한 것은 알리바바와 중국 정부기관 사이의 공개적인 갈등이었다. 이런 전개는 마윈이 궁극적으로는 내부자이고, 그러한 복잡한 관계에 얽히지 않을 것이라고 판단한 외국인 투자자들에게 충격이었다.

가짜와의 싸움

2015년 1월 28일, 기업 관련 승인 업무를 맡는 중국의 국가기관, 국가공상행정관리총국(SAIC)이 웹사이트에 〈행정지도작업현황 백서〉를[13] 게재했다. 이 백서에는 알리바바가 모조 물품을 팔고 직원들은 상인들로부터 뇌물을 받고 제품의 순위를 조작하고 있다는 내용이 담겨 있었다. 이어 타오바오와 티몰을 비롯한 6개 주요 전자상거래 사이트의 모조 물품 판매에 대한 SAIC의 후속 조사 결과가 자세히 기술되었다. SAIC는 타오바오에서의 샘플 구매 중에 37퍼센트만이 진품으로 간주되었다면서 이렇게 덧붙였다. "알리바바는 오랜 기간 플랫폼의 불법적인 운영에 충분히 주의를 기울이지 않았고 이 문제를 효과적으로 다루지 못했다."

설상가상으로 이 보고서는 "알리바바는 설립 이래 가장 큰 신뢰성의 위기에 직면하고 있을 뿐 아니라 합법적으로 운영하려고 노력하고 있는 다른 인터넷 기업에도 좋지 못한 영향을 끼치고 있다."라고 주장했다.

미디어가 이 기사를 다루자, 알리바바의 주가는 4퍼센트 이상 하락했다.

알리바바는 몹시 화가 나서 SAIC에 공식적인 질의서를 보냈다. 이례적으로 SAIC의 백서와 알리바바의 대응은 대중들에게 그대로 드러났다. 알리페이 사태 때 PBOC의 의도나 상호작용이 베일에 가려져 있었던 것으로 이미 드러났듯이, 중국에서 정부와 기업 간의 논의는 보통 비공식적으로 이루어진다. 그런데 이번에는 중국의 대기업이 정부를 직접적으로 비판하고 나선 것이다. 더 극적인 일은, 타오바오 고객 서비스 대표가 회사의 공식 소셜 미디어 계정에[14] 글을 올리면서 SAIC 관리의[15] 이름을 거론한 것이다. "책임자 류훙량 보시오! 당신은 규칙을 어기고 있소. 편파적인 심판 노릇은 그만두시오!" 글은 이렇게 이어졌다. "우리는 신과 맞먹는 당신의 존재감을 기꺼이 받아들이고 있소. 하지만 다양한 샘플링 절차에 사용된 이중 기준과 당신의 비이성적 논리에는 동의할 수 없습니다."

이 포스팅은 알리바바에 의해 몇 시간 뒤 삭제되었지만 여전히 놀라울 만큼 솔직한 공식 통지로 대체되었다. "우리는 공정한 감독은 받아들일 용의가 있으나 무감독이나 잘못된 감독, 악의적인 목적이 있는 감독에는 반대한다." 또한 알리바바는 절차의 오용과 잘못된 방법의 사용으로 '객관성이 없는 결론'에 도달한 것에 대해 SAIC 관리를 고소했다고 알리면서 이렇게 덧붙였다. "우리는 류홍량이 감독 과정에서 저지른 절차상의 위법 행위, 비합리적인 법 집행, 잘못된 방법을 사용한 편파적 결론 도출이 타오바오와 중국 온라인 기업들에게 회복할 수 없는 심각한 피해를 입혔다고 믿는다."

알리바바로서는 논쟁의 시점이 특히 좋지 않았다. 분기별 수익보고서를 발표하기 전 날이었기[16] 때문이다. 알리바바는 40퍼센트의 매출 증가를 보고했으나[17] 투자자들은 그 숫자를 대단하다고 생각지 않았고 주가는 8.8퍼센트 더 하락했다. 회사의 가치가 단 이틀 사이에 100억 달러 떨어졌다. 실적 발표를 위한 컨퍼런스 콜에서 수석 부회장인 조차이는 강경한 반응을 보였다. "알리바바는 공정성을 믿습니다. 우리는 우리 회사에 대한 철저한 감독을 지지합니다. 하지만 동시에 그 감독이 우리에게 부당한 혐의를 씌우는 부정확하고 불공정한 공격일 때는 이를 공개적으로 밝힐 수밖에 없습니다."

보복전은 아직 끝나지 않았다. SAIC는 '알리바바의 첫 주식 공모를 방해하지 않기 위해서' 2014년 7월 회의의 상세한 사항을 덮어 두었다고 밝혔다. 상장된 지 얼마 되지 않은 알리바바에게 전혀 도움이 되지 않는 사건이었다. 투자자들은 알리바바가 IPO를 앞두고 마땅히 밝혔어야 하는 위험 요인을 감추려 했다는 의혹을 제기했다. 하지만 알리바바는 혐의를 부인하며 백서에 대해서 전혀 알지 못했고 SAIC에 백서의 발표를 연기해 달라는 요청도 한 적이 없다고 하면서 규제 기관과의 회의는 정규적으로 이루어지는 것이라고 덧붙였다. 이 일들은 다음 주 알리바바에 대한 집단소송으로 이어졌다.

진흙탕 싸움은 극에 달했다. SAIC는 웹사이트에서 백서를 삭제했다. 마윈은 베이징으로 가서 규제기관의 책임자인 장마오를[18] 만났다. 최소한 공식적으로는 두 사람이 칼을 거두었다. 마윈은 가짜 물건 판매를 뿌리 뽑기 위해 "정부에 대한 적극적인 협조와 더 많은 기술, 자금 투입"을 약속했다. 장마오는 소비자의 이익을 보호하는 알리바바의 노력을 치하하며 SAIC는 전자상거래 부문을 감독하는 새로운 도구의 개발을 고려할 것이라고 말했다.

이 사건을 돌아보면서 알리바바의 고위 임원이었던 한 사람은 내게, 회사가 처음부터 SAIC의 발표에 대응하지 않는 편이 나았을 것이라고 말했다. "알리바바는 비교적 연혁이 짧은 회사입니다. 하지만 일부 사람들의 눈에는 거대한 괴물이 되었죠. 정부도 그들을 어떻게 다루어야 할지 모르고 있습니다. 앞으로 많은 충돌이 있을 것입니다. 당연한 일입니다. 이 정부는 이렇게 영향력이 큰 회사를 다루어 본 적이 없기 때문입니다."

알리바바를 비롯한 모든 민간기업에는 중국 정부 자체가 머리가 여러 개 달린 히드라(hydra, 헤라클레스 이야기에 등장하는 머리가 아홉 개 달린 뱀. - 옮긴이)이다. 종종 영향력, 허가 수수료, 존재를 정당화하는 여러 형태의 세금을 두고 서로 다투기도 하고 사업 자금에 대한 중앙 정부의 지원이 부족해 곤란을 겪는 기관들이 얽히고설킨 히드라인 것이다. 이들 기관은 범국가적 수준은 물론 그 하위의 다양한 수준에 퍼져 있다. 일부는 성이나 시 그리고 마지막으로는 지방의 군에 이르기까지 스며들어 있다.

마윈은 중국 정부와의 관계를 이야기할 때 이 말을 되풀이하곤 한다. "정부와 사랑에 빠지되 결혼은 하지 말라. 그들을 존중하라."
너무나 많은 부서와 기관이 있기 때문에 결혼을 했다면 마윈은 엄청
난 부인을 거느리게 되었을 것이다. 마윈은 알리바바가 2014년 한 해
만 중국의 다양한 정부 대표단의 방문을 4만 4,000번 소화했다고 밝
혔다.[19]

하지만 결혼은커녕 정부를 존중하는 것조차 힘든 일이다. 마윈은
한 친구에게 자신의 스케줄을 도저히 믿을 수 없을 정도라고 하소연한
적이 있다. 예를 들어 저장성의 당비서가 타이완 비즈니스 대표단의
일원으로 함께 출장을 가자고 요구하면 마윈은 출장을 가는 수밖에
다른 도리가 없다. 걸프스트림(Gulfstream) G 650 제트기를 가지고 있
는 것은 대단한 특전이지만 서구의 다른 기업 거물들과 달리 마윈은
늘 조종사에게 어디로 가라고 말해야 할지 모르는 상황에 부딪힌다.

2007년 7월 23일, 항저우 알리바바에서 상하이 공산당 서기 시진핑을 맞이하고 있는 마윈.
(알리바바 제공)

정부를 존중하는 일에는 언젠가 회사를 좌지우지할지 모르는 미래의 국가 리더를 비롯한 다양한 범위의 정부 관료들과 좋은 관계를 구축하는 것도 포함된다. 국영기업이든 민간기업이든 중국의 대기업 로비에는 국가수반이나 여러 정부 고관들과의 만남을 기념하는 사진 액자들이 벽에 걸려 있는 것을 흔히 볼 수 있다. 알리바바도 예외는 아니다. 알리바바의 VIP 접대실 입구에는 2007년 7월 마윈이 알리바바에 온 당시 상하이 공산당 서기 시진핑을 맞이하는 사진이 있다.[20 · 21]

중국의 기업가들은 임의적인 규정과 조치가 사업에 미치는 영향을 결코 제거할 수 없다. 다만 정부가 하는 일을 도움으로써 자신의 회사를 보호하려는 노력을 할 수 있을 뿐이다.

SAIC가 하는 일에는 해적 제품의 흐름을 저지하는 것도 포함된다.[22] 온라인과 오프라인의 해적 행위와 싸우는 것은 두더지 잡기 게임과 비슷하다. 두더지를 한 마리 잡으면 어딘가 다른 곳에서 다른 두더지들이 나타난다. SAIC와의 분쟁을 다른 국면으로 전환하기 위해 알리바바는 모조품을 근절하는 비밀고객(secret shopper) 팀을 포함해 모조 행위를 막는 일을 전담하는 직원의 수를 150명에서 450명으로 늘렸다. 알리바바는 '삼진제'를 운영함으로써 상인들을 제재했다. 같은 모조 물품을 세 번 판매하면[23] 그 상인은 플랫폼에서 쫓겨난다. 다른 이름으로 다시 등장하는 상인들을 솎아 내기 위해 알리바바는 독창적인 방식을 이용했다. 인질 협상가들이 사용하는 생존 증거(proof of life) 기법과 비슷하게, 회사가 상인들에게 신분증, 당일 신문과 함께 자신의 사진을 찍어 신원을 증명하도록 요구하는 것이다. 추가적인 보안 조치로 특정한 '그 날의 포즈'를 취하고 사진을 찍도록 요구할 수도 있다.

2015년 10월, 런던에서 가진 비공개 만찬에서 마윈은 그 문제를 다음과 같이 요약했다. "우리 플랫폼에 있는 상인 가운데 나쁜 사람은 1퍼센트일 것입니다." 하지만 타오바오에 900만의 상인이 있는 것을 감안하면 '나쁜 놈들'이 9만 명이라는 계산이 나온다. 당시 만찬 석상에 있던 투자자, 데이비드 지암파올로는 그날 마윈의 메시지를 이렇게 요약했다. "그는 문제 해결에 전념하고 있습니다. 하지만 사람들, 특히 해외에 있는 사람들은 그 과업이 얼마나 위중한 것인지 인식하지 못하고 있습니다."

2015년 베이징의 광군절 행사에서 마윈은 한 걸음을 더 내디뎠다. "우리 사이트에서 한 명의 소비자가 모조품을 살 때마다 우리는 다섯 명의 고객을 잃습니다. 우리 역시 모조품의 피해자입니다. 우리는 이런 일을 몹시 싫어합니다…우리는 수년간 싸워 왔습니다. 우리는 인간의 본성, 인간의 본능에 맞서 싸우고 있습니다." 해적 행위가 오프라인 소매 부문에서 지난 30년 동안 횡행했다고 설명하면서 마윈은 덧붙였다. "우리는 온라인에서 싸우면서 오프라인에서의 싸움을 돕고 있습니다. 우리 회사에서는 2,000명이 이 문제를 다루고 있습니다. 우리에게는 이 문제를 다루는 5,700명의 자원봉사자를 두고 있습니다. 특수임무팀과 보유하고 있는 기술을 통해 우리는 진전을 이루고 있습니다. 저는 이런 도둑과 맞서기 위해서는 우리가 반드시 힘을 합해야 한다고 생각합니다. 우리는 1,000만 이상의 업체들이 활동하는 플랫폼을 운영하고 있습니다. 해적은 아주 적습니다. 그런데 또 그들은 어디에나 있습니다." 마윈의 경쟁자들은 그의 어려움에 공감했다. 한 사람은 나에게 이렇게 말했다. "900만 상인들이 있는 플랫폼을 관리하는 것은 한 나라를 다스리는 것이나 마찬가지입니다."

알리바바의 대응에서 핵심이 되는 부분은 전직 경찰 니량이 이끄는 인터넷 보안팀이다. 이 팀은 알리바바에서 판매되고 있는 모조품을 적발하는 '알림/통지/신고와 해체/정복' 시스템을 사용하고 있다.[24] 브랜드 소유자는 '기준 소매가 분석'과 같은 기법을 이용해서 명품 가방과 같은 고마진의 상품이 지나치게 낮은 가격에 대량으로 판매되는 것을 확인할 수 있다. 하지만 이 방법은 비누나 샴푸와 같은 저마진 제품에는 잘 적용되지 않는다. 합법적인 제품들 사이에서 가짜를 가려내는 것이 어렵기 때문이다. 따라서 알리바바는 빅 데이터의 힘에 기대를 걸고 있다. 회사 이름, 주소, 거래기록, 은행계좌 등이 유통 패턴을 밝히고 위반자를 추적하는 데 유용하게 사용된다. 이들이 다른 플랫폼에서 알리페이를 결제 도구로 사용하지 못하게 하는 것도 효과적인 저지책이 될 수 있다.

사실 해적 행위에 있어서 전자상거래는 문제의 일부이기도 하고 해결책의 일부이기도 하다. 인터넷은 오프라인보다 가짜 물건을 유통시키는 데 보다 효과적이다. 하지만 위반자를 찾아내고 그들을 막는 데도 마찬가지로 효과적이다.

영세 소매업자들이 대부분인 타오바오는 티몰보다 치안을 유지하기가 더 어렵다. 때문에 알리바바는 11월 11일의 광군절과 같은 행사 때에는 타오바오보다 티몰의 마케팅에 더 많은 돈을 쓴다. 티몰은 거래를 하는 상인들에게 더 높은 빗장을 쳐 두고 있다.[25] 또한 티몰은 수수료를 부과한다. 이는 업체를 타오바오에서 티몰로 이동시키는 것이 알리바바에게는 금전적으로도 이익이 된다는 의미이다.

하지만 모든 브랜드가 알리바바의 노력을 납득하는 것은 아니다. SAIC와의 논란이 있고 몇 개월 후, 1,000개 이상의 브랜드를 대표하는 '미국 의류 및 신발 협회(AAFA)'가 미 무역대표부(USTR)의 악명 높은 시장 목록에 타오바오를 추가하라는 압력을 넣었다. 협회는 타오바오에 가짜 물건이 걷잡을 수 없이 확산되고 있으며 알리바바가 이들을 제거하기 위해 시행하는 시스템은 "느리고, 부진하고, 혼란스럽다"라고 불평했다. 이러한 AAFA의 조치에도 불구하고, 메이시스(Macy's)나 노드스트롬(Nordstrom) 등의 많은 회원사들이 광군절을 비롯한 이니셔티브에서 계속해서 알리바바와 긴밀한 관계를 이어 가면서 모든 업체가 협회의 진행 방향에 동의하는 것은 아님을 드러냈다. 2015년 11월, CEO이자 대표로 이러한 항의의 선봉에 섰던 주아니타 두간(Juanita Dugan)이 자리에서 물러났다.

알리바바는 유럽의 몇몇 브랜드로부터도 비난을 받았다. 2015년 5월, 구찌와 이브생로랑 등의 브랜드를 소유하고 있는 프랑스 명품 유통업체 케링(Kering)이 부정이윤행위법과 상표법 위반 혐의로 알리바바를 고소했다. 고소 내용에는 알리바바의 검색 엔진에 Gucci(구찌)라는 단어를 입력하면 검색 결과로 'guchi'나 'cucchi' 같은 브랜드의 모조품 링크가 나온다는 혐의가 포함되어 있었다. 알리바바는 케링이 "건설적인 협력의 길 대신 소모적인 소송의 길을 택했다."라고 하면서 소송에 응하고 있다. 2015년 광군절, 블룸버그와의 인터뷰에서 마윈은 더 직설적인 말로 변호사들에게 불만을 드러냈다. "변호사를 보내지 마십시오. 변호사들은 사업을 모릅니다. 그들은 전자상거래를 이해하지 못합니다." 알리바바는 다음 달 매튜 J. 배시어(Matthew J. Bassiur)를 해외 지적재산권 집행부서의 책임자로 앉히면서 지적재산권 보호 조치를 한층 더 강화했다. 배시어는 애플 컴퓨터에 이어 제약업체 파이저(Pfizer)에서 위조방지 업무를 총괄했던 인물이다. 기업에서 일하기 전 배시어는 미국 법무부의 연방검사였다.

위조 물품이 IPO 이후 알리바바의 주가를 떨어뜨린 유일한 문제는 아니었다. 일부 투자자들은 사기 거래에 대해서도 조바심을 냈다. 상인들이 유령 고객에게 빈 박스를 보내 순위를 높이는[26] 이 사기 거래는 '브러싱(Brushing)'이라고도 한다. 특히 의류, 화장품, 전기제품 등 경쟁이 심한 부문의 국내 브랜드가 주범이다. 이들은 직접 사기 거래를 하지 않고 클릭 파밍(click farming, 인터넷 특정 페이지를 클릭하거나 소셜 네트워크 페이지에 '좋아요'를 누르면서 소액의 돈을 버는 것. - 옮긴이) 회사를 이용한다. 이들이 상인들 대신 가짜 구매를 한다. 그들은 다른 클릭 팜들을 고용해 가짜로 긍정적인 제품 리뷰를 써서 진짜 구매자들에게 영향을 주기도 한다. 자신이 인터뷰한 네 개의 클릭 팜들[27] 각각이 최소한 500만 개의 타오바오 구매자 계정을 관리했다는 주장을 했다고 보고한 사람도 있다. 이들 회사가 잠재 고객에게 자신들의 영향력을 과장한 것이 분명해 보이긴 하지만, 클릭 팜 회사들의 주장을 종합해 보면 2015년 광군절 총 매출에서 10퍼센트 이상은 그들이 만든 가짜 구매라는 결론이 나온다. 알리바바를 비롯한 전자상거래 업체들은 트래픽과 거래 패턴을 모니터해서 의심이 가는 활동을 찾아내며 이들 회사들을 주의 깊게 살피고 있다. 모조품과의 싸움에서처럼 알리바바와 전자상거래 업체들은 고양이와 쥐와 같이 끊임없는 술래잡기 게임을 벌이고 있다. 해적이 그렇듯이 브러싱을 완전히 사라지게 할 수는 없을 것이다. 매출량을 기반으로 상인들의 순위를 매기는 알고리즘이 사라지지 않는 한은 말이다. 전자상거래 업체들은 불법 행위를 하는 사람들이 들이는 비용을 증가시키는 조치를 취할 수 있고 실제 그렇게 하고 있다. 티몰의 '반브러싱' 시스템은 구매

과정에 일정 범위의 클릭이 포함되어 있는지, 각 웹 페이지에서 충분한 시간을 쓰며서 한 사람이 살 만한 적절한 금액으로 생각되는 양의 구매를 했는지 확인함으로써 구매자가 진짜인지 알아보는 행동 모니터 방식을 사용한다. 이에 대한 대응으로 클릭 팜들은 서비스를 더욱 정교하게 만들어서 커미션, 결제 수수료, 가짜 물류 정보 생성 등의 관련 비용에 따라 주문 한 건당 일반적인 10~20위안(1.56~3.12달러)보다 훨씬 높은 30위안(4.70달러)의 수수료를 받기도 한다. 티몰은 타오바오보다 브러싱에 더 취약하다. 광군절과 같은 판촉행사에서 높은 매출 순위와 거기에서 파생되는 매스컴의 관심을 끌려는 경쟁이 치열하기 때문이다.

알리바바의 전자상거래 플랫폼은 규모가 대단히 커졌기 때문에 엄청난 양의 상품과 거래를 감독하는 것이 더 복잡하고 어려워졌다. 하지만 이러한 규모는 알리바바의 큰 장점이기도 하다. 알리바바 사이트의 상인들은 매장을 업그레이드하는 데 점점 더 많은 돈을 쓰려 하고 있다. 다른 사이트에서 물건을 파는 것을 선호하는 상인들조차 타오바오에 매장을 유지한다. 타오바오에 매장이 있다는 것은 소비자들이 그들을 더 신뢰한다는 의미이기 때문이다.

차례를 기다리는 경쟁자들

알리바바는 의류,[28] 화장품,[29] 도서,[30] 식품[31]과 같은 많은 범주에서 치열한 경쟁에 직면하고 있다. 알리바바는 전기와 전자 제품에서의 입지를 강화하기 위해서 앞서 언급했듯이 '옴니-채널(omni-channel)' 혹은 'O2O'라고 줄여 말하는 '온라인 투 오프라인(online to offline)'을 새로운 트렌드의 일환으로 삼아 전통 소매업체에 대한 투자를 시작했다. 2015년 8월, 알리바바는 가전제품 소매업체인 쑤닝 (Suning)의 지분을[32] 사기 위해 45억 달러 이상을 쏟아부었다. 일부 애널리스트들은 이 회사를 사들이는 알리바바의 논리에 의구심을 품었다. 고객들이 제품을 시연해 보기만 하고 온라인에서 제품을 구매하게 되면 미국의 베스트 바이(Best Buy)에 비견되는 이 회사가 전국에 가지고 있는 1,600개 이상의 매장이 쇼룸으로 전락하지 않을까 염려한 것이다. 알리바바의 쑤닝 투자는 전자상거래 분야의 가장 큰 적, 즉 JD닷컴(징둥닷컴)을[33] 겨냥한 대응 조치의 일환이었다. 자금이 넉넉한 이 회사는 알리바바보다 4개월 앞서 미국에 상장되었다. JD가 알리바바에게 위협이 된 것은 둘 다 아이디어의 경쟁이었기 때문이다. 알리바바와 달리 아마존과 사업 모델이 흡사한 JD는 재고를 두고 물건을 직접 사고팔았다. 알리바바는 JD가 재고 보유와 물리적인 상품 이동에 따른 비용 때문에 규모 면에서 결코 라이벌이 될 수 없다고 주장했지만, JD는 자사의 모델이야말로 고객에게 품질 좋은 제품을 빠르게 배송할 수 있다고 반박했다.

JD는 마윈의 신경을 건드리는 회사였다. 2015년 초, 마윈은 JD의 창립자 리처드 류(Richard Liu, 리우창둥)를 향해 비난을 쏟아 냈다. 한 친구에게 평소의 소신을 피력했을 뿐이었지만 JD에 대한 마윈의 얘기는 고스란히 소셜 미디어에 올라갔다. "JD닷컴은 결국 비극으로 끝날 거야. 처음부터 내가 모든 사람에게 경고했던 비극이지…나는 회사 사람 모두에게 JD닷컴 근처에도 가지 말라고 얘기했어." 이 사건 직후 마윈은 사과를 하면서 이런 농담을 덧붙였다. "다음엔 차라리 공중목욕탕에서 이야기할 겁니다."

두 거물

마윈이 JD 쪽으로 총구를 돌린 또 다른 이유는 JD가 인터넷 분야에서 알리바바의 주된 라이벌인 텐센트의 지원을 받는다는 데 있었다.[34] 알리바바가 전자상거래 너머 새로운 분야로 확장해 가면서 텐센트와 부딪히는 일이 점점 잦아졌다. 텐센트의 2015년 기업 가치는 종종 알리바바의 기업 가치를 추월했다. 텐센트는 대부분의 돈을 온라인 게임에서 벌었지만 2011년 론칭한 모바일 애플리케이션 위챗이[35] 6억 5,000만이 넘는 고정 사용자를 모으는 경이적인 성공을 거둔 덕분에 알리바바에게 위협적인 존재가 되었다. 위챗은 중국의 스마트폰 붐의 혜택을 본, 그리고 그 붐에 동력을 공급하기도 한 중국 제1의 모바일 메시징 플랫폼이다. 위챗은 '모든 것을 지배할 수 있는 유일의 앱'으로 불렸다.[36] 위챗 없이는 중국의 휴대폰 자체가 효용을 잃을 정도이다. 위챗 앱은 전화번호 수첩을 불필요한 물건으로 만들어 버렸다. 대부분의 사용자가 하루에 최소 열 번씩 이 애플리케이션을 확인한다. 하지만 위챗은 채팅에만 국한되지 않는다. 중국 소비자들은 위챗을 서구의 소비자들[애플의 아이메시지(iMessage), 페이스북의 메신저(Messenger), 왓츠앱(WhatsApp)을 사용한다]보다 훨씬 다양한 서비스에 이용한다.[37] 텐센트의 혁신 역량이 가진 힘은 위챗이 2014년 설 연휴에 펼친 '홍바오(紅包, 붉은 봉투 즉 세뱃돈이라는 뜻)' 캠페인에서 가장 극적으로 드러났다. 단 이틀 만에 위챗 사용자들은 2,000만 통의 가상 현금 봉투를[38] 주고받았다. 마윈은 위챗 캠페인이 알리바바에 준 심리적 충격을 진주만 공습에 비유했을 정도이다. 알리바바는 2015년 반격에 나섰다. 하지만 현금과 쿠폰 판촉에 1억 달러를 썼는데도 위챗 사용자가 보낸 홍바오의 1/4에 불과한 실적을 올렸을 뿐이다.

알리바바가 자사의 모바일 소셜 앱인 라이왕(來往)을 통해 메꾸어 보고자 했던 무기고의 틈새를 위챗이 노출시킨 셈이었다. 라이왕을 홍보하기 위해 할 수 있는 모든 것을 다했다. 심지어는 직원 한 명 당 100명의 사용자를 가입시켜야 연차 보너스를 주는 방법까지 사용했다. 하지만 라이왕은 위챗보다 론칭이 2년 늦었다. 이미 전쟁이 끝났을 때였다. 지금은 알리바바의 고위 간부들조차 동료들과의 공식적인 커뮤니케이션을 위해서만 라이왕을 쓸 뿐 그 외에는 위챗을 사용한다.

알리바바는 모바일 전략 강화를 위한 투자, 인수, 마케팅에 수십억 달러를 쓰고 있다. 자사의 윤OS(YunOS)에 대한 투자에서부터,[39] 트위터와 같은 서비스인 시나 웨이보(Sina Weibo)의[40] 지분 인수, 스마트폰 제조업체 메이쭈(Meizu)의 지분 인수, 중국의 선두적 모바일 브라우저 업체[41] 인수, 온라인 매핑 업체 오토나비(AutoNavi)의 인수 등이 국내 기반 서비스에서 알리바바의 포지션을 강화하기 위한 조치이다. 알리바바는 이미 핵심 비즈니스의 많은 부분을 모바일로 이동시켰다. 알리바바 웹사이트에서 이루어지는 모든 구매의 절반은 모바일 기기를 통한 것이다. 하지만 다음 개척지, 모바일 지갑을 빼앗는 텐센트와의 라이벌 전에서 알리바바의 가장 중요한 자산은 중국의 선두적 온라인 결제 서비스 제공업체인 알리페이이다.

모바일 지갑을 지배하면 전자상거래 너머 엄청난 새로운 기회가 있는, 수익성이 가장 높은 금융 서비스의 전장을 지배하게 된다. 알리바바가 위어바오(余額宝, '남아 있는 보물'을 의미한다) 뮤추얼펀드를 통해 거둔 일방적인 성공이 그 예이다. 하지만 온라인 뱅킹은 또 다른 문제이다. 알리바바는 마이뱅크를 적극적으로 지원하는 가운데 텐센트는 위뱅크(WeBank)로 응수하고 있다. 위뱅크는 이미 휴대전화로 15분 내에 개인에게 대출을[42] 해 주기 시작했다. 그 액수는 2만 위안에서 30만 위안(3,100달러에서 3만 1,000달러)에 이른다.

두 회사의 지원을 받는 회사들 사이의 대리전을 비롯해 다른 전선에서도 알리바바와 텐센트의 싸움이 벌어지고 있다. 2014년 우버(Uber)와 유사한 차량 예약 앱을 둘러싸고 벌어진 전쟁을 한 애널리스트는 '인터넷 세계 대전의 첫 전투'라고 표현했다. 알리바바는 '콰이디 다처'라는[43] 회사를 지원했고, 텐센트는 그 라이벌인 '디디 다처'를[44] 지원했다. 걷잡을 수 없이 과열되는 이 전투에 사업 운용과 마케팅 지원금으로 3억 달러가 들어갔다. 전투가 어찌나 치열했는지 콰이디는 동료 운전사를 끌어들인 운전사에게는 공짜로 맥주 한 박스를 제공하기도 했다. 적자가 늘어나면서 2015년 초 양측은 휴전을 받아들였다. 두 운송회사는 60억 달러에 합병되어 '디디 콰이디'가 되었다. 별개의 두 운영 단위로 계속 유지되었지만 말이다. 160억 달러 가치의 이 새로운 회사는 30억 달러의 새로운 자본으로 바이두와 운명을 같이하기로 한 우버와 맞붙었다.[45] 알리바바, 텐센트, 디디 콰이디가 모두 미국에 기반을 둔 우버의 최대 라이벌인 리프트(Lyft)에 투자하면서 '택시 전쟁'은 국제적인 수준으로 확산되었다.

2015년 알리바바와 텐센트는 두 대리인을 통합시키기로 결정했다. 그루폰(Groupon) 스타일의 회사 메이퇀과 뎬핑이 150억 달러 규모의 합병을 이룬 것이다. 일부에서는 이 합병을 바이두와 그 대리인인 누오미를 겨냥한 조치로 보고 있다. 결제 쪽에서도 바이두는 알리페이와 텐페이에 비해 존재감이 떨어진다.

알리바바와 텐센트의 힘이 커지면서 현재는 'Big 3'가 아닌 'Big 2'

로 바뀌기 시작하고 있는 상황이다. 하지만 알리바바와 텐센트가 힘을 합해서 시장을 지배하는 대리인들을 만들어 내는 추세가 계속된다면, 보조금이 빠져나가고 택시 예약이나 음식 주문과 같은 인기 있는 서비스 수수료가 오르면서 이들의 시장 지배력을 제한하려는 중국 정부의 개입을 촉발할 위험도 있다.

알리바바는 SAIC 사태 이후 이러한 위험을 염두에 두고 정부의 바람에 맞추어 돛을 정비하는 듯한 모습을 보이고 있다. 2015년 9월, 알리바바는 베이징 사무소를 항저우와 함께 '제2의 본사'로 격상시켰다. 베이징이 단순히 정치의 중심지만이 아닌 비즈니스 허브이긴 하지만[46] 중국 남부의 영향력 있는 기업이 베이징의 사무소를 '공동본사'라고 발표하는 데 담긴 의미는 명확하다. 이 조치에는 실제적인 이유도 있다. 알리바바는 항저우와 베이징을 '트윈 허브(twin hub)'로 만드는 일을 치열해지는 경쟁에 맞서 북부 성에서의 경쟁력을 키우려는 전략이라고 말한다.

베이징의 사무소를 업그레이드 하는 것은 인력을 구하는 데에도 중요하다. 이미 9,000명이 넘는 직원을 두고 있는 베이징은 회사가 의지할 만한 폭넓은 인재 풀을 가지고 있다. 베이징에는 중국 최고의 명문 대학과 약 100만 명의 대학생들이 있다. 뛰어난 인재들을 영입하는 경쟁에서 베이징에서 일할 수 있다는 조건은 베이징에 비해 훨씬 작은 지방 도시인 항저우로 이주를 원하지 않는 지원자들을 잃을 위험을 줄여 준다.[47]

2015년 광군절에도 알리바바가 정부와 좋은 관계를 구축하려는 노력을 강화하고 있다는 신호들이 감지되었다. 광군절 시작 몇 시간 전에 알리바바는 리커창 중국 총리실에서 마윈에게 "광군절 행사를 축하하고 성공을 거두길 빈다."라는 격려의 인사를 보냈다고 발표했다. 워터큐브 안에서 행사가 시작되면서 티몰에서의 거래를 기록하는 스크린의 오른쪽 윗부분은 시진핑 주석이 주도하는 외교·경제 정책의 중심인 일대일로[一帶一路, One Belt, One Road, OBOR, '벨트 앤 로드(Belt and Road)'라고도 알려졌다]를[48] 따라 벨라루스, 카자흐스탄과 같은 64개 국가와 지역의 구매량을 보여 주는 지도와 데이터 피드가 나타나도록 만들어져 있었다.

마윈은 어떤 리스크가 있든 알리바바의 미래는 밝다고 자신감을 드러냈다. "정부가 수출을 격려하고 경제에 대한 투자를 북돋우는 역할은 해 줄 수는 있지만, 소비는 정부가 할 수 있는 것이 아닙니다. 기업가 정신과 시장경제가 하는 일이죠. 그렇기 때문에 우리는 큰 기회를 가지고 있습니다. 이제는 정부가 아닌 우리의 차례입니다."

알리바바는 민간 부문에 열려 있는 기회를 잡기 위해 나서고 있다. 최근 알리바바의 거래 체결이 얼마나 많은지, 베이징에 있는 저널리스트 친구가 온갖 사람을 만나 취재를 하고 이 회사가 최근 이룬 정복에 대해서 기사를 쓰느라 저녁 시간이나 주말에도 일을 해야 한다고 불평을 할 정도이다. 알리바바를 취재하는 것은 쉬운 일이 아니다. 알리바바의 사업은 사모펀드인 윈펑 캐피털(Yunfeng Capital)에 연결된 사람들을 비롯해 촘촘한 인맥과 관련된 경우가 많기 때문이다.

윈펑: 억만장자 클럽

윈펑은 마윈이 거의 40퍼센트의 지분을 가지고 파트너로[49] 활동하는 사모펀드 회사이다. 윈펑은[50] 마윈과 공동 창립자 데이비드 위(David Yu),[51] 그 외의 사람들이[52] 2010년 론칭했다. 윈펑은 일종의 '억만장자 클럽'으로, 이를 핵심적인 장점으로 삼아 스스로를 "성공한 기업인들과 업계 전문가들이 론칭한 유일한 사모펀드"라고 홍보한다. 알리바바와 원펑 사이의 거래를 비난하는 사람들에게 원펑은 마윈이 여러 펀드의 투자 결정에 대해서 아무런 역할도 하지 않는다고 변호하는 데 열을 올린다. 알리바바는 마윈이 원펑과의 관계에서 얻어지는 어떤 이득도 포기할 것이라고 강조한다.

원펑에 관련된 대부분의 억만장자들이 저장과 상하이에 뿌리를 두고 있다는 사실이 이들이 함께 모여 펀드를 만들고 있는 이유를 설명해 준다. 알리바바의 고향에 있는 기업가들이 그랬듯이 이들도 함께 어울리려는 기질을 가지고 있다. 중국의 새로운 경제 내에서도 투자 클러스터들이 속속 등장하고 있으며 그중 가장 눈에 띄는 것이 알리바바이다.

알리바바는 원펑이 투자한 회사를 살 경우 마윈이 이미 알고 있는 회사들에 투자를 하기 때문에 펀드가 사전 실사의 역할을 하게 된다.[53] 하지만 알리바바와 원펑과 관련된 회사들 사이에 이루어진 각각의 새로운 거래로 복잡함이 가중되면서[54] 알리바바와 그러한 회사들 간의 관계가 갖는 진정한 성격이 무엇인지를 밝히기가 점점 어려워지고 있다.

이런 식으로 알리바바는 경쟁력과 혁신 역량을 유지할 수 있을까? 알리바바와 원펑이 투자한 회사들 사이의 거래를 정확히 설명하고 그 가치를 명료하게 정당화하지 못한다면 알리바바에 투자한 사람들은 감추어진 리스크들에 대해서 알 수 없게 될 것이다. 원펑과 알리바바의 내부 M&A 팀 사이의 긴장 조짐 가운데에서 이러한 우려가 마윈으로 하여금 원펑의 임원 역할을 포기하고[55] 펀드의 투자자로서

소극적인 이해관계만을 유지하도록[56] 한 것 같다.

IPO 로드쇼 동안 알리바바는 미래를 향한 세 가지 중심 성장동력으로서 클라우드 컴퓨팅/빅 데이터, 농촌 시장으로의 확장, 세계화/국가 간 교역을 강조했다.

세 가지 핵심 동력

클라우드 컴퓨팅은 알리바바가 추구하는 가장 확고한 목표이다. 아마존 투자자들은 아마존 웹 서비스 사업 중에서 이 '가상' 매출원에 가장 높은 가치를 둔다. 알리바바의 경우 현재 클라우드 서비스가 매출의 3퍼센트에 불과하지만, 이를 늘리기 위해 10억 달러가 넘는 투자를 하고 있다. 알리바바는 "IT에서 DT(Data Technology)로"라는 말로 정보기술 시대에서 데이터 기술 시대로의 전환에 대해서 자주 언급한다. 알리바바는 'DT'가 이 회사가 좋아하는 또 다른 유행어, 즉 'C2B(consumer-to-business)'로 나아가는 데 도움이 될 것으로 기대하고 있다. 빅 데이터를 비롯한 DT가 중국 제조업체들의 공급망 전반에 대한 커뮤니케이션을 개선시켜 수요를 예측하고 잠재적으로는 재고를 없앨 수 있게 해 줄 것이란 발상이다. 회사는 알리바바의 전자상거래, 물류, 금융사업 전체를 흐르는 정보를 활용함으로써, 예를 들어 소비자 트렌드와 투자 기회를 예측하는 등 '철의 삼각'을 더욱 효과적으로 활용할 수 있기를 바라고 있다. 알리바바의 클라우드 컴퓨팅 사업인 알리윈은 베이징, 항저우, 칭다오, 선전, 홍콩, 실리콘밸리에 데이터 센터를 운영하고 있으며 싱가포르에 새롭게 국제 허브를 설립하고 있다. 알리윈의 사장 사이먼 후(Simon Hu)는 "고객, 기술, 세계적 규모 면에서 4년 내에 아마존을 앞지를 계획"이라고 밝혔다.

알리바바의 두 번째 목표는 농촌 시장에서 새로운 소비자와 상인층을 개발하는 것이다. 중국에는 7억 명이 넘는 농촌 인구가 있지만 이 중에 인터넷을 이용하는 사람은 1/4뿐이다. 알리바바는 인터넷과 모바일 침투가 증가하는 데 발을 맞추어 16억 달러 이상을 들여 농촌 지역에 키오스크와 유사한 서비스 센터를 열고 있다.

알리바바의 '농촌 타오바오(Rural Taobao)' 이니셔티브의 첫 번째 시범 프로젝트 지역은 퉁루이다. 마윈의 미국 모험이 시작된 곳이기도 하며, 중국의 주요 민간 배송업체들의 고향이기도 한 곳이다. 알리바바의 자체 리서치 기구인 알리 리서치(Ali Research)는 농촌 온라인 쇼핑의 규모가 2016년 말까지 4,600억 위안(720억 달러)에 이를 것으로 내다보고 있다.

하지만 물류 체계가 부족하고 농촌 인구의 교육수준이 낮기 때문에 이 시장에 침투하는 것은 쉽지 않은 일이다.

알리바바닷컴의 전 CEO 데이비드 웨이는 알리바바 그룹의 '농촌 진출(go rural)'이 '세계 진출(go global)'보다 훨씬 중요하다고 믿고 있다. "알리바바는 인도에 진출하지 못한다고 해도 여전히 알리바바입니다. 하지만 중국 농촌 지역을 놓친다면, 6~7억 인구가 살고 있는 그곳을 놓친다면, 또 다른 알리바바가 부상하는 것을 지켜봐야 할 것입니다." 알리바바의 라이벌 JD닷컴 역시 농촌 이니셔티브로 '1,000개 현의 들불(Wildfire of a Thousand Counties)'을 시작하고 세탁기와 냉장고와 같이 농촌 주민들이 가장 원하는 핵심 제품을 론칭했다. 어쨌든 알리바바로서는 '농촌 침투' 외에 다른 선택이 없다. 중국 국무원이 농촌 지역에서 전자상거래를 촉진하는 새로운 이니셔티브—리커창 총리의 '인터넷+' 비전에 공감한—의 베일을 벗긴데다 SAIC 사태 이후 알리바바는 정부에 비협조적으로 보일 수 없는 형편에 있다. 2015년 7월, 마윈은 알리바바 대표단을 샨시성 얀옌으로 이끌고 갔다. 이 농촌 지역은 대장정[57] 루트의 끝과 가까이 있고 1936년에서 1948년까지 공산당 혁명의 기지였기 때문에 중국에 대단히 의미 있는 곳이다. 마윈의 임원단에는 전직 범죄 수사관이며 현재 알리바바 그룹 회장실의 책임자이자 수석 부사장이고 회사의 공산당 위원회의 비서로 일하고 있는 것으로 알려진 폴로 사오(Polo Shao)를 비롯한 30명이 넘는 알리바바 고위 간부가 포함되어 있었다.

지역의 공산당 비서, 정부 관리들과의 토론을 통해 대표단은 데이터 센터를 건설하고, 지역 기업가들에게 여신을 제공하며, 지역에서 생산되는 사과의 판매를 활성화하는 등 알리바바가 지역의 경제 발전을 촉진하는 데 도움을 줄 수 있는 길을 탐색했다. 마윈은 이 방문을 지역의 공산당 관리들이 하는 강연에 참석하는 기회로도 이용했다. 이후 마윈은 "단순히 가서 직접 보고 싶었을 뿐입니다. 당시에는 얀옌의 상황이 대단히 나빴습니다. 공산당이 그런 조건 속에서 혁명의 낭만주의와 혁명의 영웅주의를 어떻게 고수할 수 있는지 배우고 싶었습니다."라고 말했다.

그러한 발언은 알리바바의 세 번째 핵심 동력인 해외시장 확장에는 도움이 되지 않는 것이다. 그렇지만 그렇게 함으로써 알리바바는 중국 기업들이 단순히 수출을 하는 것에서 더 나아가 회사를 확장하고 해외에 영향력을 행사하는 데에까지 이르도록 격려하는 중국 정부의 '세계 진출' 요청에 보조를 맞추고 있는 것이다. 세계 진출은 1999년 시작부터 세계적 기업을 지향해 온 알리바바로서는 새로울 것이 없는 이야기이지만 10년 전에 시작한 타오바오의 성공으로 알리바바의 초점은 국내로 돌아섰다. 2010년 중국에 있는 판매자를 해외 소비자와 연결하는 알리익스프레스(AliExpress)의 론칭으로 국제시장에 대한 인식이 다시 강화되기 시작했다. 처음에 알리바바는 미국을 알리익스프레스의 핵심 시장으로 예상했다. 하지만 알리바바는 미국은 온라인이나 오프라인 모두 수준 높은 업체들이 포진하고 있는 시장이라는 것을 간파했다. 초기의 실망감을 안고 당시의 알리바바닷컴 CEO인 데이비드 웨이는 팀에게 소매 부문의 효율이 낮은 국가들을 알아보라고 지시했다.

러시아와 브라질의 경우 알리익스프레스가 사무소를 열기도 전에 러시아어와 포르투갈어를 구사할 수 있는 사람들이 알리익스프레스 웹사이트에 몰려들었고 이는 초기의 큰 성공으로 이어졌다. 브라질은 알리바바 고객의 택배 수요가 하루에 30만 건을 넘은 적도 있었다. 하지만 경제 둔화가 그곳 사업에 큰 영향을 미쳤다. 러시아의 경우 수요, 특히 의류와 가전제품에 대한 수요가 너무 커서 알리익스프레스의 우편 업무가 마비되고 그곳 책임자가 해임되기에 이르렀다는 이야기가 전해질 정도였다. 현재 러시아는 알리익스프레스 매출의 5분의 1을 차지하고 있다.

2015년 알리바바는 골드만삭스의 고위 임원이었던 J. 마이클 에반스(J. Michael Evans)를 새롭게 사장으로 임명하고 국제 개발 임무를 맡겼다. 여기에는 서유럽에서의 영향력을 키우는 일도 포함되었다. 알리바바는 서유럽 브랜드들을 끌어들여 알리바바 웹사이트를 통해서 중국 소비자를 타깃으로 하는 목표를 세우고 있었다.[58] 2015년 10월 영국 총리 데이비드 캐머런(David Cameron)이 런던의 총리 관저에서 주최한 행사에서 마윈은 캐머런의 비즈니스 고문으로 임명되었다.

다우닝가 10번지(영국 총리의 관저)에 온 마윈. 2015년 10월 19일, 마윈이 영국 비즈니스 고문단(UK's Business Advisory Group)의 회원으로 임명된 직후 런던의 총리 관저에서 열린 리셉션에서 영국 총리 데이비드(David Cameron, 왼쪽 두 번째)와 작가를 포함한 초청객들에게 농담을 건네고 있다. (영국 총리 관저 제공)

알리바바는 런던 사무소를 전 월마트 간부이던 에이미 챤드(Amee Chande)가 이끄는 유럽 본사로 승격시키겠다고 발표했다. 또한 알리바바는 프랑스, 독일, 이탈리아에 비즈니스 대사관 네트워크를 만들고 있다. 파리는 구글과 아마존에서 일했던 세바스티앙 바도(Sébastien Badault), 밀라노는 온라인 식품 매장인 부온 이탈리아(Buon Italia)에서 일했던 로드리고 치프리아니 포레지오(Rodrigo Cipriani Foresio), 뮌헨은 독일의 유명 소매업체 카슈타트(Karstadt)의 중역이었던 테리 폰 비브라(Terry von Bibra)가 수장이다. 유럽에서 알리바바의 존재감이 커지면서 알리바바는 중국 소비자들이 가장 탐내는 많은 브랜드 본사들과 가까워지게 되었다. 이 가운데에서 유럽 브랜드를 빠르게 성장하는 중국 소비자 시장으로 이끌어 오는 성공 스토리가 나오게 된다면 이브 생 로랑과 구찌의 모기업인 케링과 같이 가장 신랄하게 비난을 퍼붓는 기업들 앞에서도 알리바바가 우위에 설 수 있는 기회가 생길 것이다.

　미국 역시 알리바바의 해외 확장에서 빼놓을 수 없는 핵심 시장이다. 국제 투자의 초점이 이곳에 있기 때문에 특히 중요하다. 알리바바는 리프트, 스냅챗(Snapchat), 쥴리(Zulily) 와 같은 세간의 이목을 끄는 업체들과 기타 다양한 소규모 업체에[59] 수억 달러를 쏟아붓고 있다. 하지만 이러한 투자는 미국 시장에 진입하기 위한 결연한 의지를 보여 주는 조치라기보다는 새로운 기술과 노하우를 흡수해서 중국에서 활용하기 위한 목적이 크다. 노골적으로 미국 시장—11메인닷컴(11Main.com)—을 겨냥한 알리바바의 노력 중 하나는 명백한 실패로 돌아갔다.[60] 일부 애널리스트들은 이베이나 야후의 지분 인수를 포함해 알리바바가 미국에서 취한 대담한 조치들이 지금까지는 과녁을 빗나갔다고 보고 있다. 대신 알리바바는 국가 간 무역 개발에 역점을 두고 있다.

　알리바바는 서해안을 연결하는 네 개 사무소를 만들면서 미국에서의 영향력을 늘려 가는 일에 적극적으로 임하고 있다. 알리바바 세계 사업 커뮤니케이션 팀이 있는 샌프란시스코 마켓 스트리트 인근의 사무소는 펩시(PepsiCo)의 임원이던 짐 윌킨슨(Jim Wilkinson)이[61] 이끌고 있다. 캘리포니아 샌 마티오의 새로운 알리바바 그룹 사무소는 마이클 에반스가 맡고 있으며, 알리바바 픽처스(Alibaba Pictures)의 미국 본부의 역할을 하는 캘리포니아 패서디나, 즉 마윈이 1995년 처음으로 인터넷에 접속했던 US은행 건물에서 한 블록 떨어진 시애틀 다운타운에도 작은 규모의 사무소가 있다. 2016년 알리바바는 미국의 브랜드, 소매업체, 광고주와의 거리를 좁히기 위해 뉴욕에 새 사무실을 열고, GE 간부를 역임하고 백악관에서도 일한 경력을 가진 에릭 펠

티어(Eric Pelletier)가[62] 이끄는 사무실을 워싱턴에도 개설해서 로비와 커뮤니케이션 역량을 강화하고 있다.

미국에서 물리적인 존재감이 커지고는 있지만 2015년 뉴욕과 시카고 방문 동안 마윈은 '알리바바의 미국 침공(Alibaba invasion of America)'이라는 세간의 소설을 묵살했다. 그는 이렇게 말했다. "'언제 미국을 침공할 겁니까? 언제 아마존과 겨룰 겁니까? 언제 이베이에 맞설 겁니까?'라는 질문을 자주 받습니다. 제가 이베이와 아마존을 동경하는 것은 사실입니다. 하지만 저는 미국의 소규모 업체가 중국으로 진출하도록, 그들이 중국에 제품을 팔도록 돕는 것이 우리의 전략이고 거기에 가능성이 있다고 생각합니다."

이 미국 방문에서 마윈은 상장기업을 운용하는 부담감을 토로하기도 했다. 그는 IPO 이후 그의 삶이 이전보다 더 힘들어졌다고 털어놓았다. "과거로 되돌아갈 수 있다면 회사를 상장하지 않을 겁니다." 뉴욕에서 마윈의 강연을 들었던 청중들은 알리바바가 IPO에서 엄청난 성공을 거둔 직후에 마윈이 상장을 후회한다고 말한 것에 큰 놀라움을 표시했다. 하지만 이런 반전이야말로 마윈의 본 모습이다.

철학자에서 자선가로

마윈은 이미 중국의 철학자 CEO로 유명세를 얻었다. 하지만 최근에 들어서는 점차 자선가와 환경 운동가로서의 모습도 부각되고 있다. 2014년의 IPO 몇 개월 전, 마윈과 조차이는 그들 개인 소유의 알리바바 그룹 지분의 2퍼센트로 새로운 알리바바 자선신탁을 만들겠다고 약속했다.[63] 행사가격 25달러(공모가보다 43달러 낮은)의 스톡옵션을 통해 하루아침에 중국 최대의 자선단체가 만들어졌다. 마윈은 향후 이 기금에 더 많은 개인 재산을[64] 기부하겠다고 약속했다.

이 신탁은 주로 마윈이 최근 들어 큰 목소리를 내고 있는 중국의 환경과 보건 문제에 집중할 것이다. 중국의 빠른 산업화와 도시화는 이 나라의 환경과 사람들의 건강에 큰 혼란을 초래했다. 2013년 기업가들을 대상으로 한 컨퍼런스에서[65] 마윈은 전투동원령을 내렸다. 〈하버드 비즈니스 리뷰(Harvard Business Review)〉의 한 기사에 그의 메시지가 순화되어 실렸다. "30년 전에는 대화에 잘 등장하지 않던 '암'이라는 말이 이제는 일상적인 주제가 되었습니다." 마윈은 오바마 대통령이 진행한 질의응답 세션을 비롯한 여러 자리에서 직원, 친구, 가족[66] 사이에서 암 발병이 늘어났다는 이야기를 했다. "지구에 건강한 환경이 존재하지 않는다면, 아무리 많은 돈을 벌어도, 아무리 대단한 사람이 되어도 끔찍한 재앙을 막지 못할 것입니다."

마윈은 이러한 행동과 웻랜드 본사 캠퍼스에 조성한 호수를 통해서 "누군가는 나서야 한다…우리의 일은 사람들을 깨우는 것이다."라는 것을 보여 주고 있다.

마윈은 과거의 산업 모델을 비난하는 데 몸을 사리지 않는다. "중국인들은 세계의 공장이 된 것에 일종의 자부심을 느꼈습니다. 하지만 이제는 세계의 공장이 된 대가가 무엇인지 깨닫고 있습니다. 물은 마실 수 없게 되었고 음식은 먹을 수 없게 되었으며 우유에는 독성이 있습니다. 무엇보다 끔찍한 일은 도시의 공기가 너무나 오염되어서 해조차 자주 볼 수 없다는 것입니다." 마윈은 글에서도 환경 문제에 대한 정부의 무대책을 정조준했다. "힘이 있는 사람들, 기득권층에게 물과 공기와 음식의 안전 문제에 주의를 기울여 달라고 아무리 호소를 해도 들으려는 사람이 없었습니다. 기득권층은 그들에게만 주어지는 특별한 물을 마시고 특별한 음식을 먹습니다.[67] 하지만 마시는 공기는 똑같습니다. 돈이 많든 권력이 있든 관계가 없습니다. 햇빛을 즐길 수 없다면 행복할 수 없습니다." 마윈도 중국의 다른 많은 갑부들과 마찬가지로 해외에 오염되지 않은 땅을 소유하고 있다. 2015년, 전 골드만삭스의 은행가가 설립한 환경재단인 국제자연보호협회 (Nature Conservancy)의 도움으로 마윈은 뉴욕 주 애디론댁 산맥에 있는 브랜던 파크(Brandon Park) 부지를 2,300만 달러에 매입했다. 이 부지는 한때 록펠러 가문의 소유였다. 2015년 11월, 마닐라에서 열린 아시아태평양경제협력체(APEC) 회의에서 오바마 대통령은 마윈이 환경에 많은 관심을 기울이고 있다는 것을 인터뷰에서 언급했다. "최근 비영리단체를 통해 하고 있는 일 외에도 마윈은 빌 게이츠와 함께 청정 에너지 관련 연구 개발에 엄청난 동력을 공급할 투자와 관련하여 가능성을 논의한 것으로 알고 있습니다." 그 얼마 후 파리에서 열린 'UN 기후 변화 컨퍼런스' 당사국총회 개막 전날, 마윈은 '획기적인 에너지 연합체(Breakthrough Energy Coalition)'의 지원을 발표했다. 빌 게이츠의 주도하에 마윈을 비롯해 마사요시 손, 멕 휘트먼, 마크 저커버그, 제프 베조스 등 28명의 투자자들이 탄소 배출을 줄이는 새로운 기술 연구에 자금을 대기로 약속했다.

2H: 건강과 행복

환경과 건강에 대한 마윈의 관심은 기업의 책임감에만 머물지 않는다. 알리바바는 사업적인 야심도 가지고 있다. 2014년 알리바바는 홍콩에 상장된 제약 데이터 업체인 CITIC 21CN에 투자했다. 이후 '알리바바 헬스(Alibaba Health)'로 이름을 바꾼 이 회사는 의료 서비스를 제공하는 국영기업들의 비효율을 이용해서 수익을 얻는다. 예약을 환자가 쉽게 할 수 있게 만들 뿐 아니라 의사, 병원, 소비자들이 쉽게 정보에 접근하고 약을 보다 수월하게 주문하게 만드는 일을 하는 것이다. 의료는 마윈이 '2H'라고 말하는 분야, 즉 장기적인 투자 영역인 건강과 행복 중 한쪽 측면이다.[68]

사람들을 더욱 건강하게 만드는 것 외에도 마윈은 "젊은 사람들이 삶을 즐기고 미래에 대해 낙관하게 만드는 것"을 목표로 삼고 있다. "중국 영화에 나오는 영웅들은 모두 죽습니다. 미국 영화에서는 모든 영웅이 살아남죠. 저는 사람들에게 이렇게 묻습니다. '영웅들이 전부 죽는다면 누가 영웅이 되려 하겠어요?'" 전자상거래 회사가 엔터테인먼트에 관심을 갖는 이유는 무엇일까?

교사였던 전력에 걸맞게 마윈은 젊은 세대의 니즈를 돌보는 일에 대해서 자주 이야기한다. 찰리 로즈(Charlie Rose)와의 인터뷰에서 마윈은 "중국의 많은 젊은이들이 희망을 잃고, 비전을 잃고, 불만을 터뜨리기 시작하고 있습니다."라고 견해를 밝혔다. 알리바바는 이러한 문제를 해소하는 데 도움이 될 수 있는 분야에 대한 활동을 점차 늘려 가고 있다. 바로 스포츠와 엔터테인먼트이다.

2015년 11월, 알리바바는 상하이에서 워싱턴 대학 허스키스(Huskies)와 텍사스 대학 롱혼스(Longhorns)의 미국 대학 팩-12(Pac-12) 컨퍼런스 농구 게임의 첫 정규 시즌을 후원했다. 그리고 다음 해에는 스탠퍼드와 하버드 대학의 게임을 주최할 것이라고 발표했다. 알리바바는 운동 팀도 매수하기 시작했다. 2014년 6월 마윈은 광저우 에버그란데(Evergrande) 축구팀에 2억 달러를 투자했다. 이 팀의 소유주가[69] 나중에 밝힌 바에 따르면 이 거래 협상은 마윈이 술에 취한 상태에서 이루어졌다고 한다. 마윈은 이 투자에 대해 해명했다. "축구를 모른다는 것은 문제가 되지 않는다고 생각합니다…저는 소매업도, 전자상거래도, 인터넷도 몰랐습니다. 하지만 모른다는 점이 그 일을 하는 것을 막지는 못했습니다." 그는 자신이 투자한 것은 "축구가 아닌 엔터테인먼트"라고 말했다.

알리바바는 중국에서 영화, 텔레비전, 온라인 비디오에 투자하는 선두적 업체이다. 알리바바가 지금까지 전통 미디어에 가장 많은 지출을 한 것은 홍콩에 기반을 둔 영화/TV 스튜디오에[70] 투자한 8억 달러였다. 이 스튜디오는 '알리바바 픽처스(Alibaba Pictures)'로 간판을 바꾸었다. 2014년 알리바바는 당시 굴지의 국영 배급사 '차이나 필름 그룹(China Film Group)'의 부사장이었던 장창을 영입해 알리바바의 중국 엔터테인먼트 사업을 이끌게 했다. 알리바바는 또한 텐센트와 공동으로 베이징에 기반을 둔 영화/TV 스튜디오 화이 브라더스에 투자하고[71] 영화 티켓팅 업체인 위러케이(Yulekei)를 인수했다. 하지만 가장 눈길을 모은 것은 유쿠투더우(優酷土豆)를 비롯한 인터넷 기반 미디어에 대한 투자였다.[72] 알리바바는 이후 소후의 임원이던 빅터 쿠가 설립한 이 회사를 인수했다.[73] 중국에서는 4억 3,000만의 사람들이 일상적으로 온라인에서 비디오를 시청한다. 이들은 주로 모바일 기기를 이용하는데 어떤 프로그램은 중국의 국영 지상파 방송사보다 많은 시청자를 모은다. 과거에는 시장에 해적 콘텐츠가 많았지만 현재는 유쿠와 같은 주요 온라인 비디오 플랫폼이 국내시장에서 넷플릭스와 같은 위치에 서기 위해 노력하면서 〈2 브로크 걸스(2 Broke Girls)〉 같은 미국이나 한국의 인기 높은 드라마나 쇼와 같은 프로그램을 공급하고 있다. 온라인 비디오 시장의 규모는 40억 달러에 달하지만—매출은 주로 광고와 사용료에서 나온다—콘텐츠 라이선스 비용을 감안하면 돈을 벌기에 만만치 않은 시장이다. 유쿠투더우는 수익을 내지 못했다. 일부 투자자들은 이 인수가 알리바바의 비용 구조에 미칠 영향에 의구심을 갖지만 알리바바는 텐센트, 바이두, 기타 라이벌 플랫폼과 경쟁하기 위해서라고 이 투자를 정당화한다. 알리바바는 마윈이 개인적으로 투자하고 있었던 케이블 TV 업체 와수 미디어(Wasu Media)와 함께 스트리밍 서비스 '티몰 박스 오피스(Tmall Box Office, TBO)'를 론칭할 계획이라고 발표했다. 이 계획의 뒤에는 TBO를 중국의 TV 프로덕션 분야에서 미국의 넷플릭스만큼 파급력 있는 회사로 만들겠다는 발상이 있다. 이미 5억에 가까운 사람들이[74] 알리바바, 바이두, 텐센트와 같은 사이트에서 온라인으로 비디오를 보고 있다. 그러나 2015년 중국 정부는 기업가들에게 경계 신호를 보냈다. 이미 전체의 30퍼센트라는 상한이 있던 플랫폼에서 제공할 수 있는 수입 콘텐츠의 양에 새롭게 제약을 가한 것이다. 알리바바는 인수한 위러바오(娛樂寶)라는 회사를 통해 크라우드펀딩을 활용하는 등 프로그램에 자금을 마련할 방법을 찾아 국내산 콘텐츠를 활성화시키려고 노력하고 있다.

알리바바 픽처스는 캘리포니아 패서디나에 새롭게 마련한 미국 본부를 통해 큰 그림을 그리고 있다. 마윈은 알리바바를 '세계에서 가장 큰 엔터테인먼트 회사'로 만들고 싶다고 말해 왔다. 알리바바의 해외 엔테테인먼트 투자 책임을 맡고 있는 사람은 2015년 알리 픽처스의 사장으로 임명된 장웨이이다. 하버드 경영대학원을 나온 장은 2008년 알리바바에 합류하기 전 CCTV의 비즈니스 프로그램을 진행한 경력이 있으며 CNBC와 스타 텔레비전(Star Television)에서 미디어

담당 임원으로 일했다. 알리바바 픽처스는 〈미션 임파서블 - 로그네이션〉과 같은 영화들의 자금을 지원하고 있다. 〈헐리우드 리포터(*The Hollywood Reporter*)〉와의 인터뷰에서 장은 스튜디오들이 알리바바와 처음 일할 때 보였던 거부감에 대해서 이야기했다. "모두가 가장 궁금해 한 것은 전자상거래 회사가 실제로 그들에게 무엇을 해 줄 수 있느냐는 것이었어요. 스튜디오들이 직면하는 가장 큰 문제는 누가 와서 영화를 보는지 자세히 알지 못한다는 점입니다. 영화제작사도 이 점을 알고 싶어 할 것입니다. 영화를 보러 오는 사람이 몇 살인지? 어디 출신인지? 자녀는 있는지? 다른 관심사는 무엇인지? 생활 수준은 어떤지? 어떤 유형의 사람들인지? 우리는 수요 주도의 엔터테인먼트를 이야기하고 있는 것입니다. 엔터테인먼트 비즈니스에 인터넷을 깊숙이 끌어들이는 것이 이 수수께끼를 푸는 가장 좋은 방법입니다." 장은 알리바바가 알리페이를 활용할 수 있다고 덧붙였다. 많은 사람들이 영화표를 온라인으로 살 때 알리페이를 이용하기 때문에 영화를 보는 사람들에 대해서 많은 정보를 얻을 수 있다는 것이다. "중국의 경우 영화 관람객들의 연령이 비교적 낮습니다. 영화를 보러 간다는 것이 라이프스타일의 변화이기 때문입니다. 이전 세대는 노래방에 갔었죠. 이제는 주된 엔터테인먼트 수단으로 영화를 찾습니다."

영화 관련 상품 개발 역시 전자상거래와 엔터테인먼트를 연결하는 영역이다. 장은 이렇게 설명한다. "미국의 경우 영화를 한 편 만들었을 때 극장에서 나오는 수입은 전체 매출의 30~40퍼센트 정도에 불과할 겁니다. 중국에서는 아직 극장 수입이 대부분을 차지하죠. 아직 상품 개발 여지가 많다는 뜻입니다." 장은 〈미션 임파서블〉 파생 상품을 예로 들어 라이선스 제품을 만드는 데 적격인 상인을 선정하는 문제를 지적했다. "우리는 파라마운트 머천다이징 팀과 약 30가지 제품을 만들었습니다. 전 과정에 걸쳐서 그들에게 디자인과 샘플을 보냈죠. 대부분은 직접 톰 크루즈에게도 보여 주었습니다. 우리가 〈미션 임파서블〉 브랜드를 나타내는 방법에 그도 만족해야 했으니까요. 우리가 추구하는 가치가 이처럼 양쪽을 연결하는 것이죠. 과거와 같이 저장성에서 책가방을 만드는 업체가 직접 그 일을 맡았다면 파라마운트나 톰 크루즈와 그렇게 효율적이고 믿을 만한 방식으로 접촉하고 관계를 맺었겠습니까? 불가능한 일이죠."

엔터테인먼트 분야에 야심 찬 계획을 추진하다 보니 그는 알리바바가 헐리우드 스튜디오를 사들일 생각을 하고 있느냐는 질문을 자주 받는다. 비아콤의 파라마운트 픽처스가 표적이라는 소문이 많았다. 〈포레스트 검프〉를 제작한 이 스튜디오를 통해 마윈이 헐리우드에 입성할 것이라고 말이다. 지금까지 알리바바는 스튜디오 인수를 전면적으로 부인하고 있다. "그들이 팔고 싶어 하지 않을 것 같습니다. 우리는 파트너인 편이 더 낫다고 생각합니다. 세상에 있는 모든 것을 살 수는 없는 일 아닙니까?"

하지만 알리바바나 마윈은 하루가 멀다 하고 세계 어딘가에 있는 회사의 잠재적 구매자로 거론되고 있다. 2015년 12월 알리바바는 홍콩의 주요 영자신문, 〈사우스 차이나 모닝 포스트(*South China Morning Post, SCMP*)〉를 인수할 것이라고 발표했다. 일부에서는 112년 전통의 신문사 인수를 마윈이 거물이라는 자신의 위상을 과시하기 위해 택한 수단으로 보았다. 아마존의 설립자 제프 베조스는 2년 전 개인적으로 〈워싱턴 포스트〉를 인수했다. 마윈이 단순히 그 선례를 따르는 것일까?

또 다른 사람들은 보다 속 깊은 의도를 드러내는 징후로 보았다. 마윈이 베이징의 환심을 사려고 신문을 사는 것이라고. 1997년 영국 으로부터 홍콩을 반환받은 후 거의 20년이 흐른 시점에도 중국 정부는 정치적·사회적으로 패인 깊은 골 때문에 고심하고 있다.[75] 2014년, 홍콩은 진정한 민주주의와 자유의 부재에 맞서 한 학생이 이끈 시위, 센트럴 점령운동[Occupy Central Movement, 우산혁명(Umbrella Revolution) 이라고도 알려졌다]에 의해 정돈(停頓) 상태에 빠졌다. 이 사태는 평화 적으로 마무리되었지만 이를 부채질한 근본적인 긴장은 여전히 남아 있다. SCMP는 이 시위를 자세히 보도했다. 비평가들은 이 신문을 통 제하기 위해 나섰다는, 혹은 그렇게 하라는 베이징의 지시에 따를 수 밖에 없었다는 추측을 내놓았다.

마윈은 그러한 추측을 부인했다. "저는 늘 다른 사람들의 짐작과 억측에 맞서 왔습니다. 근거 없는 추측에 신경을 써야 한다면 제가 뭘 할 수 있겠습니까?" 그는 신문의 편집권 독립을 존중하겠다고 약 속했다. "SCMP는 독립적인 플랫폼을 가지고 있으며, 그들만의 신념 을 가질 자유가 있습니다."

자금이 충분하고 영향력이 있는 본토 비즈니스 그룹의 후원은 분 명 이 신문사로서는 호재이다. 많은 인쇄 간행물과 마찬가지로 구독 료를 기반으로 하는 SCMP의 사업 모델은 무료 온라인 콘텐츠로 인 해 어려움에 처해 있었다. 알리바바는 오랫동안 무료로 서비스를 제 공해 왔던 것과 같은 선상에서 인터넷 신문의 페이월(paywall, 인터넷 에서 일정액의 돈을 지불해야 내용을 볼 수 있도록 한 것을 말하는 신조어. ─옮 긴이)을 제거해 더 많은 사람들이 콘텐츠를 소비하게 하면서 새로운 사업 기회를 열 것이다. 이 신문에 대한 질의응답에서 수석 부회장

조차이는 이렇게 설명했다. "SCMP에 대한 우리의 비전은 세계적인 독자층을 구축하는 것입니다…일부에서는 신문산업을 사양산업이라고 말하지만, 우리는 그런 식으로 보지 않습니다. 우리는 신문산업을 우리의 기술적 지식을 이용할 수 있고, 이전에 존재한 적이 없던 방식으로 뉴스를 공급할 수 있는 노하우와 디지털 자산을 이용할 수 있는 기회로 봅니다." 사업적 측면에서 보자면 SCMP 인수는 불리한 점이 비교적 제한적이며 오히려 마윈이 이 거래로 갈채를 받게 될 가능성도 있다.

자금 측면에서도 이 일은 알리바바로서는 그리 큰 거래가 아니다. 2억 달러가 조금 넘는 돈을 들여 신문사를 인수했을 뿐이다. 하지만 이것이 부를 중국 정부의 강도 높은 감시를 생각하면 이 거래에 리스크가 없는 것은 아니다. 질의응답 시간에 조차이는 SCMP가 세상이 중국을 보다 잘 이해하는 데 도움을 줄 수 있다면 중국에 기반을 두고 있지만 미국에 상장되어 있는 알리바바의 입장에서도 좋은 일일 것이라고 설명했다. "중국은 떠오르는 경제대국입니다. 세계의 2대 경제국이죠. 사람들은 중국에 대해서 좀 더 알아야 합니다."

하지만 조차이는 다음과 같이 덧붙이면서 불만을 드러내는 동시에 이 거래에 비판적인 사람들을 힐난했다. "중국에 대한 보도는 공정하고 균형 잡힌 것이어야 합니다. 현재 서구의 주류 언론사들은 중국에 대한 보도에서 아주 편협한 시각을 고집합니다. 중국은 공산국가이고 모든 것이 정부 지시에 따른다는 시각을 통해서 보도를 하는 것입니다. 이러한 서구 언론에서 일하고 있는 많은 저널리스트들은 중국의 통치 시스템에 동의하지 못합니다. 그런 태도가 공정한 보도를 그르치게 하죠. 우리는 상황이 있는 그대로 드러나야만 한다고 생각합니다. 사실을 드러내고, 진실을 말하는 것이 우리의 경영 원칙입니다."

마윈이 어떤 동기에서 신문사를 인수했든 그는 홍콩의 신문사 소유주가 됨으로써 더 어려운 상황으로 들어가고 있다. 하지만 그는 이전에도 도전을 마다하지 않았다. 마윈의 명성은 중국 기업이 실리콘밸리보다 우위에 선 스토리, 진융의 소설에 비견되는 동양이 서양을 치는 이야기에서 생겨났다. 하지만 그의 계속된 성공은 점차 남과 북의 대결 이야기로 변해 가고 있다. 기업 정신의 중심지인 중국 남부에 뿌리를 둔 한 회사가 중국 정치의 본산 베이징이 정해 둔 한계를 시험하는 이야기 말이다.

시진핑이 2012년 중국 국가주석이 된 이래 손꼽히는 기업가들은 중국 정부의 감시와 제재가 심해지고 있는 것을 체감하고 있다. 유명 부동산 기업인 완퉁 홀딩스(Vantone Holdings, 万通控股)의 평룬은 다음과 같은 메시지를 블로그에 게재했다가 곧 삭제했다. "재계의 거물 한 명이 이렇게 말한 적이 있다. '정부 관료들의 눈에 우리는 단지 바퀴벌레들일 뿐이에요. 죽이고 싶으면 죽이면 되는 거죠. 살리고 싶으면 살게 놓아두면 되고요." 2015년 12월 한때 '중국의 워렌 버핏'으로 환영받던 포쑨의 궈광창 회장이 아무런 설명 없이 잠깐 사라진 일은 이러한 위험을 더 분명히 보여 주었다.

마윈은 이미 중국 소비자와 함께 기업 혁명의 기수로 자리 잡았다. 그리고 지금은 오랫동안 국가가 지배해 온 금융과 미디어와 같은 새로운 전선으로 나아가고 있다.

기업 정신의 도가니인 저장에서 단련되고, 인터넷의 변혁적 힘에 대한 신념에서 연료를 얻은 마윈은 궁극의 실용주의자이다. 마윈은 기술의 힘이 환경, 교육, 의료에서 경제적 기회에 대한 계속적 접근권에 이르기까지 더 나은 삶을 원하는 사람들의 높아진 기대에 부응하고, 이를 통해 정부에도 도움이 된다는 것을 입증함으로써 더 큰 야망을 실현할 여지를 만드는 일을 목표로 하고 있다.

중국의 선두적인 인터넷 기업가 한 명은 나에게 이렇게 말했다. "대부분의 사람들이 알리바바를 하나의 스토리라고 생각합니다. 알리바바는 단순한 스토리가 아닙니다. 알리바바는 그 자체로 전략입니다."

감사의 말

이 책을 아버지 데이비드 클라크와 나의 동반자 로빈 왕에게 헌정합니다.

에이미 탠, 루 데마테이, 그리고 탠데마의 팀 전체가 주신 영감과 격려, 우정에 깊이 감사드립니다.

이 프로젝트 내내 지치지 않고 일해 준 메이 옌과 이 책을 쓰도록 격려해 준 스탠퍼드 시절의 동료 마거리트 공 핸콕, 실리콘밸리를 이해하는 데 식견을 베풀어 주신 빌 밀러 교수께 특히 감사드리고 싶습니다.

베이징 대학의 연구 조교 창위에게도 깊은 감사를 전합니다. 홍콩에서 박사 학위를 마친 그녀에게 행운이 있기를 기원합니다.

BDA의 메이칭 팡은 도슨 장과 함께 시간과 지도를 아낌없이 나누어 주었습니다. 반 류와 스 레이에게도 감사드립니다. 윌버 주에게도 감사의 마음을 품고 있습니다. 저를 이 프로젝트에 전념할 수 있게 한 것은 BDA에서 그가 보여 준 리더십이었습니다.

지도의 디자인을 책임진 것은 베이징에서 활동하는 아티스트 샤오웨이 추이었습니다.

가치를 헤아릴 수 없는 도움을 주었지만 이름을 밝히지 않기를 바란 분들께도 진심 어린 감사를 드립니다. 몰리와 마윈 가족의 이야기와 사진을 공유하고 시간을 내준 데이비드 몰리에게도 깊은 감사를 전합니다. 야후 차이나의 초기 사진과 기억을 전해 주신 헤더 킬렌, 이베이와 페이팔의 중국 스토리에 대한 고견을 들려 주신 앨런 티엔, 시애틀 커뮤니티를 접하게 해 준 나의 친구 로저 니후스에게 감사드립니다.

이 책을 저술하는 내내 큰 도움을 준 모든 알리바바의 개척자들과 베테랑, 샌프란시스코의 제니퍼 쿠퍼만과 팀, 항저우의 조차이와 동료들에게 감사의 인사를 드립니다.

내 누이인 테리, 앨리슨, 케이티, 하퍼콜린스의 편집자 가브리엘라 두브, '샌디 다이크스트라 리터러리 에이전시'에도 감사를 전합니다.

어머니 파멜라 메리 클라크, 2015년 아흔의 나이에 세상을 떠나는 날까지 자전거로 캠퍼스를 누비셨던 나의 멘토이자 스탠퍼드 대학의 헨리 S. 로웬 교수, 최근에야 친구가 된 젊고 재능 있는 기업가로 슬프게도 서른하나에 생을 마감한 마일즈 프로스트, 이들을 또한 각별히 기억합니다.

후주

시작하며

1. 'BDA'는 원래 BD 어소시에이츠(BD Associates)였으며, 그 이름은 이 벤처의 중국인 파트너인 보하이 장(Bohai Zhang) 박사의 이름 첫 글자와 내 이름 던컨(Duncan)의 첫 글자를 따서 만들어진 것이다. 모건 스탠리 아시아의 회장 잭 워즈워스(Jack Wadsworth)와 중국투자은행팀의 책임자였던 테오도르 S. 리우(Theodore S. Liu)는 베이징에서 사업을 시작할 수 있도록 1년치 수임료를 한 번에 지불해서 내 벤처 출발에 큰 도움을 주었다.
2. 한 가지 밝히고 넘어가야 할 것이 있다. 알리바바는 2007년 홍콩의 알리바바닷컴 IPO와 2014년 뉴욕의 알리바바 그룹 IPO 때 '친구와 가족(friends and family)' 프로그램하에 내가 주식을 살 수 있게 배려해 주었다. 하지만 현재 나는 알리바바의 주식을 보유하고 있지 않다.

제1장

1. 최종 매출을 가늠하는 데에는 주의가 필요하다. 구매 다음날 고객들이 대금을 전액 환불받고 반환하는 제품이 있고 – 배송 중 파손이나 고객 변심 등 대부분 정당한 이유로 – 일부 상인들이 제3자를 고용해서 매출을 부풀림으로써 순위를 조작하는 – 제12장에서 논의할 – '브러싱(brushing)' 현상 때문이다.
2. 1990년 초 애인이 없는 학생들이 '반발렌타인 데이(anti-Vlanetine's Day)'로 시작한 독신절은 혼자 있는 사람을 상징하는 11월 11일로 정해졌다.
3. 알리바바의 B2C 웹사이트 www.tmall.com.
4. 두 쌍의 젓가락과 닮았다고 해서 흔히 '베어스틱스 홀리데이(baresticks holiday, 광군절)' 축제라고 부르던 이름과 차별화하기 위해 2012년 알리바바가 저작권을 얻은 용어.
5. 블룸버그 TV 〈블룸버그 웨스트(*Bloomberg West*)〉의 에밀리 창(Emily Chang)과 가진 TV 인터뷰.
6. 이 말은 불가능이 없는 상제(上帝, 하느님)라는 뜻의 'wanneng de shangdi'에서 따온 것이다.
7. '타오(掏)'라는 문자의 본디 뜻 – 선광(選鑛)하여 사금(砂金)을 채취하다 – 은 잊혀졌다.
8. 티몰은 티몰 슈퍼마켓(Tmall Supermarket)과 같은 일부 범주에 약간의 재고를 보유한다.

9. 이 이름은 하인을 뜻하는 고대 용어로 중국 전통에 대한 마윈의 관심을 보여 준다.

10. 유감스럽게도 영어로 'ali wangwang(알리 왕왕)'이란 이름을 가지고 있다.

11. 2008년 타오바오 몰(Taobao Mall)로 시작했다가 이후 티몰닷컴이 되었다.

12. 티몰은 연회비도 받는다.

13. 2015 회계연도.

14. 주로 진입 레벨에 있는 제한된 품목만을 제공한다.

15. 그루폰은 2011년 중국에 진입했으나 곧 문제에 부딪혔고 관심을 얻는 데 실패했다.

16. '엄청나게 좋은 거래'로 번역된다.

17. 미국의 경우 1인당 2.6제곱미터, 독일은 1.5제곱미터, 영국은 1.3제곱미터.

18. 2009년.

19. 이 목록에는 "저작권 침해와 상표 위조에 상당한 정도로 참여하거나 이를 용이하게 한" 것으로 알려진 시장들이 열거되어 있다.

20. 전 법무 자문위원을 고용하는 것을 비롯하여.

21. 1993년 선전에서 설립되었고 때로 '중국의 페덱스(FedEx of China)'라고 불린다.

22. 'cainiao'라는 단어는 타이완에서 유래한 것으로 문자 그대로는 '초록 새(green bird)'를 뜻하지만 '신입 병사(rookie soldier)'를 뜻하는 군대 용어이기도 하다.

23. 1,800개의 유통 센터와 9만 7,000개의 배달 지점을 통해.

24. 회사는 선전에 등록되어 있다.

25. 마윈의 절친한 친구인 선은 차이나 인타이 그룹(China Yintai Group)에서 채광, 소매, 부동산 사업으로 재산을 모았다. 특히 선은 베이징 소재의 66층 인 타이 타워(Yin Tai tower)에 입주한 파크 하얏트(Park Hyatt) 호텔에 자주 마윈을 초대해 사교행사를 갖는다. 선은 홍콩에 상장된 소매 자회사, 인타임 백화점(InTime Department Stores)의 경영권도 가지고 있다. 알리바바는 이 회사에 7억 달러를 투자했다.

26. 1선 도시에서 3선 도시에 이르는 지역 배달원 네트워크. 밀도가 낮고 개발이 덜 된 지역의 경우 2만 개 이상의 '셀프 픽업(self pickup)' 스테이션이 네트워크를 보충한다.

27. 전국인인 물류 네트워크.

28. JD는 Jing Dong(징둥)의 약자로 Jing은 '수도(京, capital)' 베이징을 뜻하는 말이고 Dong은 '동(東, East)'을 뜻하는 말이기도 하지만, 동시에 영어로는 리처드 리우(Richard Liu)라고 알려진 회사 창립자, 리우 창둥의 성에서 유래한 것이기도 하다. 리우는 1998년 디스크 드라이브 회사를 설립했고, 이후 2004년 360바이닷컴(360buy.com)이라는 B2C 웹사이트를 출범시킨 후에 JD닷컴(JD.com)으로 리브랜딩했다.

29. 총 150만 제곱미터. 차이니아오는 100만 제곱미터이다.

30. 오전 11시까지의 주문은 당일 배송, 오후 11시까지의 주문은 익일 배송.

31. 2014년 6월까지 1년간 7,780억 달러.

32. 이 이야기는 제11장에서 다루어진다.

33. 2014년에는 110억 위안(18억 달러)의 수익을 냈다.

34. 앤트 파이낸셜(Ant Financial)이 최근 매입한 톈훙 자산운영(Tian Hong Asset Management)의 중개.

35. 앤트 파이낸셜을 통한.

36. 2014년 마윈은 두 사람의 다른 마 씨(친족은 아니다), 즉 마윈의 친구이며 알리바바와 라이벌 관계인 텐센트(Tencent)의 CEO 마화텅(馬化騰, Pony Ma), 핑 안 보험(Ping An Insurance)의 회장 마밍저(馬明哲)와 팀을 구축했다. 이들은 중국 최초이자 최대의 온라인 보험사인 중안(Zhong An)을 론칭하고 1년 만에 1억 5,000만 명 이상의 고객을 유치했다.

제 2 장

1. 클럽 메드를 소유한 포쑨 그룹 회장.

2. 저널리스트 찰리 로즈(Charlie Rose)와의 대화에서.

3. 얀 '젠스' 반 데르 벤(Jan 'Jens' Van der Ven).

4. 소문에 의하면 마윈의 연설 소재 일부는 상하이의 스탠딩 코미디언으로부터 나온다고 한다.

5. 바이두(Baidu)와 같은 라이벌 업체들은 전화 판매에 대한 의존도가 더 높다.

6. 2015년 5월 11일자 〈중국일보(China Daily)〉.

7. 다음에 그 사례들을 정리한다. 유안도우닷컴(juandou.com)과 모구지에(mogujie.com)의 설립인 천치는 타오바오의 제품 매니저였으며 UED(user experience design, 사용자 경험 디자인) 일을 했었다. 모구지에의 창립 멤버 4인 중 세 명은 타오바오 출신이다. 천치 이외에 다른 두 명은 모구지에의 CTO 웨쭈창과 CMO 리옌주이다. 천치는 환경 음악 라디오 방송국인 라바라디오(LavaRadio)의 창립자로 야후(Yahoo)에서 일했었고 알리바바가 야후 차이나(Yahoo China)를 인수한 약 1년 후 회사를 떠났다. 청웨이는 디디 다처(Didi Dache)의 공동설립자로 타오바오의 B2C 부문에서 일했다. 구다위는 스마트 스포츠 팔찌 업체인 www.bong.cn의 창립자로 이 회사의 CEO이며 알리바바의 국제 사용자 경험(International User Experience) 부문인 라이왕(Laiwang), 윤OS(YunOS)에서 일했다. 장하이빙은 알리페이의 두 번째 직원이었으며 온라인 상인 채용 서비스 회사인 mabole.com의 창립자이다. 라이제는 상업 Wi-Fi 제공업체인 트리베어(Treebear)의 창립자이다. 알리바바는 2014년 8월, 10퍼센트의 지분을 인수해 트리베어의 초기 투자를 이끌었다. 란란은 2015년 3월 론칭한 물리치료사와 안마사를 찾는 O2O 서비스 플랫폼인 1kf.com의 창립자이자 CEO이다. 리리헝은 지역 자동/라이프-서비스 플랫폼인 chemayi.com의 공동 창립자이자 CEO이다. 리는 2002년부터 8년 동안 알리바바에서 일했다. chemayi.com의 다른 두 공동 창립자 역시 알리바바 출신인 린옌과 판칭린이다. 트러스트패스(TrustPass)의 주 개발자인 리즈궈는 2004년 알리바바를 떠나 주제별 분류와 커뮤니티 웹사이트 koubie.com을 창립했다.

알리바바는 2006년 10월 koubei.com에 투자했고 2008년에는 이 회사를 인수해 야후 차이나에 합병시켰다. 알리바바에서 별명이 '버그 리(Bug Li)'였던 리는 2000년 2월 알리클라우드(AliCloud)로 옮겼다가 2010년 9월 다시 알리바바를 떠났다. 이후 엔젤 투자자가 되었으며 지금은 온라인 금융 관리 플랫폼인 wacai.com의 CEO이다. 토토 순은 타오바오의 전 사장이며 6~14세 어린이와 부모들을 위한 가상 엔터테인먼트와 교육 커뮤니티 www.hezi.com의 공동 창립자이다. 왕하오는 뮤직 스트리밍 사이트 xiaom.com의 공동 설립자이자 CEO이다. 2013년 xiaom.com은 알리바바에 인수되어 알리뮤직(AliMusic)의 일부가 되었다. 데이비드 웨이(Wei Zhe)는 비전 나이트 캐피털(Vision Knight Capital)의 공동 설립자이다. 쉬지는 지역 의사들을 위한 어플리케이션 mangguoyisheng.com의 설립자 겸 CEO이다. 수는 알리바바의 72번째 직원이었다. 우즈샹은 여행 예약 사이트 ly.com의 창립자이자 CEO이다. 우는 2001년부터 2002년까지 알리바바의 영업부서에서 1년간 일했다. 알리페이에서 일했던 예진우는 금융상품 구매 어플리케이션 yingyinglicai.com의 창립자이자 CEO이다. 장더우는 yinyuetia.co의 창립자이자 CEO이다. 장항과 디디 다처를 공동 창립했다. 장량룬은 mizhe.com의 공동 창립자이자 CEO이며 임신·육아 용품 전자상거래 사이트 BeiBei의 창립자이다. 저우카이청은 O2O 피아노 수업 서비스 플랫폼인 싱쿵취낭(www.xkqh.com)의 공동 창립자이자 CEO이다. 데이디브 웨이의 비전 나이트 캐피털은 2015년 싱쿵취낭의 시리즈 C 투자에 참여했다. 알리페이의 수석 제품 디자이너로 일했던 주닝은 공개 위챗(WeChat) 매장 플랫폼인 youzan.com의 창립자, 전자상거래 사이트(이미 문을 닫았다) guang.com의 공동 창립자, cafebeta.com의 공동 창립자이다.

8. itjuzi.com.

제3장

1. 바오장(baozhang).
2. 태극권에는 투로(套路, 손과 무기를 이용한 단독 루틴), 내공(內功)과 기공(氣功, 호흡, 동작, 의식 연습과 명상), 추수(推手, 대응 훈련), 산타(散打, 자기방어 기법)가 포함된다.
3. 벤케(本科).
4. 주안케(专科, 전문학교).
5. 그 구절은 훨씬 전에 만든 것으로 보이긴 하지만.

제4장

1. 자영업자(문자 그대로의 의미는 '단일 조직 단위')와 사유기업으로 분류된다.
2. 이전에는 린안이라고 불렸던 항저우는 1138년부터 1276년까지 남송 왕조의 수도였다. 13세기 유럽이 암흑시대일 때 항저우는 150만 명이 거주하는 지구상에서 가장 인

구가 많은 도시였다. 마르코 폴로(Marco Polo)와 아랍의 유명한 모험가 이븐 바투타(Ibn Battuta)가 이 도시를 방문했다고 한다.

3. 중국 우정의 배송은 3일이 걸렸지만 수출업자들은 밤 사이에 배송 서류를 항구로 보내야 했다. 나는 항저우에서 야간열차를 타고 서류를 제 시간에 배송하고 수많은 수출업체들에게 서류 배송 한 건당 100위안을 받았다. 하지만 여기에 드는 비용은 기찻삯 30위안뿐이었다.

4. 윈다(Yunda), YTO, ZTO.

5. 공산당이 은행의 고위 관리와 국영기업의 고위 임원을 임명하기 때문에 좋건 나쁘건 독립적인 신용평가나 통제가 필요하지 않다.

6. 1990년대 후반, 홍콩을 비롯한 해외의 중국인 기업가들이 광둥성에 5만 개소 이상의 공장을 지었다. 이것은 2,000만 명에 이르는 해외 중국인 디아스포라(diaspora)와 연관이 있다. 덩샤오핑의 남순 이후, 선전 등 특별경제지대가 만들어지면서 많은 부유한 기업가들을 비롯한 해외의 중국인들이 자금과 수출시장을 제공했다. 홍콩과 가까운 위치와 세계에서 가장 바삐 움직이는 수송 노선 덕분에 광둥은 저장보다 우위에 서게 되었다.

7. 저널리스트 저우지산이 썼다.

8. 〈항저우 데일리(*Hangzhou Daily*)〉의 1995년 9월 기사에 따라.

제5장

1. 마윈의 초기 명함 중 하나는 그를 '마케팅 디렉터'라고 소개하고 있다.

2. 1980년대 말부터 스탠퍼드 선형가속기센터(Stanford Linear Accelerator Center)의 월터 토키(Walter Toki) 박사가 중요한 역할을 했다. 그는 중국 태생의 미국인 물리학자이자 노벨상 수상인 리(T. D. Lee)와 연락을 취하면서 중국의 과학자들과의 인터넷 연결을 성사시켰다.

3. 캘리포니아 포인트라이스의 AT&T 지상기지에서 위성을 통한 업링크를 이용하여.

4. 초판에서.

5. '황금 비둘기 프로젝트(Golden Dove Project)'라 불렸다.

6. 공화당 소속의 인디애나 주 하원의원, 존 네이선 호스텔러(John Nathan Hosteller)와 민주당 소속의 뉴저지 주 상원의원, 빌 브래들리(Bill Bradley).

7. 〈첸장 이브닝 뉴스(*Qianjiang Evening News*)〉.

8. 사이트의 샘플 목록은 단순히 종류나 유형만을 보여 준다. "25킬로그램 들이 플라스틱 통에 포장된 다양한 농도의 플루오르화수소산"이란 내용에 닝보 머터리얼 제너럴 코퍼레이션(Ningbo Material General Coportation)에 대한 정보가 있다.

9. 1996년 10월 18일자 〈항저우 데일리〉 기사 등.

1. 〈이코노미스트(*The Economist*)〉.

2. CIECC는 2년 전 MOFTEC를 위한 'EDI(Electronic Data Interchange, 전자 데이터 교환)' 프로젝트를 추진하기 위해 설립되었다.

3. 그녀는 이후 중국 국영 전기통신 제조업체 푸톈(Putian)의 회장이자 CEO, 공산당 서기가 되었다. 그곳에서 TD-SCDMA라는 중국의 3G 모바일 통화기술 표준을 적극적으로 홍보했으나 시장에 수용되지는 못했다.

4. 잉하이웨이의 장수신은 그 이름이 당시 이목을 끌던 다른 전자상거래 웹사이트 아리바닷컴(Ariba.com)과 비슷하게 들리기 때문에 마윈이 그 이름을 선택한 것이라고 주장하고 있다.

5. 두 도메인 이름은 모두 마윈의 어머니 추이웬차이의 이름으로 등록되어 있었다. 1999년 8월 17일, 추이는 소유권을 유한책임회사 알리바바(Alibaba Ltd.)에 넘겨주었다.

6. Alibaba.com은 1999년 4월 론칭하면서 1월에 온라인이 된 이전의 alibaba-online.com과 alibabaonline.com 사이트를 대체했다. 알리바바는 이후 10월의 공식 론칭 행사에서 업그레이드된 사이트를 발표하면서 그 사이트를 '시험' 사이트라고 했다.

7. 차이나 페이지에 있던 동안 아내인 장잉, 토토 순, 우융밍(Wu Yongming), 제임스 성(James Sheng), 마창웨이(Ma Changwei), 디프에 일할 때 마윈을 만난 사이먼 셰(Simon Xie)가 사업에 합류했다. 베이징에서 사업에 합류한 항저우 출신 사람들로는 루시 펑(토토 순과 결혼하면서 항저우에서의 교사직을 그만두었다), 한민(Han Min), 제인 장(Jane Jiang), 트루디 다이(Trudy Dai), 저우웨홍(Zhou Yuehong)이 있다.

8. 차이나넷으로 40시간 접속 기준.

9. 거의 모든 광고주들이 인텔(Intel), IBM, 컴팩(Compaq), 마이크로소프트, 레전드, 파운더와 같은 기술 기업이었다.

10. 또는 '뉴 웨이브(New Wave, 새로운 물결, 중국어로 新浪).'

11. 잭 홍(Jack Hong), 벤자민 샹(Benjamin Tsiang), 허스트 린(Hurst Lin). 시나넷은 타이완에도 사용자가 있었지만 중국에서는 진전이 어려웠고 때때로 중국 정부로부터 봉쇄를 당하기도 했다.

12. 제럴드 천(Gerald Chen)이 경영하는 홍콩 부동산 개발업체 항룽(Hang Lung)의 자회사인 모닝사이드(Morningside), 다우존스(Dow Jones), 인텔로부터.

13. 레이먼드 레이(Raymond Lei)만이 인디애나 퍼듀 대학에서 공부한 유학파로 컴퓨터공학 석사 학위를 받았다.

14. 원제로는 《소오강호(笑傲江湖)》.

15. 시애틀 워싱턴 대학의 천 샤오핑(Chen Xiaoping) 교수의 말.

16. 차이충신(Cai Chongxin). 타이완어 로마자 표기법에 따르면 Tsai Chung-Hsin.

17. 그의 아버지 폴 차이(Paul Tsai) 박사는 차르 앤 차이 법률회사(Tsar & Tsai Law Firm)의

창립자이다. 1965년 설립된 차르 앤 차이는 타이완에서 가장 오래된 파트너십 법률회사이다.

18. 동문으로는 《우리들의 마을(*Our Town*)》을 쓴 극작가 손턴 와일더(Thornton Wilder), 월트 디즈니(Walt Disney)의 전 CEO 마이클 아이스너(Michael Eisner), 가수 휴이 루이스(Huey Lewis), 전 백악관 공보비서 제이 카니(Jay Carney), 가장 최근 졸업생으로는 NHL에 선발된 최초의 중국인 선수 쑹안둥이 있다. 조는 현재 이 학교의 이사이다.

19. 그의 조상들의 고향은 항저우 인근 후저우이다.

20. 1996년 조차이는 클라라 우(Clara Wu)와 결혼했다. 클라라 우는 캔자스에서 타이완인 부모 슬하에서 태어났고 스탠퍼드와 하버드에서 수학한 전문직 종사자이다.

21. 인베스터 아시아(Investor Asia Ltd.)의 최고책임자인 갈레아초 스카람피(Galeazzo Scarampi).

22. 주주이던 레이먼드 레이가 회사를 떠났기 때문에 18번째 칸을 그가 쓸 수 있었다. 중국에서 18은 행운의 숫자이다. 하지만 조차이는 그 칸을 비워 두고 19번째 직원이 되기로 했다. "19는 제 행운의 숫자입니다. 라크로스 운동복의 번호도 19였죠. 1월 19일에 태어났고요."

23. 1999년 6월 케이맨제도에 알리바바 그룹 홀딩 리미티드(Alibaba Group Holding Limited)라 불리는 회사를 등록했다.

24. 펜윅 앤 사우스의 조엘 켈먼(Joel Kellman)이 몇 건의 미팅 주선을 도왔다.

25. '8848'이라는 이름을 선택한 것은 에베레스트 산의 높이를 나타내기 때문이다.

26. 중국에서 인터넷 서비스 제공 허가를 받은 최초의 외국 기업으로 홍보했다.

27. 그는 2004년에도 영향력이 큰 기사를 썼다. 이 기사는 이후 온라인 소매에 적용되는 롱테일(long tail, 다품종 소량 생산된 비주류 상품이 대중적인 주류 상품을 밀어내고 시장점유율을 높여 가는 현상. – 옮긴이)에 대한 책이 되었다.

28. 입은 와튼 경영대학원에서 MBA를 받은 후, 미국의 시스템 통합 회사를 차려 매각하고 홍콩으로 이주해 CIC에 합류했다.

29. 이들은 홍콩 태생의 UCLA 컴퓨터공학 전공자인 제임스 추(James Chu)에 의해 등록되었다.

30. 신화통신의 지원에도 불구하고 입의 사이트 차이나닷컴은 라이벌 에이전시에 의해 중국에서 여러 차례 차단되었다.

제 7장

1. 테드와 나는 번갈아 중국의 기술 발전을 다룬 칼럼, 〈베이징 바이트(*Beijing Byte*)〉를 썼다. 지금은 홍콩의 CNN 인터내셔널(CNN International) 앵커인 크리스티 루 스타우트(Kristie Lu Stout)가 이를 이어받았다.

2. 외국인 직원 중에는 젊은 모험가들이 많이 포함되어 있었다. 가장 초기의 외국인 직

원으로 40번째 직원인 데이비드 올리버(David Oliver)는 뉴질랜드 남섬의 한 농장에서 성장했고 몇 년간 중국에서 일한 경력이 있었다. 그는 마윈이 1999년 3월 싱가포르에서 한 강연을 듣고 깊은 감명을 받아 항저우로 날아왔다. 같은 해 9월 그는 알리바바에서 일하기 시작했다. 그는 홍콩의 기준으로는 아주 적은 봉급인 연봉 2만 달러를 받았다. 단 5센트 하는 주식매수선택권(Stock option)을 행사하지 못할 정도였다. 벨기에인인 얀 반 데르 벤은 선전에서 여러 개의 영업 사이트를 구축하고 이어 광둥성 등 관의 산업 도시로 이주했다가 회사에 합류했다. 52번째 직원은 브라이언 웡(Brian Wong)이다. 본래 캘리포니아 팔로 알토 출신인 브라이언은 현재 회장 비서실의 부사장으로 마윈의 잦은 해외 출장 때 늘 그의 곁을 지킨다. 이후 알리바바는 토드 다움(Todd Daum), 산제이 바르마(Sanjay Varma) 등 일단의 MBA를 영입했다. 알리바바는 초기 직원들의 모임을 종종 마련하고 합류 순서를 보여 주는 모자를 지급하기도 한다(마윈은 #001이다).

3. 마윈의 아내 장잉은 수년 동안 회사의 국제 영업에서 중요한 역할을 담당했다. 상하이 출신의 UC 버클리 졸업생 애니 쉬(Annie Xu)는 2000년 5월부터 미국에서 알리바바의 총책임자로 일했다. 아비르 오레이비(Abir Oreibi)는 2000년부터 8년 동안 알리바바의 유럽 사업을 감독했다.

4. 투자 전 기업가치(Pre-money).

5. 우선주 참여를 포함하여.

6. 그녀는 헨리 코넬(Henry Cornell)이 아시아에 론칭한 은행의 자기자본직접투자(PIA) 팀에 속해 있었다. 은행이 1994년의 핑 안 인슈어런스(Ping An Insurance)와 같은 대규모 중국 투자를 비롯 실리콘밸리의 기술 투자에 몇 차례 성공한 후, 셜리는 아시아의 기술 기업에 소규모 투자를 하는 데 관여했다. 셜리는 후에 32세에 은행의 상무이사가 되었다.

7. 스탠퍼드에서 공부하고 돌아온 세 명의 중국인이 설립한 차이나렌닷컴(ChinaRen.com)에 투자. 차이나렌은 이후 소후에 인수되었다.

8. 올리버 와이즈버그는 2015년 조차이의 수십 억 달러 규모의 가족 투자회사의 공동경영자가 되었다.

9. 회사가 기존에 가지고 있는 타이완과 홍콩의 입지에 더해.

10. 회사의 10주년 창립 기념일에.

11. 알리바바에서는 회사에서 3년 이상 일한 직원을 알리언(Aliren, '알리바바의 사람들')이라고 부른다.

12. 처음에는 alibaba.com.cn이다가 2010년에는 1688.com이 되었다.

13. 아시아 비즈니스 컨퍼런스(Asia Business Conference).

14. 2003년 저장 위성 TV와의 인터뷰에서, 마윈은 이렇게 말했다. "10년 전 저는 하버드에 두 번 지원했으나 거절당했습니다. 저는 항상 하버드에 가서 그곳의 사람들과 이야기를 하고 싶었습니다…지금까지 세계 유수의 엘리트 대학들에서 얻은 학위에 대해서

는 크게 신경을 쓰지 않았습니다. 저는 항저우 사범대학이 아주 좋다고 생각합니다."

15. 원래 상하이 출신인 우는 미국에서 컴퓨터공학을 공부하고 1996년 야후에 입사했다.

제8장

1. 그중 한 사람이 인터넷 카페 체인의 창립자인 에드워드 쩡(Edward Zeng)이다. PR에 능하고 미국 대통령 영부인인 힐러리 클린턴의 방문을 성사시킨 쩡은 "중국에서 전자 상거래를 가능케 하는 선구적 서비스"를 만들었다고 주장했다.

2. 노벨상 수상자 류샤오보(Liu Xiaobo)는 인터넷을 "신이 중국에 준 선물이며 인터넷은 노예 신분을 벗어 버리고 자유를 위해 분투하는 중국인들의 프로젝트에서 가장 중요한 도구"라고 표현했다.

3. 'CCF(China-China-Foreign)' 구조는 새로운 SEO 통신사 차이나 유니콤에 대한 외국인 투자를 가능하게 하려고 만들어졌다. 하지만 우는 그것이 그의 권한에 위협이 된다고 여겨 14억 달러의 외국인 투자를 불법이라고 선언했다.

4. 조셉 퉁(Joseph Tong).

5. 아주 적절하게도 전 CEO는 현재 그 지역에서 여행 관련 업체를 운영하고 있다.

6. 2000년 4월 나스닥에 규모가 작은 '비밀(backdoor)' 상장을 했다.

7. 콴은 GE 메디컬 시스템즈(GE Medical Systems)에서 15년 동안 일했다.

제9장

1. 이 행사는 알리바바가 지금까지 개최하고 있는 일련의 연례 컨퍼런스인 '알리페스트(AliFest)'로서 처음 열린 것이다. 진융은 VIP 퍼레이드의 선두에 섰다. 현재까지 빌 클린턴, 코비 브라이언트(Kobe Bryant), 아놀드 슈왈제네거(Arnold Schwarzenegger), 수많은 기업 대표, 명사, 노벨상과 퓰리처상 수상자들이 이 퍼레이드에 참가했다.

2. 며칠 동안 VIE 구조를 위태롭게 한 것으로 보인 행동. 왕은 시나의 해외 상장회사에서 일자리를 잃었으나 핵심 면허는 유지했다. 하지만 이후 이들을 양도하는 데에도 합의했다.

3. 페기 유(Peggy Yu)와 그녀의 남편 리궈칭(Li Guoqing)이 경영하는 당당은 소프트뱅크를 비롯한 벤처캐피털의 자금 지원을 받았다. 조요의 CEO는 다이앤 왕(Diane Wang)이었지만 회사는 소프트웨어 제조업체 킹소프트(Kingsoft)에서 분리된 회사였다. 킹소프트는 지금은 세간의 이목을 끌고 있는 중국의 스마트폰 제조업체 샤오미(Xiaomi)의 설립자이자 CEO로 유명한 레이 쥔(Lei Jun)이 설립한 회사이다.

4. 당당도 조요도 중국의 아마존이 되지는 못했다. 하지만 조요는 최소한 중국에서 아마존이 되는 데 성공했다. 2004년 조요는 7,500만 달러에 아마존에 인수되었다.

5. 중국어로는 '흥미로운 교환 네트워크'라는 의미를 담고 있는 이취왕(yiqùwang)으로 알

려져 있다.

6. 1949년부터.

7. 전설의 딜 메이커인 프랭크 콰트론(Frank Quattrone)과 모건 스탠리(Morgan Stanley)에서 일했던 투자 은행가 조지 부트로스(George Boutros), 빌 브래디(Bill Brady), 이선 토퍼(Ethan Topper)의 엔젤 투자로 40만 달러를 조달했다.

8. 그녀의 소지품은 전부 뉴욕에 있었다. 하지만 그녀는 물건을 가지러 미국으로 가지 않았다. 그 물건들은 이치넷이 배송비용을 낼 수 있게 될 때까지 1년 이상 창고에 보관되어 있었다.

9. 휘트니(Whitney), 아시아테크(AsiaTech), 오키드(Orchid)의 투자.

10. 클럽시티(ClubCiti), 야바이(Yabuy)를 비롯해 페더럴 소프트웨어(Federal Software) 출신으로 9948을 지원했던 사람들이 설립한 10여 개 이상의 라이벌 업체들이 있었다.

11. 휘트먼은 이후 이 같은 연착을 그해 여름 미국에서 있었던 이베이의 사이트 가동 중단 탓이었다고 말했다.

12. 인터넷 옥션 컴퍼니(Internet Auction Company)의 지배지분을 인수함으로써.

13. 이베이는 타이완의 경매 사이트 운영업체 네오콤 테크놀러지(Neocom Technology)에 950만 달러를 투자했다.

14. 미국, 일본, 독일, 영국에 이어.

15. 이베이는 이치넷 이사회에서 두 자리를 차지했다. 보는 나머지 세 자리 중 한 자리를 가졌다.

16. 노골적인 인수 작전을 펼친 중국에서 고전을 하고, 2001년 현지 업체인 메르카도 리브레(Mercado Libre)에 소규모 투자를 한 라틴 아메리카에서 대승을 거둔 것만 보아도 알 수 있다. 현재 메르카도 리브레는 라틴 아메리카에서 가장 성공한 전자상거래 업체로 50억 달러가 넘는 가치를 가지고 있다. 이베이는 지분의 18퍼센트 이상을 소유하고 있다.

17. 처음에는 소프트뱅크가 5,000만 달러를 투자한 알리바바와의 조인트 벤처를 통해서. 이후에 보통 주로 전환할 수 있는 컨버터블 노트(convertible notes)의 형식으로 3,000만 달러를 추가 투자했다.

18. 서우위안(Shou Yuan).

19. 새 사업에 처음 붙인 이름은 '타오바오'가 아니었다. 원래의 이름은 '알리마마(Alimama)'로, 이 이름은 이후 회사의 온라인 마케팅 기술 플랫폼에 사용되었다.

20. 토토 순은 '부의 신(God of Wealth, 중국어로 '차이선')'으로 알려졌다. 직원들은 그를 '부의 아저씨(Uncle of Wealth)'라고 부르곤 한다. 순은 별명이 알리바바 가족의 새 식구에게 행운을 가져다주기를 바랐다. 운영 담당 부사장인 장위(Zhang Yu)는 진융의 소설 《천룡팔부(天龍八部)》의 여자 주인공 가운데 하나인 위옌(Yu Yan)으로 알려져 있다.

21. 그녀가 정기적으로 발표하는 〈인터넷 리포트(The Internet Report)〉의 영향. 이 보고서는 넷스케이프 커뮤니케이션(Netscape Communications)의 획기적인 모건 스탠리 IPO 준

비 기간이었던 1995년 처음 발표되었다.

22. 떠돌아다니며 물건을 파는 이우의 상인이 미국에서는 어떤 모습일지 그려 보던 나는 어린 시절 보았던 영화를 떠올렸다. 존 캔디(John Candy)와 스티브 마틴(Steve Martin)의 1987년 작품, 〈비행기, 기차, 자동차(*Planes, Trains and Automobiles*)〉라는 영화이다. 캔디는 플라스틱 샤워 커튼 고리를 팔면서 전국을 돌아다니며 돈을 벌기 위해 애쓰지만 실패하는 델 그리피스를 연기했다.

23. 이 플랫폼의 대부분을 자치하고 있는 개인 구매자, 그리고 판매자들은 VAT(부가가치세)와 같은 세금을 낼 가능성이 낮다. 때문에 B2C 웹사이트는 성공하기가 어렵다.

24. 2004년.

25. MIT, 〈슬론 경영 리뷰(*Sloan Management Review*)〉, 2012, 푸니트 만찬다(Puneet Manchanda, 미시건 대학)와 준홍 추(Junhong Chu, 싱가포르 국립대학 경영대학원).

26. 도입 단계에서 플랫폼의 성장은 주로 판매자에 의해 주도된다. 판매자의 증가는 구매자의 가입을 초래하고, 이는 다시 더 많은 판매자의 가입으로 이어진다. 이는 또다시 더 많은 구매자의 가입을 부추긴다.

27. "알리가 번창한다."라는 의미.

28. 수석 부사장 빌콥, CFO 라지브 두타, 협상 전문가 빌 바미어(Bill Barmier).

29. 20005년 1월 20일 회사의 연례 분석일에.

30. 이베이의 이치넷 인수와 같이 이 역시 실패로 끝났다. 2009년 매각으로 실버레이크 파트너스(Silver Lake Partners), 인덱스 벤처(Index Ventrues), 앤드리센 호로비츠(Andreessen Horowitz)를 비롯한 투자자들에게 6억 달러의 손실을 입힌 것이다. 당황스럽게도 8개월 후 이 팀은 85억 달러를 받고 스카이프를 마이크로소프트에 팔았다.

31. 톰 온라인도 그 직후 사라졌다.

제 10장

1. 데이비드 필로(David Filo)와 함께.

2. 그해의 첫 9개월 동안.

3. gbchinese.yahoo.com('GB'는 guo biao, 즉 전국 표준을 나타낸다)을 론칭하고 이어 본토 밖의 중국어 사용자가 사용하는 복합 문자로 또 다른 chinese.yahoo.com을 론칭했다.

4. 덩샤오핑의 '일국양제(一國兩制)' 비전의 일환인 기본법하에서 20년 동안.

5. 취웨이즈(Qu Weizhi).

6. 이후 중국 온라인 비디오 기업 유쿠의 CEO.

7. 1998년 AOL이 4억 700만 달러에 인수했다.

8. 넷이즈의 운명을 극적으로 뒤바꾸고 상하이 기반의 온라인 게임 전문업체 샨다(Shanda, 중국어로는 성다, 2004년 나스닥에 상장되었다)의 등장을 추진한 시장.

9. 현재 이들의 온라인 매출은 180억 달러로 50억 달러 규모의 중국 영화 박스 오피스보

다 크며 중국 전체 인터넷 매출의 13퍼센트를 차지한다.

10. 시나, 소후, 톰과 같은 주요 포털을 포함.

11. 2009년 말, 바이두는 중국 검색 시장의 63퍼센트를 차지해 구글의 33퍼센트를 거의 두 배로 앞섰다. 2010년 3월 구글이 해킹 혐의와 검열의 부담 속에서 중국 시장을 포기 하기로 결정하면서 바이두는 대권을 잡아 그해 말 시장의 75퍼센트 이상을 점유했다.

12. 저우는 CNNIC를 법정 재단이 없다는 이유로 고소했다.

13. 이름은 이써우(Yisou).

14. 야후는 광고를 사용자의 검색어와 보다 근접하게 만듦으로써 광고사업을 개선하기 위해 2003년 13억 달러에 오버추어(Overture)를 사들였다.

15. 2011년 3월 나스닥에 상장된 치후 360은 무료 바이러스 방지 소프트웨어로 가장 잘 알려지게 된다. 저우는 이로써 다시 한 번 바이두, 야후를 비롯한 다른 기업들과 충 돌한다. 중국에서 그리고 미국의 이전 야후 동료들 사이에서, 저우홍이는 '중국 내 컴 퓨터 파괴 소프트웨어의 아버지'라는 평판을 얻었다. 그는 이를 두고 강력히 이의를 제기한다. 2015년 12월, 저우는 93억 달러에 2016년 상반기에 치후의 뉴욕 증권거래 소 상장을 폐지하고 개인 소유로 돌릴 계획으로 투자자 컨소시엄을 주도했다.

16. 2015년 5월 야후는 알리바바의 새로운 독립체, '스핀코(Spinco)'에 3억 8,400만 주를 투입했다. 그 가치는 330억 달러가 넘는다. 야후의 시가총액을 생각하면 큰 액수도 아니지만 말이다. 미국에서 세금으로 100억 달러를 내지 않기 위한 방안이었다.

17. 이 모임은 대부분 중국 출신인 실리콘밸리 기반의 기업가와 엔지니어들의 모임인 화 위안 과학기술협회(Hua Yuan Science and Technology Association, HYSTA)가 산타클라라 컨벤션센터(Santat Clara Convention Center)에서 열릴 연례 컨퍼런스를 앞두고 주최한 장외 회담이었다.

18. 야후 – 알리바바의 거래가 대단히 성공적이다 보니 많은 사람들이 페블 비치에서 마 윈과 제리의 만남을 성사시킨 것이 자신이라고 주장했다. 마윈은 UT스타콤의 우잉 (Wu Ying), 메릴 린치의 류얼페이(Liu Erfei), 비미크로 코퍼레이션(Vimicro Corporation) 의 덩중한에게 공을 돌렸다. 조차이는 "물론 그 모임을 준비한 것은 18명의 사람들이 지만 사실은 화위안 행사의 덕이죠."라고 말한다. 그는 이렇게 덧붙였다. "서로를 알 면…같은 컨퍼런스에 참여하게 되겠죠."

19. 야후의 CEO 테리 세멜, CFO 수 데커, 기업개발 이사 토비 코펠(Tobby Coppel)이 제 리와 함께 베이징에 갔다.

20. 워너 브라더스(Warner Bros.)에 24년간 몸을 담으면서 회장이자 공동 CEO 자리에 올 랐다.

21. 장쩌민의 측근인 리창춘은 2002년 공보국장에 임명되어 공산당 선전을 책임지고 있 었다. 그는 그 자리에서 10년 동안 일하면서 인터넷에 대한 광범위한 검열 시스템을 감독했다.

22. 샨다는 그 1년 전에 상장되었다. 매출은 1억 6,500달러, 시가총액은 22억 달러가 넘는다.

23. 그는 그해 초 이미 적대적 매수의 첫 단계로 시나의 지분 19.5퍼센트를 취득했다. 자신의 회사를 중국의 디즈니로 키울 생각이었다.
24. 타오바오의 40퍼센트 지분 중 일부를 알리바바에 3억 6,000만 달러에 판 후.
25. HYSTA(이들의 컨퍼런스가 원 거래를 시작하는 데 도움을 주었다)가 주최한 캘리포니아 마운틴뷰의 컴퓨터 역사박물관(Compute History Museum)에서의 강연에서.
26. 야후는 소프트뱅크의 타오바오 투자를 3억 6,000만 달러에 사들였다. 이후 소프트뱅크는 이 돈을 알리바바의 더 많은 주식을 인수하는 데 사용했으며, 2003년 매수했던 컨버터블 노트의 이행을 위해 3,000만 달러를 더 투자하기도 했다.
27. 그 액수가 워낙 엄청났기 때문에 투자 소식을 들은 한 소규모 전자상거래 업체의 CEO는 내게 이렇게 이야기했다. "저는 그 뉴스가 날조된 것이라고 생각했습니다. 많은 사람들이 그렇게 생각했죠. 1억 달러도 큰돈인데 10억 달러라뇨. 그런 큰돈은 상상도 해 보지 못했어요."
28. 현재 샤잠(Shazam)의 CEO.
29. 야후의 투자금을 이용해서 치후를 설립한 저우는 3721에서 자신이 만든 상품을 이제는 반드시 제거해야 하는 시스템 파괴 소프트웨어라고 표현하면서 소비자들이 그 소프트웨어[야후 메신저(Yahoo Messenger)로 리브랜딩되었다]를 삭제하는 데 도움을 주는 상품을 만드는 데 착수했다.
30. huoyan-1989@yahoo.com.cn.
31. 베이징의 국가안보국(State Security Bureau)은 베이징의 야후 차이나 사무실에 증거수집통지(Notice of Evidence Collection)를 발부하고 'huoyan-1989@yahoo.com.cn의 이메일 계정 등록 정보, 2004년 2월 22일부터의 모든 로그인 시간, 상응하는 IP 주소, 관련 이메일 콘텐츠'를 요구했다.
32. 휴먼 라이트 워치(Human Rights Watch), 저널리스트 보호를 위한 위원회(Committee to Protect Journalists), 국경 없는 기자회(Reporters Without Borders)를 비롯한.
33. 이미 알리바바의 라이벌 이베이가 행사를 강행하는 것에 대해 퍼부은 맹렬한 비난을 감수하고.
34. 하원 외교위원회(The House Foreign Affairs Committee).
35. 구글의 결정의 배경에 대한 미국 대사의 질의에 답한 후, 나는 한 케이블 방송을 통해 내 말이 위키리크스(Wikileaks)에 의해 누설되었다는 것을 알게 되었다. 실망스럽게도 아무도 그다지 주의를 기울이지 않았다.

제 11장

1. 회사의 공동 창립자 토토 순, CTO 존 우, 마윈과 처음 차이나 페이지에서 같이 일했던 COO 리치(Li Qi) 등 알리바바의 베테랑 여러 명이 회사를 떠났다.
2. 메기 우(Maggie Wu). 그녀는 현재도 회사의 CFO로 일하고 있다.

3. 자신의 사모펀드, 비전 나이트 캐피털(Vision Knight Capital)을 시작하기 전에.

4. 그리고 그 국내 사이트 alibaba.com.cn.

5. 그리고 2년 동안 보유하기로.

6. 피터 우(Peter Woo)의 워프(Wharf), 로버트 곽(Robert Kuok)의 케리 부동산(Kerry Properties), 곽 가족의 쑨훙카이 부동산(Sun Hung Kai Properties).

7. 알리바바 주식의 가격은 2007년의 예상 수익보다 106배 많게, 구글의 41배, 예전의 라이벌이었던 글로벌 소시스보다 45배 높게 설정되었다.

8. 5개의 침실이 있는 이 집의 너비가 약 650제곱미터인 것을 감안하면 그는 1제곱미터에 6,000달러 이상을 지불한 셈이다. 그는 부동산 개발업체 케리 부동산(IPO의 초석 역할을 한 투자자 중 하나)으로부터 개인 옥상 정원이 있는 펜트하우스 아파트를 구입했다.

9. 이전 해에 알리바바닷컴의 매출은 1억 7,000만 달러, 순수익은 2,800만 달러였다.

10. 알리마마 플랫폼에서.

11. 2008년 9월, 알리바바는 '빅 타오바오 전략(Big Taobao Strategy)'의 첫 단계를 시작했다. 타오바오닷컴과 온라인 광고 플랫폼인 알리마마를 통합해서 '세계 최대의 전자상거래 생태계'를 만든다는 계획이었다.

12. 상장사로서 4년 6개월을 보내고 2012년 6월 알리바바닷컴은 모기업인 알리바바 그룹으로 흡수되었다. 주주들에게는 2007년 IPO 때와 같은 가격으로 대금 지급이 이루어졌다.

13. 야후의 주식을 시가에 61퍼센트의 프리미엄을 얹어서 평가한 금액.

14. 99퍼센트 이상으로 예상.

15. 칼 아이칸(Carl Icahn)을 포함. 하지만 마이크로소프트의 라이벌인 구글과의 거래 체결을 위한 야후의 탐색전은 결국 그 거래에 대한 예상을 반전시키지 못했다.

16. 그는 여전히 알리바바 이사회의 일원이었다.

17. 〈포브스(Forbes)〉의 개디 엡스타인(Gady Epstein).

18. 약 1억 달러 규모의 매각으로 그들이 얻은 서류상의 세전 이익은 9,800만 달러였다. 이 매각으로 바츠가 투자자의 지원을 강화하기 위해 간절히 필요로 했던 현금을 손에 넣었다.

19. 2009년과 2010년에.

20. 엘비스 리(Elvis Lee).

21. 알리바바는 규정을 준수하기 위해 2009년 소유권의 대부분을 이전시켰다고 말했다. 이후 2010년 소유권 전체의 이전이 완료되었다.

22. 인터넷 결제, 휴대전화 결제, 은행 카드 관련 서비스, 선불카드 결제의 지급과 인수, 환전을 통제한다.

23. 이 회담은 제리 양이 시작하였으며 두 회사의 CFO에 의해 계속되었으나 그해 여름 결렬되었다.

24. 2011년 7월 7일 〈중국 기업가(*China Entrepreneur*)〉와의 인터뷰에서.
25. 2011년 6월 올 싱스 디지털(All Things Digital) 캘리포니아 컨퍼런스에서 〈월스트리트 저널〉과의 인터뷰 중에.
26. 2015년 6월, 알리페이가 민간 투자자들에 의해 500억 달러라는 평가를 받았기 때문에 당시 180억 달러 이상의 가치를 가지고 있었던 지분에 대해 60억 달러 상한을 설정한 것은 야후와 같은 알리바바 투자자들에게는 부당한 대우로 느껴졌을 것이다.
27. 3개월 전 알리바바는 홍콩에 상장된 자회사 알리바바닷컴의 상장을 폐지할 예정이고, 주식의 가격은 2007년에 상장되었을 때의 가격으로 설정하겠다고(60.4퍼센트 프리미엄) 발표했다. 이는 2014년 알리바바 그룹 전체를 상장하는 길을 닦기 위한 조치였다.

제12장

1. 오랜 기간에 걸쳐 미국 대통령의 뉴욕 방문을 준비하는 과정에서 사업을 등한시한 탓으로.
2. 1년 전 마윈은 알리바바의 회장이 되었고 조차이는 수석 부사장이 되었다. 조너선 루가 자리를 지킨 기간은 겨우 2년이었다. 그와 그의 후임인 대니얼 장(Daniel Zhnag)은 마윈을 대신해야 하는 그리 탐나지 않은 일에 직면하게 되었다.
3. '신뢰받는 생태계의 지위'나 알리바바의 '문화, 소임, 가치'에 대한 모든 장애를 비롯해.
4. 알리바바 파트너십의 지위는 매년 새로운 파트너들의 영입을 통해 달라질 수 있다. 임명된 사람들은 보통 5년 이상 지위를 유지했고, 선출은 모든 파트너 75퍼센트의 찬성을 얻어야 했다. 마윈과 조차이를 비롯해 다섯 명으로 이루어진 파트너십 위원회(Partnership Committee)가 조직을 관리했다.
5. 알리바바의 금융과 물류 자회사들에 배경을 둔.
6. 마윈, 루시 펑(Peng Lei), 트루디 다이(Dai Shan), 제인 장, 진지안항(Jin Jianhang), 에디 우(Eddie Wu).
7. 새로운 회원은 알리바바 모바일 비즈니스 부문과 광고 플랫폼 알리마마의 사장 용푸 유(Yongfu Yu), 알리바바 그룹의 부CFO 쥔팡정(Junfang Zheng), 앤트 파이낸셜의 부사장 잉자오(Ying Zhao), 타오바오 지방 시장의 총괄 매니저 리쥔쑨(Lijun Sun)이다. 알리바바가 파트너십에 새로운 회원을 추가한 것은 2014년 9월의 IPO 이래 처음이다. 투자설명서에서 알리바바는 선출 자격을 얻기 위해서 파트너 후보는 "대부분의 경우, 알리바바 그룹이나 우리 관련 기업 혹은 자회사에서 5년 이상 근무"해야 한다고 규정했다. 단, 용푸유는 예외이다. 유는 2014년 알리바바가 인수한 모바일 인터넷 기술과 서비스 제공업체인 UC웹(UCWeb)의 회장이자 CEO였다.
8. 증권 · 선물 위원회(The Securities and Futures Commission).
9. 2007년 홍콩의 경우, 알리바바닷컴 IPO 주식의 1/4이 개인 투자자들에게 할당되었다.

10. 뉴욕 이후 알리바바의 글로벌 로드쇼는 보스턴, 샌프란시스코, 홍콩, 싱가포르, 런던으로 이어졌다. 경영진은 각기 마윈과 조차이가 이끄는 두 팀으로 나뉘었다.

11. IPO 1주년에 가까워지면서 25억 주 중 16억 주에 적용하는 '보호예수(lockup)' - 첫 1년간 주요 투자자들의 주식 매도를 허용하지 않는 - 기간의 만료에 대한 염려가 커졌다.

12. 2013년 11월, 저장 알리바바 전자상거래 유한회사는 알리바바 스몰 앤 마이크로 파이낸셜 서비스 그룹(Alibaba Small and Micro Financial Services Group)으로 개편되었다. 새 회사에서 마윈의 보유 주식은 80퍼센트에서 8퍼센트로 줄어 알리바바 그룹의 보유 주식량을 넘지 않게 되었다.

13. '백서(white paper)'나 단순히 회의록 등으로 다양하게 표현된다.

14. 시나 웨이보(Sina Weibo).

15. SAIC 온라인 상거래 부문 책임자.

16. 야후가 알리바바의 15퍼센트 지분을 스핀오프하기 위해 새로운 소유구조를 만들고 있다면서 조세액을 최소화하기를 바라며 발표한 다음날.

17. 톰슨 로이터(Thomson Reuters)에 따르면 매출이 40퍼센트 상승한 42억 2,000달러였지만 평균 예상액 44억 5,000달러에는 미치지 못했다.

18. 장은 덩샤오핑의 핵심 참모로 남순에 함께하며 기업가들에게 문을 열어 주었던 구무의 사위이다.

19. 2015년 10월 런던에서의 저녁 식사에서.

20. 반부패 캠페인에는 주의 깊은 체계화가 필요하다는 점을 고려해서.

21. 시진핑이 저장성의 서기에서 물러난 지 얼마 안 된 때였다.

22. 중국은 지적재산권에 대한 인식의 부족으로 '개척시대의 미국 서부(wild west)'라는 평판을 얻고 있다. 시장에 만연한 저작권 침해 행위는 그런 평판에 그럴 만한 이유가 있다는 것을 말해 주고 있다. 하지만 법이 없기 때문에 빚어진 상황은 아니다. 2001년 세계무역기구(World Trade Organization) 가입 이후 중국은 정교한 상표, 특허, 저작권법 체계를 마련했다. 2015년 주중 미국상공회의소(American Chamber of Commerce in China)가 실시한 조사에 따르면 응답자의 85퍼센트는 중국의 지적재산권법 집행이 지난 5년 동안 나아졌다고 생각했다. 하지만 80퍼센트는 효과적이지 못한 집행에 우려를 표했다.

23. 혹은 같은 범주의 모조 아이템을 네 번 판매하면.

24. 상인에게 형사 범죄를 저지른 혐의가 있을 경우, 알리바바는 그 사건을 공상행정관리국이나 경찰에 보고한다. 경찰은 알리바바 본사에 경찰관을 상주시키며, 이 경관은 불법적인 물건의 판매나 총과 같은 불법제품의 판매를 추적하는 일을 한다.

25. 티몰 상인들은 거래 허가를 받기 위해 더 많은 입증 과정을 거쳐야 한다.

26. 타오바오와 티몰의 검색 알고리즘은 주로 이전의 거래량에 따라 구동된다.

27. 항저우를 비롯한 지방에 기반을 둔 이들을 '빅 포 유니언(Big Four Unions)'이라고도 부른다.

28. VIP 매장, 멜리슈오(Melishuo)와 모구지에(Mogujie).

29. 쥐메이(Jumei).

30. 당당과 아마존차이나.

31. 월마트가 투자한 워마이(Womai)와 이하오뎬(Yihaodian).

32. 19.9퍼센트. 수닝은 140억 위안(23억 달러)를 들여 알리바바의 지분 1.1퍼센트를 매입했다.

33. 징둥으로도 알려져 있다. 공식적으로는 360바이(360Buy).

34. JD가 IPO를 준비하는 동안 알리바바의 라이벌인 텐센트는 JD 지분의 15퍼센트를 취득하고 허우적대고 있던 전자상거래 사업에서는 손을 뗐다.

35. 중국어로 웨이신(마이크로 메시지, micro message).

36. 앤드리센 호로비츠.

37. 위챗이 큰 인기를 모은 데에는 중국 모바일 대중의 니즈와 사고방식에 맞추어 개인이 마음대로 할 수 있다는 느낌을 준 것이 주효했다. 사용자들은 낯선 사람들과 공유하는 정보를 통제할 수 있고, 트위터와 비슷한 웨이보와 달리 위챗의 모든 팔로어는 5,000명으로 제한된다. 웨이보가 웹상에 있는 명사나 브랜드의 본거지로 거둔 성공을 기반으로 위챗 역시 850만이 넘는 공개 계정을 제공하고 있다.

38. 명절이면 가족이나 친지에게 돈을 건네는 풍습을 현대적으로 변형한 것.

39. 이 이니셔티브는 2012년 론칭 파트너인 타이완의 하드웨어 기업 에이서(Acer)가 빠져나가면서 역풍을 맞았다. 이것은 알리바바가 '호환성이 없는' 안드로이드 버전을 사용한다고 비난한 구글의 압력에 뒤이은 조치였다고 한다.

40. 알리바바는 2014년 시나 웨이보의 지분 18퍼센트를 인수했다. 하지만 이 시점에 웨이보는 명성의 대부분을 위챗에 내준 상태였다.

41. UC웹.

42. 웨일리다이[Weilidai, '아주 작은 대출(a tiny bit of loan)'].

43. "빨리 손을 흔들어 택시를 세워라."라는 의미.

44. "빵, 빵, 택시를 세워라."라는 의미.

45. 다음으로 행동 선상에 선 것은 우버였다. 2015년 우버는 12억 달러의 자금 조달에 힘입어 운전사와 고객을 확보하기 위해 중국에 약 10억 달러를 쏟아부었다.

46. '상하이는 뉴욕, 베이징은 워싱턴'이라는 잘못된 생각을 가지고 있는 외국인들이 있다. 이것은 비즈니스 허브로서 베이징이 가진 중요성을 대단히 과소평가하는 것이다. 그리고 상하이 지방정부가 베이징보다 현지 기업에 대해서 훨씬 강력한 영향력을 가지고 있다는 사실을 과소평가하는 것이기도 하다.

47. 상하이에서도 알리바바의 항저우 본사에서 일할 인재를 구하는 것이 쉽지 않다. 본사가 항저우의 기차역에서 상당히 먼 거리에 있기 때문이다. 상하이에 기반을 둔 인재들을 끌어들이고 붙잡아 두기 위해 알리바바는 일주일에 4일 밤만을 항저우에서 지내는 직원들을 수송하기 위해 매주 상하이로 오가는 버스를 제공하고 있다.

48. '실크로드 경제 벨트(Silk Road Economic Belt)'로 이루어진 두 갈래 전략. 중국에서 중앙아시아를 거쳐 중동, 아프리카, 유럽에 이르는 실크로드 경제 벨트를 기존의 해상 무역 루트를 보강하는 '21세기 해상 실크로드(The Twenty-First-Century Maritime Silk Road)'가 보충하게 된다.

49. 무한책임 사원.

50. 윈펑의 영어 이름은 '구름과 칼날'로 해석된다. 마윈의 이름인 '윈(Yun)'과 데이비드 유의 성(姓)인 '펑(Feng)'을 합친 것이다.

51. 데이비드 위는 처음에 그의 디스플레이 광고회사 타깃 미디어(Target Media)를 2006년에 라이벌인 포커스 미디어(Focus Media)에 팔면서 이름을 알렸다.

52. 다른 파트너에는 인타임 인베스트먼트(Intime Investment)의 선궈쥔(Shen Guojun), 게임 회사 자이언트 인터랙티브(Giant Interactive)의 시유주(Shi Yuzhu), 뉴 호프 그룹(New Hope Group)의 류융하오(Liu Yonghao), ENN 그룹(ENN Group)의 왕유쑤오(Wang Yusuo), 포커스 미디어(Focus Media)의 제이슨 장(Jason Jiang), 선전 마인드레이 메디컬(Shenzhen Mindray Medical)의 쉬항(Xu Hang), 중국 둥샹 그룹(China Dongxiang Group)의 천이훙(Chen Yihong), e-하우스(e-House)의 저우신(Zhou Xin), 파이브 스타(Five Star)의 왕젠궈(Wang Jianguo), 셉트울브즈(Septwolves)의 저우샤오슝(Zhou Shaoxiong), 조용 홀딩스(Joyong Holdings)의 왕쉰잉(Wang Xuning), 유니프론트 홀딩스(Unifront Holdings)의 장유차이(Zhang Youcai)가 있다.

53. 그 한 예가 알리바바가 '인터넷을 통해 중국의 스포츠 업계를 재편'하기 위한 시도로 윈펑 캐피털, 시나(알리바바 투자인인 시나 웨이보의 모기업)와 함께 알리바바 스포츠 그룹(Alibaba Sports Group)을 설립했다는 2015년 9월의 발표이다.

54. 예를 들어 공동 설립자 데이비드 유 역시 알리바바가 투자한 화이 브라더스 미디어 그룹(Huayi Brothers Media Group) 이사회의 일원이다. 그의 어머니, 왕위롄(Wang Yulian) 역시 윈펑의 파트너이며 앤트 파이낸셜에서는 마윈과 사이먼 셰에 이은 대주주로 4.6퍼센트의 지분을 보유하고 있는 것으로 알려져 있다.

55. 무한책임 사원으로.

56. 유한책임 사원으로.

57. 1934년에서 1935년까지의 적군파 후퇴.

58. 중국에서 수입상품의 판매를 부양하기 위한 노력이 이루어지고 있다는 신호로, 알리바바는 2015년 광군절을 '11/11 글로벌 쇼핑 페스티벌(11/11 Globel Shopping Festival)'로 브랜딩했다. 그렇지만 알리바바가 다양한 수입품을 충분히 확보해서 이미 많은 중국 쇼핑객들이 발견한 해외 사이트와 경쟁하려면 갈 길이 멀다.

59. 모바일 검색 업체 퀵시(Quixey), 아마존의 최대 경쟁자인 숍러너(Shoprunner), 게임 개발업체 카밤(Kabam), 모바일 메시징 앱 탱고(Tango)를 포함.

60. 알리바바는 미국 소비자에게 직접 다가가기 위해 전자상거래 기업 옥티바(Auctiva)와 벤디오(Vendio)를 대상으로 한 초기 미국 투자를 통해 미국 웹사이트 11메인닷컴

(11Main.com)을 론칭했다. 하지만 이 노력은 실패로 돌아갔고, 2015년 6월 알리바바
는 해당 지분을 처분했다.

61. 그는 국무부 장관 콘돌리자 라이스(Condoleezza Rice)의 수석 외교고문을 담당했던 것
을 비롯해 조지 W. 부시 행정부에서도 일했다.

62. 조지 W. 부시 행정부의 대통령 법무 담당 보좌관보.

63. 이후 알리바바는 연매출의 0.3퍼센트를 회사 재단에 기부했다. 하지만 새로운 신탁의
규모는 훨씬 더 컸다.

64. 아마도 윈펑 캐피털 투자에서 얻은 수익을 포함해서.

65. 중국 북동쪽 도시 야불리에서.

66. 중국의 소셜 미디어상에서 마윈 가족의 건강 상태에 대한 치열한 논의가 벌어졌다.
하지만 마윈은 이 문제에 대해서 공개적으로 이야기하지 않았다.

67. 공산당은 고위 당직자들에게 고품질의 식품을 공급하기 위해서 대중과 미디어의 출
입이 금지된 특별한 농장을 운영한다. 고위 당직자들은 군 병원에서 최고의 의료 서
비스를 제공받는 특전도 누린다.

68. 2015년 11월 블룸버그 TV의 에밀리 창(Emily Chang).

69. 부동산 갑부 쉬지아신(Xu Jiaxin).

70. 차이나비전(ChinaVision).

71. 36억 위안(5억 6,500만 달러).

72. 2015년 10월 발표된 거래에서 유쿠의 가치를 50억 위안(7억 8,500만 달러)이상으로 평
가했다.

73. 빅터는 소후의 COO로 일한 후에 유쿠를 설립했다. 유쿠는 최대 경쟁업체를 인수해
서 유쿠투더우(YoukuTudou)가 되었다.

74. CNNIC에 따르면 2015년 중반 4억 6,100만 명.

75. 2014년 진정한 민주주의와 자유의 부재에 맞서 한 학생이 이끈 시위, 즉 센트럴 점령
운동(혹은 우산혁명)에 의해 홍콩은 정돈(停頓) 상태에 빠졌다. 이 사태는 평화적으로
마무리되었지만 이를 부채질한 근본적인 긴장은 여전히 남아 있다.